dLv

Stanley A. Ellisen & Charles H. Dyer

Wem gehört das Land?

Die wirklichen Ursachen des Nahost-Konflikts

clv

Christliche
Literatur-Verbreitung
Postfach 11 01 35 • 33661 Bielefeld

1. Auflage 2005

© der amerikanischen Originalausgabe 1991, 2003 by Stanley A. Ellisen
Originalverlag: Tyndale House Publishers
Originaltitel: Who Owns the Land?
© 2005 by CLV
Christliche Literatur-Verbreitung
Postfach 110135 • 33661 Bielefeld
Internet: www.clv.de
Übersetzung: Ulrike Wilhelm
Umschlag: Dieter Otten, Gummersbach
Satz: CLV
Druck und Bindung: GGP Media GmbH, Pößneck

ISBN 3-89397-972-7

Inhaltsverzeichnis

Vorwort zur ersten Auflage 7
Vorwort zur überarbeiteten Auflage 9
Umrisse eines Konflikts 10
Ein Familienstreit entflammt erneut... 13
Die Juden in der weltweiten Zerstreuung 22
Migration und Vertreibung der Juden 32
Der Zionismus: Wenn Träume zum Drama werden............................ 52
Der Zweite Weltkrieg und der Holocaust 68
Der angeschlagene Rest und der neu gegründete Staat Israel............. 83
Israels Verteidigung und Expansion... 102
Unruhen im eigenen Land: die Intifada 115
Wem gehört das Land wirklich? 141
Göttliche Beurteilung und verheißene Wiederherstellung.................. 164
Anhang A: Chronologie 186
Anhang B: Internationale Dokumente
zu den Landansprüchen in Palästina.. 189
Fußnoten 224
Ausgewählte Literatur... 239

Vorwort zur ersten Auflage

Das amerikanische Sprichwort »Truth is stranger than fiction« (»Die Wahrheit ist seltsamer, als das Erdichtete sein kann«) trifft auf die Geschichte Israels eindeutig zu. Die Geschichte der Juden lässt sich mit einem Drama vergleichen – einem großen Drama mit einer göttlichen Komponente. In Wirklichkeit verschmelzen hier zwei gegensätzliche Programme, das menschliche und das göttliche. Beide durchdringen unsere ganze Geschichte, und es fehlt nicht viel, bis dieser Kassenschlager aller Zeiten zu einem aufregenden Drama werden wird.

Ein großer Teil der erstaunlichen Handlung dieses Dramas liegt noch im Verborgenen und ist verschleiert. Kirchenhistoriker haben die wandernden Juden größtenteils verschwiegen oder sie zu Fußnoten degradiert. Viel zu lange hielt die Kirche an ihrem von Isaak gestohlenen Segen fest, dessen rechtmäßige Erben man aus dem Gedächtnis löschte.

Beherzte Juden haben dieses Urteil jedoch nie akzeptiert und fordern jetzt eine Neufassung der Geschichte. Im Rückblick erkennen wir, wie sehr sie die Geschichte der östlichen und westlichen Welt beeinflusst haben, manchmal so stark, dass dadurch weltweite Ereignisse entschieden wurden. Den Ersten Weltkrieg, zum Beispiel, bezeichnete man als einen Krieg ohne logische Grundlage – berücksichtigen wir aber die Rolle der Juden, dann wird uns einiges klar. Das Gleiche gilt für die Renaissance sowie die Entdeckung Amerikas, und am deutlichsten sieht man es am Zweiten Weltkrieg.

Glücklicherweise haben jüdische Historiker durch die Jahrhunderte hindurch Massen von Literatur über die stürmische Reise ihres Volkes bewahrt. Diese Erzählungen enthalten oft schlimme Einzelheiten. Auch wenn diese Details noch so quälend und grausam sind, sind sie wichtig, um Geschichte richtig verstehen zu können. Um die explosive Lage im Nahen Osten heute richtig einschätzen zu können, sind sie sogar unentbehrlich.

Mein Interesse an diesem faszinierenden Drama wurde 1952 durch eine Reise in den Nahen Osten geweckt, kurz nachdem der neue Staat Israel gegründet worden war. Ich reiste mit einer Gruppe des Amerikanischen Christlichen Palästina-Ausschusses. Alle waren gut gelaunt. Als wir aber beide Seiten des Stacheldrahtzauns besuchten, ahnte unsere Gruppe schon, dass eine Krise zu erwarten war. Seit dieser Zeit hat es bittere Kämpfe in diesem Land gegeben. Viele bezeichneten dies als einen Heiligen Krieg, der zu einem gewaltigen Rassen- und Religionskampf zu entarten droht. Heute besteht die Gefahr, dass sich über das Palästina-Problem nicht nur Araber und Juden streiten, sondern letztendlich die ganze Welt.

Mit diesem Überblick möchte ich die Geschichte vom biblischen, christlichen Standpunkt aus beleuchten. Obwohl man schon viele jüdische und arabische Meinungen gehört hat und christliche Schreiber reichlich über dieses Thema und ähnliche, damit zusammenhängende Themen diskutiert haben, glaube ich, dass ein biblischer Standpunkt aus einer konservativen Sichtweise heraus noch fehlt.

In den folgenden Kapiteln werde ich versuchen, die biblische Darstellung mit der gefährlichen Reise der Juden durch die Kirchengeschichte hindurch in Beziehung zu setzen und die religiösen und sozialen Kräfte aufzuzeigen, die zur heutigen Lage in Palästina führten. Verbunden mit dieser Geschichte sind das Wachstum und die Philosophie des Islam, dessen Entwicklung ich kurz beschreiben werde, um den arabischen Standpunkt aufzuzeigen. Das Buch will jedoch weder die eine noch die andere Seite verteidigen.

Auch wenn die Geschichte für die allgemeine christliche Öffentlichkeit geschrieben wurde, habe ich viele Anmerkungen mit einbezogen, um viele der unglaublichen Ereignisse und Ansichten, die erwähnt werden, zu untermauern. Da es über dieses Thema viel Literatur gibt, habe ich versucht, die authentischsten Quellen zu benutzen, die zur Verfügung stehen, um das subjektive Element in einem zugegebenermaßen emotionalen Meer der Kontroverse auf ein Minimum zu reduzieren. Ich danke den vielen Autoren und Forschern für ihre langwierige und gute Arbeit, von der die kurze Bibliographie Zeugnis gibt.

Ich bete, dass diese Auseinandersetzung mit den Brüdern des Herrn ihm zur Ehre dient und etwas Licht auf ihre gefährliche Reise durch die Kirchengeschichte und auf ihr Schicksal wirft.

Stanley A. Ellisen
1991

Vorwort zur überarbeiteten Auflage

In vielen Büchern wurde schon versucht, die gegenwärtige Krise im Nahen Osten zu erklären. Aber nur wenige enthielten eine solch tiefe Weisheit und Erkenntnis wie das Buch von Dr. Stanley Ellisen. Als das Buch nicht mehr gedruckt wurde, ging diese Weisheit allen verloren, außer den Glücklichen, denen es in Schulbibliotheken oder Secondhand-Buchläden in die Hände fiel.

Mein besonderer Dank gilt Evelyn Ellisen, John Van Diest und Tyndale House Publishers für ihren Weitblick, wie wertvoll diese Arbeit für eine neue Generation ist. Ich fühle mich sehr geehrt durch die Tatsache, dass ich an der Überarbeitung dieses Werks mitarbeiten durfte.

Charles H. Dyer
2003

Kapitel 1

Umrisse eines Konflikts

Rabbi Harold Kushner erzählt die Geschichte eines Jungen, der in der Sonntagsschule die biblische Geschichte über Israels Durchzug durchs Rote Meer hörte. Als seine Mutter ihn zu Hause fragte, was er gelernt habe, antwortete er: »Die Israeliten verließen Ägypten, aber der Pharao und seine Armee verfolgten sie. Als sie am Roten Meer ankamen, konnten sie es nicht überqueren, und die ägyptische Armee kam immer näher. Also nahm Mose sein Handy, die israelische Luftwaffe bombardierte die Ägypter, und die israelische Marine baute eine Pontonbrücke, damit das Volk über das Meer wandern konnte.« Die Mutter war geschockt. »Hat man euch die Geschichte wirklich so erzählt?«, fragte sie. »Na ja, eigentlich nicht«, gab der Junge zu, »aber wenn ich dir erzählt hätte, was die uns erzählt haben, würdest du es nicht glauben.«[1]

Das Gleiche könnte man von Israels ganzer Geschichte behaupten. Sie grenzt oft ans Unglaubliche. Auch das heutige Israel scheint auf bemerkenswerte Weise Erbe dieser unglaublichen Geschichten zu sein. Das Unglaubliche ist fast alltäglich geworden – wird aber gewöhnlich von Konflikten begleitet. Nur wenige Nationen sind immer wieder in einen solchen Strudel geraten.

Um das Dilemma und die Stimmung des gegenwärtigen Dramas verstehen zu können, möchte ich einige bedeutende Ereignisse aus der jüngsten Geschichte hervorheben, über die die ganze Welt die Stirn runzelte und die sie auf diesen kleinen Landstrich aufmerksam machte.

London, 2. November 1917 – In der Balfour-Erklärung brachte die britische Regierung ihre Sympathie für die zionistische Bewegung zum Ausdruck. Sie versprach darin, die Juden bei der Schaffung einer nationalen Heimstätte in Palästina zu unterstützen.

29. September 1922 – Die Balfour-Erklärung wird Teil des britischen Mandats und wird vom Völkerbund ratifiziert.

11. Oktober 1938 – Auf dem arabischen Weltkongress in Kairo wird das Dokument von den Arabern abgelehnt. Sie begründen ihre Ablehnung auf ein früheres Versprechen der Briten gegenüber Sherif Hussein, dass Großbritannien den Arabern helfen würde, im Nahen Osten unabhängige Staaten zu errichten. Da diese Versprechen sehr vage formuliert sind, lassen sich in den folgenden Jahren Zusammenstöße nicht vermeiden.

Lake Success, New York, 29. November 1947 – Die Vollversammlung der Vereinten Nationen stimmt mit einer Zweidrittelmehrheit der Teilung Palästinas nach Beendigung des britischen Mandats am 15. Mai 1948 in einen jüdischen und arabischen Staat zu. Der Teilungsplan ermöglicht es sowohl den Juden als auch den Arabern, in diesem Gebiet einen unabhängigen Staat zu errichten. Diese Entscheidung wird zwar schnell (aber vorsichtig) von den Juden akzeptiert, von den Arabern jedoch rundweg abgelehnt. Arabische Führer bereiten sich sofort darauf vor, das ganze Land in Anspruch zu nehmen, sobald die Briten am 15. Mai die Fahne einziehen.

Jerusalem, 7. Juni 1967 – Jordaniens Entscheidung, zusammen mit Ägypten und Syrien, Israel anzugreifen, schlägt fehl, und die Juden erobern zum ersten Mal in der modernen Geschichte die Altstadt von Jerusalem. Der heftige Kampf und teuer bezahlte Sieg lässt Juden in der ganzen Welt weinen und jubeln, da ihr uralter Traum nach dem Motto »Nächstes Jahr in Jerusalem« erfüllt werden könnte. Die Araber sind schockiert und verbittert, besonders Jordaniens König Hussein. Sein Großvater Abdullah hatte die ganze Stadt Mekka sowie Medina an die saudische Dynastie verloren. Jetzt ist sein Traum, Hüter der Heiligtümer in Jerusalem zu werden, ebenfalls zerstört.

Die Vereinten Nationen, 22. November 1967 – Einstimmig nimmt der Sicherheitsrat der Vereinten Nationen die Resolution 242 an. Israel wird darin aufgefordert, seine Streitkräfte aus den Gebieten, die im Sechstagekrieg besetzt wurden, zurückzuziehen. Es wird auch »die Einstellung aller Behauptungen oder Formen eines Kriegszustandes sowie die Beachtung und Anerkennung der Souveränität, der territorialen Unversehrtheit … eines jeden Staates in diesem Gebiet« gefordert. Dies wird später mit der Resolution 338 bestätigt. Obwohl viele Delegierte dies als einen weiteren Schritt in Richtung Frieden in diesem Gebiet sehen, wird das Versprechen von der am 1. September abgegebenen arabischen Erklärung von Khartoum überschattet, in der es heißt: »Kein Frieden mit Israel! Keine Verhandlungen mit Israel! Keine Anerkennung Israels!« Der ägyptische Präsident Nasser erklärt, dass sein Kampf, Palästina von den Juden zu befreien, ein kompromissloser Kampf ist.

Gazastreifen, 6. Dezember 1987 – Ein israelischer Geschäftsmann wird in Gaza-Stadt erstochen. Zwei Tage später werden vier Palästinenser bei einem Autounfall getötet. Gerüchte breiten sich aus, dass ihr Tod die Rache für den vorher begangenen Mord sei. Aufstände brechen aus, und ein Teenager stirbt bei einem Schusswechsel, als er Molotowcocktails auf Sicherheitskräfte wirft. Die unterlegenen Palästinenser lenken erfolgreich die Sympathie der Welt auf sich, die lange Zeit den jüdischen Opfern des Holocaust galt.

Oslo/Norwegen, 9. September 1993 – Nach einigen geheimen Verhandlungen zwischen Israel und den Palästinensern sendet Jassir Arafat einen Brief an den israelischen Premierminister Yitzhak Rabin, in dem Israels Existenzrecht als Nation anerkannt wird, alle Resolutionen des Sicherheitsrates der Vereinten Nationen akzeptiert werden, auf Terrorismus verzichtet und eine friedliche Lösung des Konflikts befürwortet wird. Als Reaktion darauf akzeptiert Israel die PLO (Palästinensische Befreiungsorganisation) als Vertretung der Palästinenser bei allen weiteren Verhandlungen.

Camp David, Maryland/USA, 25. Juli 2000 – Ein fünfzehntägiges Gipfeltreffen zwischen Jassir Arafat, dem israelischen Premierminister Ehud Barak und dem US-amerikanischen Präsidenten Bill Clinton scheitert. Die fast greifbare friedliche Beilegung der arabisch-israelischen Krise löst sich in Luft auf, nachdem man sich gegenseitig der Unnachgiebigkeit beschuldigt und verdeckt mit Gewalt droht.

Jerusalem, 28. September 2000 – Der schwelende Konflikt zwischen Israel und den Palästinensern wird erneut entfacht, als Ariel Scharon den Tempelberg besucht. Die Palästinenser hatten über ganz Ost-Jerusalem, einschließlich *Haram al-Sharif* (dem Tempelberg) die Souveränität gefordert. Sie betrachten Ariel Scharons Spaziergang als Israels Antwort und reagieren mit gewalttätigen Demonstrationen. Die Al-Aqsa-*Intifada* beginnt.

Diese Ereignisse spiegeln nur einige Konflikte und Kontroversen wider, die heute in Israel an der Tagesordnung sind. Vieles davon hat seine Wurzeln in den historischen Beziehungen Israels mit der antiken Welt, der Kirche und den Arabern. In den folgenden Kapiteln werden wir einige dramatische Ereignisse in Israels qualvoller Geschichte betrachten, damit jene, die sich nach Frieden im unruhigen Nahen Osten sehnen, zu einem besseren Verständnis gelangen und Hoffnung gewinnen.

Kapitel 2

Ein Familienstreit entflammt erneut

Unsere Generation erlebt eine Familienfehde von außergewöhnlichem Ausmaß. Heute macht dieser Streit zwischen Juden und Arabern rund um die Welt Schlagzeilen. Jerusalem – oft auch »Heilige Stadt« und »Stadt des Friedens« genannt – hat einige der blutigsten Massaker in der Geschichte erlebt. Diese alte Stadt ist zum Brennpunkt für den Weltfrieden geworden und plagt auch heute noch unsere Generation. Trotzdem muss ein Friede im explosiven Nahen Osten den umstrittenen Forderungen beider Gruppen gerecht werden.

Die nationalen Wurzeln der Juden und Araber gehen bis auf den großen Patriarchen Abraham zurück. Ihm hatte Gott das Land Kanaan versprochen. Es umfasst das heutige Israel und die umstrittenen Gebiete. Dieses Versprechen ist durch die ganze Geschichte hindurch der größte Streitpunkt gewesen. Beide Seiten scheinen berechtigte Gründe vorzubringen, wenn sie sich auf dieses Versprechen berufen und das Land aufgrund ihres langjährigen Wohnsitzes beanspruchen. Mit ähnlich starker Unnachgiebigkeit und Entschlossenheit erheben beide Seiten Anspruch auf das Land, wobei sie sich auf ihre göttlichen und ihre natürlichen Rechte berufen.

Wem gehört dieser kleine Landstrich wirklich? Die Meinungen gehen weit auseinander, und die Streitschlichter erzielen keine Einigung. Evangelikale Christen fragen sich, ob ein göttliches Ereignis kosmischen Ausmaßes vor der Tür steht. Unsere Schlagzeilen erwähnen Völker uralter Herkunft – Juden, Araber, Ägypter, Syrer, Libanesen und jetzt die Iraker. Im Norden und Westen lauern Riesen mit Drohgebärden … unheimliche Dinge, von denen auch die Prophetien über die Endzeit berichten. Fügt man nun noch ein weißes Pferd hinzu, erscheint Harmagedon plötzlich greifbar nahe.

Das Ziel dieses Buches ist nicht, eine Lösung für die heiklen politischen Angelegenheiten zu finden, sondern uns Christen zu zeigen, wie wir auf dieses Dilemma reagieren sollen. Sollen wir uns auf die Seite Israels schlagen und damit gegen diejenigen sein, die sich scheinbar gegen die »Erfüllung der Prophetie« stellen? Oder sollen wir mit den verdrängten Palästinensern und ihren arabischen Verwandten, die sich ihrem Anliegen angeschlossen haben, sympathisieren? Sollen wir als Christen auf der Seite der Israeliten sein, die Jesus als Messias offen ablehnen, oder sollen wir uns zu den Arabern halten, die ihn zwar als Propheten achten, aber in der Rangordnung unter Mohammed einordnen? Oder sollen wir uns einfach neutral im Hintergrund halten? Das sind zugegebenermaßen schwierige Fragen. Um angemessen darauf antworten zu können, müssen wir erst die Hauptursachen kennen, die diesen Streit entfacht haben.

Zuerst müssen wir mit einem kurzen Überblick über die jüdische Geschichte vom Altertum bis zur Gegenwart beginnen. Nur wenige Menschen bezweifeln den gewaltigen Einfluss dieses Volkes auf unsere Gesellschaft. Obwohl die Bevölkerung Israels nur einen kleinen Prozentsatz der Weltbevölkerung ausmacht (0,3 Prozent), ist ihr Einfluss und ihr Beitrag in den Bereichen Wissenschaft, Medizin, Bildung, Religion, Philosophie, Wirtschaft, Politik, Medien und Kommunikationstechnik bemerkenswert.

Erwähnt werden können hier zum Beispiel der Physiker Albert Einstein; Baruch Spinoza, der Philosoph; Rothschild, der Familienbankier; Chaim Weizmann, der Chemiker des Ersten Weltkrieges; Karl Marx, der Philosoph und Erfinder des dialektischen Materialismus; Arthur Rubinstein und Vladimir Horowitz, die großen Pianisten; Louis Marshall, der Jurist für Verfassungsfragen; die Marx Brothers, Komiker; Bernard Baruch, der Finanzfachmann und Erfinder des »New Deal« und Felix Frankfurter, der liberale Richter des Obersten Gerichtshofs der USA. Das Gebiet der angewandten Psychoanalyse war bis vor kurzem ausschließlich eine jüdische Wissenschaft, die von Personen wie Sigmund Freud und den Adlers aus Wien und Prag beherrscht wurde.[2] Nicht zu vergessen sind die Berühmtheiten aus den Medien und der Filmindustrie von heute. Charles Singer hat eine lange Liste dieser jüdischen Giganten aus Kunst und Wissenschaft zusammengestellt.[3] Nur wenige Gebiete entgingen ihrem gewaltigen Einfluss.

Viel zu oft hat die Kirche sie zu grausam behandelt. Von der Zerstörung Jerusalems im ersten Jahrhundert bis heute waren die Juden ein Volk ohne Heimatland und lebten häufig praktisch isoliert in einem heidnischen Dschungel. Ihr Wiederaufleben ist eine Geschichte voller Wunder.

Dieses Buch liefert einen knappen Überblick über die jüdische Geschichte von biblischer Zeit an und hebt besonders die Ereignisse hervor, die zum Fall Jerusalems führten und wie Israel wieder ein Staat wurde. Wir werfen auch einen Blick auf die Araber, besonders auf die Rolle der heutigen Palästinenser.

Die göttlichen Bünde, die das Land betreffen

Zwei alttestamentliche Bünde beziehen sich besonders auf Israels gottgegebenes Recht auf das Land Kanaan. Der erste Bund mit Abraham wird in 1.Mose beschrieben. Der zweite Bund, der sog. palästinische Bund, wurde ungefähr sechshundert Jahre später mit Mose geschlossen (5. Mose 28-30).

Der Bund mit Abraham

Als Gott mit Abram (den Gott später »Abraham« nannte) seinen Bund schloss, versprach er dem Patriarchen, dass er seinen Nachkommen das Land zum ewigen Besitz geben würde (1. Mose 12,7; 13,15; 17,8). Auf Abrams Bitte, Ismael zum Erben des Bundes zu machen, erklärte der Herr, dass man über seine Versprechen nicht verhandeln könne. Er sagte, dass Ismael großer Segen zuteil werden würde, doch die Verheißungen seines Bundes würden durch Isaak geschehen (1. Mose 17,18-21). Später sprach der Herr mit Isaak und Jakob, um diesen Bund mit Abraham zu bestätigen (1. Mose 26,3; 28,13).

Die späteren Propheten beriefen sich auf diesen Bund und rechtfertigten damit ihren Anspruch auf das Land, als sie es betraten, um es einzunehmen (5. Mose 1,8; 1. Chronik 16,15-18; Nehemia 9,8; Hesekiel 33,24). Obwohl Abraham nur im Land »verweilte«, wurde seinen Nachkommen das Land als ewiges Erbe versprochen.

Der palästinische Bund mit Israel[4]

Der palästinische Bund wurde Mose fast sechshundert Jahre später gegeben, kurz bevor Israel den Jordan überquerte und in das Land Kanaan einzog. Mit diesem Bund bestätigte der Herr sein früheres Versprechen an Abraham und offenbarte darin die Regeln, unter denen sein Volk das Land in Besitz nehmen sollte. Er betonte, dass das Land ihm gehöre. Es war das auserwählte Land seines Bundes, das er seinem Bundesvolk geben wollte. Gegründet im Bund mit Abraham, war auch dieses Versprechen nicht an eine Bedingung geknüpft. Es garantierte, dass das Land letztendlich für alle Zeiten dem Volk Israel gehören würde (1. Mose 13,14-15; Psalm 105,9-11). Die Vorteile des Bundes waren jedoch an Bedingungen geknüpft, nämlich an den Gehorsam der Juden und die Ausübung aller Ordnungen und Gebote (5. Mose 28). Sollte Israel im Ungehorsam verharren, dann würde der Herr sie »aus ihrem Land im Zorn und im Grimm und in großem Unwillen« herausreißen (5. Mose 29,27). Als Bundesvolk des Herrn konnten die Juden das verheißene Land nur einnehmen, wenn sie das Gesetz des Bundes beachteten. Das Land selbst gehörte dem Herrn, dessen Name Jahwe war (YHWH oder »Herr des Bundes«).

Obwohl dieser palästinische Bund an Disziplin gebunden war und die Zerstreuung des Volkes bei Ungehorsam androhte, versprach er auch Wiederherstellung, wenn die Nation zum Herrn umkehren würde. Wenn »du umkehrst zum Herrn, deinem Gott, und seiner Stimme gehorchst ... dann wird der Herr, dein Gott ... dich wieder sammeln aus all den Völkern, wohin der Herr, dein Gott, dich zerstreut hat« (5. Mose 30, 2-3). Da er die Schwäche seines Volkes für das Böse kannte und wusste, dass sie in den folgenden Jahrhunderten versagen würden, versicherte der Herr ihnen ihre Rückkehr und Wiederherstellung, auch nachdem sie bis an das »Ende des Himmels« verstoßen worden wären (5. Mose 30,4).

Diese letzten Worte Moses an das junge Volk Israel waren sowohl eine göttliche Warnung als auch eine Ermutigung: eine Warnung, dass Unglaube und Rebellion das Urteil des Herrn durch die weltweite Zerstreuung zur Folge hätte; aber auch ein Versprechen, dass er das Land für alle Zeiten wiederherstellen werde, wenn sie von ganzem Herzen umkehren und bereuen würden. Der Bund Abrahams und der palästinische Bund waren somit Israels göttliche Garantie auf das Land und bildeten später die Grundlage für die Forderungen der Juden.

Israel wird von Gott des Landes verwiesen

Aufgrund dieser klaren göttlichen Verheißungen (5. Mose 7,6-8; 14,2) könnte man meinen, dass dieses auserwählte Volk dadurch reifen würde, dass der Herr die Welt durch ihr heiliges und gerechtes Leben unter seiner Führung segnen wollte. Sicherlich hätten sie durch die Züchtigungen des Herrn ihre bösen Neigungen überwinden und in Herrlichkeit darüber triumphieren können. Nichts schien Gottes Ziele mit diesem Bund zu vereiteln. Waren sie denn nicht Gottes auserwähltes Volk?

Sie waren sein auserwähltes Volk, haben aber nie vollständig seinen verheißenen Segen erfahren können. An dieses großartige Ziel sind sie nie gekommen – das wissen wir sehr wohl! Genau das Gegenteil passierte, und alle ihre Träume waren zu Asche geworden, als das Alte Testament zu Ende geschrieben war und auf seinen letzten Seiten kaum noch ein Segen stand. Die Königreiche im Norden und Süden waren so korrupt geworden, dass es kaum noch Gerechtigkeit gab. Folglich erfüllte der Herr sein Versprechen, sein Volk zu richten und aus dem Land zu vertreiben.

Um Israel aus dem Land zu vertreiben, benutzte der Herr – als Strafe für den widerlichen Götzendienst – zwei der bösartigsten Völker der frühen Geschichte. Die brutalen Assyrer waren die Vollstrecker, die das nördliche Königreich Israel im Jahre 722 v.Chr. zerstörten, und die wilden Babylonier löschten das südliche Königreich Juda im Jahre 586 v.Chr. aus. Bei dieser Zerstörung des Südens ließ der Herr durch Nebukadnezar sowohl Jerusalem als auch den von Salomo gebauten heiligen Tempel zerstören (Jeremia 25,9; 52,12-13).

So begann die Zeit der Zerstreuung Israels unter die Nationen, auch oft »Zeiten der Nationen« genannt (Lukas 21,24). Das charakteristische Merkmal dieser Zeit ist Israels Unterwerfung unter die heidnischen Nationen. Anstatt durch Israel über die Welt zu herrschen, wie er es vorgeschlagen hatte (5. Mose 28,13.44), herrschte Gott über Israel durch die Nationen. Diese Zeit begann unter Nebukadnezar (605 v.Chr.) und dauerte vier Weltreiche lang an: Babylonien, Persien, Griechenland und Rom. Sie dauerte sogar noch bis in die Zeit der aufgeblühten römischen Herrschaft an – bis der Messias kam, um sein ewiges Königreich aufzurichten (Daniel 2,44). Obwohl Israel auserwählt war, der »Kopf« zu sein, wurde es zum »Schwanz«, weil es die Führung des Herrn verschmäht hatte (5. Mose 28,13.44). So verlor die Nation seine nationale Unabhängigkeit, und die Juden wurden unter die Nationen zerstreut.

Gottes Ziel mit Israels Zerstreuung

Wie konnten die Ziele des Herrn mit diesem Sieg der Heiden über Gottes Bundesvolk überhaupt verwirklicht werden? Warum würde Gott heidnischen Horden gestatten, das auserwählte Land zu erobern und seinen großartigen Plan, durch den Samen Abrahams die Welt zu segnen, scheinbar zunichte zu machen? Wie sollen wir dieses offensichtliche Scheitern des göttlichen Plans deuten? Waren die Weltreiche im Weg oder durchkreuzten sie die gut zurechtgelegten Pläne des Herrn?

Natürlich ist die Antwort, dass diese heidnischen Nationen unabsichtlich nicht ihren, sondern eines anderen Plan erfüllten. Unwissentlich spielten sie eine wichtige Rolle in Gottes Plan mit Israel, indem sie die Gottlosen vom gläubigen Überrest trennten, die für ihren Glauben kämpften. Jede einzelne stolze Nation spielte seine Rolle pflichtbewusst. Das erste Königreich, Babylon, machte sich auf den mühseligen langen Weg, nur um Juda zu zerstören und den Rest nach Babylon zu verschleppen.

Siebzig Jahre später brachten die Perser die Gläubigen nach Jerusalem zurück, damit sie den Tempel wieder aufbauen konnten – pünktlich, entsprechend der Prophezeiungen Jeremias (Jeremia 25,12; 29,10). Immer wieder erklärte der Herr, dass er derjenige war, der Weltreiche entstehen ließ und wieder zu Fall brachte (Jesaja 45,1-4; 46,11).

Dann eroberten die Griechen 333 v.Chr. die Welt, als Alexander der Große den Nahen Osten bis nach Indien durchzog. Als eifriger »Missionar« des Hellenismus und als Student von Aristoteles verbreitete Alexander das »Evangelium« der hellenistischen Kultur, humanistische Philosophie und die Anbetung des Zeus. (Auch wollte er sich für die Zerstörung griechischer Städte durch die Perser im vorherigen Jahrhundert rächen.) Durch diese Invasion aus dem Westen wurde der gläubige Überrest Israels schwer geprüft. Sie wurden gezwungen, sich zwischen dieser frühen »New-Age«-Bewegung mit seinen Göttern der Freiheit und ihrem strengen alten Glauben zu entscheiden. Als sie nach der Aufteilung des Reiches Alexanders von syrischen Legaten in die Enge gedrängt wurden, widersetzten sich die gläubigen Israeliten mutig und voller Vertrauen auf Gott den Eindringlingen. Vor überwältigenden Schwierigkeiten stehend, schlugen die Makkabäer mit einer Armee aus gewöhnlichen Leuten die syrischen Horden in die Flucht und gewannen dadurch letztendlich eine gewisse Unabhängigkeit. Dieses mitreißende Drama nach dem Motto »David gegen Goliath« brachte die Nation zu ihrem Glauben zurück. Für Israel wurde es zu einer bleibenden Inspiration, und man erinnert sich bis heute beim achttägigen Chanukkafest daran.

Das vierte Königreich, das über Israel regierte, war das »eiserne« Römische Reich (Daniel 2,40). Dieses mächtige Reich bereitete die Welt unwissentlich auf das Kommen des Messias vor. Die römischen Kaiser unterwarfen die ganze Welt und machten alle Völker zu Geiseln Roms. Herodes der Große, ein Idumäer, unterwarf Judäa der Herrschaft Roms. Beide Regierungen waren vollkommen selbstsüchtig und gottlos, aber ihre Politik bereitete die Welt auf den Messias vor.

Israels Situation beim Kommen Jesu

Wie haben diese heidnischen Mächte Israel auf das Kommen des Messias vorbereitet? Man muss zugeben, dass ihre eigentlichen Absichten negativ waren, aber die Menschen wurden gezwungen zu erkennen, wie groß die Notwendigkeit der Erlösung war. Sie waren ein Ärgernis, gegen das ein Mittel gefunden werden musste. Während die Griechen die Juden zwangen, aus ihrem engen kulturellen Kokon zu schlüpfen, und der Welt eine universelle Sprache gaben, in welche die hebräischen Schriften übersetzt wurden, schufen die Römer eine Weltregierung, die den Frieden überwachte, und ein Straßensystem, das Reisen vereinfachte – zwei wichtige Voraussetzungen für die spätere Verbreitung des Evangeliums. Aber der größte Vorteil war die Wiederbelebung des jüdischen Glaubens. Diese heidnischen Reiche forderten den Glauben der Juden heraus und zwangen sie, dafür zu kämpfen und ihn schätzen zu lernen. Der zerlumpte Rest Israels – mit kaum mehr als dem frommen Vorsatz – nahm allen Mut zusammen, um gegen die heftigen heidnischen Angriffe des Hellenismus anzutreten.

Diese Ereignisse vertieften auch ihre Sehnsucht nach einem verheißenen Erlöser. Die Menschen erinnerten sich an die Verheißungen eines mächtigen Siegers, der ein Sohn Davids sein sollte. Während Israel den siegreichen Männern wie Alexander, Cäsar und Herodes zusah, die alle Rechtschaffenen aus dem Weg räumten, sehnte sich der gläubige Überrest nach seinem verheißenen Helden. Undeutlich sahen sie diesen mächtigeren David, der hinter den Kulissen wartete, um mit einem Vergeltungsschlag ihre Feinde zu zerstören. Sie wussten, dass Typen wie Goliath, Haman und Antiochus Epiphanes vor ihm niederfallen würden (Jesaja 9,7; 63; Micha 5,4; Lukas 1,71-74), und diese Hoffnung stärkte ihren Mut und ließ sie davon träumen, über Nationen zu herrschen. Solche Träume wurden zu einem nationalen Dogma.

Als Jesus auftrat, mussten die Juden jedoch erkennen, dass er nicht der militante Messias war, den sie sich vorgestellt hatten.

Dieser Mann war einfach nicht der Messias, an den sie gedacht hatten. Anstatt sich auf ihre Seite zu schlagen, um Goliath mit Davids Schwert zu vernichten, war Jesus sanft und heilte die Kranken und Verirrten. Anstatt sich gegen Rom zu erheben, schien er sich mit Rom gegen die Gläubigen zu verbünden. Er nahm die Steuereintreiber und Geächteten an, wenn sie nur einfach an ihn glaubten und von Herzen ihre Sünden bereuten. Er stürmte durch ihren Tempel wie ein Elefant im Porzellanladen und zerstörte ihr lukratives System von Ritualen. Er »entweihte« sogar den Sabbat, indem er an diesem heiligen Tag gute Werke vollbrachte. Am schlimmsten aber war, dass er Sünden vergab und akzeptierte, als Gott verehrt zu werden. Er wusste, dass Gott der einzige Herr ist, und beanspruchte für sich, dass er und Gott eins seien (5. Mose 6,4; Johannes 10,30). Er trat ihnen oft als »Sohn Gottes«, von dem der Psalmist sprach, gegenüber (Psalm 2,7.12). Bei alledem schien er ihre politische Versklavung nicht wahrzunehmen und zeigte ihnen gegenüber wenig Mitgefühl wegen ihrer heidnischen Unterdrücker.

Deshalb wurde er von den religiösen Führern Israels abgelehnt. Der erstaunliche Höhepunkt war jedoch, als diese religiösen Führer sich mit ihren politischen Feinden zusammenschlossen, um das Land von diesem zukünftigen Messias zu befreien. Markus erzählt uns: »Und die Pharisäer gingen hinaus und hielten mit den Herodianern sofort Rat gegen ihn, wie sie ihn umbrächten« (Markus 3,6). Diese eingeschworenen Feinde vergaßen kurzfristig ihren Streit und glaubten, dass das Schicksal der Nation von der Vernichtung dieses Heuchlers abhängig war (Johannes 11,49-50). Damit zeigten sie ihre Loyalität gegenüber Rom und nicht gegenüber dem verheißenen Messias. Bei Jesu Kreuzigung übernahmen sie die Verantwortung für seinen Tod und sagten: »Sein Blut komme über uns und über unsere Kinder!« (Matthäus 27,25). Die letzten Worte der Hohenpriester bei Jesu Verurteilung waren: »Wir haben keinen König außer dem Kaiser« (Johannes 19,15).

Ein schwaches Bild gaben sie hier ab, besonders für das auserwählte Volk. Alles schien unwirklich zu sein, eine schmutzige Affäre, wie ein verschwommener Alptraum. Waren die Verurteilung und der Tod Jesu irgendwie eine kluge Verschwörung zum Passahfest, waren sie vielleicht ein Trick dieses Nazareners und seiner Anhänger? Waren Jesus und seine kleine Truppe vielleicht übereifrig gewesen, um die Prophetien zu erfüllen?

Oder war es eine echte Verwechslung? Hatte das auserwählte Volk selbst einen Fehler kosmischen Ausmaßes gemacht? Ein Blick auf die folgenden Jahrhunderte liefert einige entsetzliche, aber aufschlussreiche Hinweise.

Kapitel 3

Die Juden in der weltweiten Zerstreuung

Vor seinem Tod machte Jesus seinen Jüngern einige erschreckende Voraussagen über die Zukunft Israels: Es würden dunkle Tage kommen. Jerusalem und der Tempel würden zerstört werden, und die Nationen würden wieder die Stadt verwüsten. Die Überlebenden würden unter alle Nationen gefangen weggeführt werden (Matthäus 24,2; Lukas 19,44; 21,24). Der Prophet Daniel hatte dies schon vor langer Zeit vorhergesagt und angemerkt, dass dies kurz nachdem der Messias »ausgerottet werden wird«, geschehen würde (Daniel 9,26). Jesus sprach von der Erfüllung dieser Prophetie und erklärte, dass es so geschehen würde, weil »du die Zeit deiner Heimsuchung nicht erkannt hast« (Lukas 19,44). Der Himmel war zu Israel gekommen, aber das Volk hatte seinen göttlichen Besucher nicht erkannt.

Die Zerstreuung unter Rom
Jerusalems Zerstörung im Jahre 70 n.Chr.

Die Vorhersage über Jerusalem erfüllte sich vierzig Jahre später durch die rücksichtslose Macht Roms. Nach dreijährigem Kampf gegen einen hartnäckigen Widerstand wurde Jerusalem von den Römern vier Monate lang einer beispiellosen Qual und Blutvergießen ausgesetzt. Flavius Josephus, ein jüdischer Historiker, der alles selbst erlebte, beschrieb die Einzelheiten dieses blutigen Dramas. Josephus wird allgemein als Verräter seiner Nation angesehen, der sich auf die Seite Roms schlug, als es den Zeloten schlechter ging. Da er die Belagerung Jerusalems durch Rom selbst miterlebte, schrieb er diese Katastrophe auf. Seine historischen Schriften sind neben den Funden der Schriftrollen vom Toten Meer unsere Hauptquelle für jene Epoche und werden, abgesehen von einigen offensichtlichen Fehlern, für historisch korrekt gehalten.[5]

Die Belagerung im Jahre 67 n.Chr. wurde von zwei römischen Generälen durchgeführt. Unter jüdischen Jugendlichen hatte sich aufgrund von Arbeitslosigkeit und der römischen Unterdrückung eine Atmosphäre der Rebellion entwickelt. Um diesen Aufstand zu unterdrücken, entsandte Kaiser Nero zwei seiner erfolgreichsten Generäle, Flavius Vespasian und seinen Sohn Titus, mit fünfzigtausend Elitetruppen. Trotz dieser Macht dauerte es zwei Jahre, bis Galiläa und Judäa erobert wurden und die Hochburgen um Jerusalem umzingelt waren. Währenddessen spalteten sich die Zeloten in Jerusalem in mehrere sich gegenseitig bekämpfende Gruppen und brachten die verzweifelte Stadt an den Rand eines Bürgerkriegs.

Auch in Rom herrschte 68 n.Chr. Aufruhr. Nach Neros Exil versuchte eine Gruppe von Anwärtern auf den Kaiserthron das Reich zu regieren und zu vereinen, jedoch erfolglos. Im Herbst 69 sah Vespasian seine Chance für den Thron und ging nach Rom. Jetzt war Titus allein verantwortlich für den Kampf gegen Juda, was die römische Geduld und die römischen Ressourcen stark belastete. Im Februar 70 n.Chr. war Titus bis zum Stadtrand von Jerusalem vorgedrungen und hoffte auf einen schnellen Sieg. Er wollte zur Krönungszeremonie rechtzeitig wieder in Rom sein. Er wollte die Stadt nicht zerstören, sondern nur unterwerfen und dieser unsicheren Gegend Frieden bringen. Titus hatte sich in Bernice verliebt, die schöne und lebhafte Schwester Agrippas II. (ein Nachkomme von Herodes), wodurch er geneigt war, mit der jüdischen Hauptstadt und ihren Heiligtümern vorsichtig umzugehen.

Kurz vor dieser Belagerung waren enorm viele Juden aus den entlegenen Gebieten durch die Stadttore geströmt, um das Passahfest zu feiern und dabei zu helfen, die Stadt zu verteidigen. Laut Josephus wurden 2,7 Millionen Menschen, einschließlich der 600.000 Stadtbewohner, innerhalb der Mauern festgehalten.[6] Die von Titus gestellten Bedingungen für die Aufgabe der Belagerung wurden vehement abgelehnt. Überzeugt davon, dass Gott ihnen wie bei den gläubigen Makkabäern zu Hilfe kommen würde, fühlten sich die Zeloten sicher, dass ihre Stadt und der Tempel den Angriff überstehen würden. Die Belagerung dauerte jedoch fast vier Monate und brachte nur Hunger und Krankheit. Viele verhungernde Stadtbewohner gaben sich dem Kannibalismus hin.

Am neunten Tag des Monats Ab (Juli/August), fielen die Römer in die Stadt ein und zündeten im Tumult den Tempel an. Die Stadt mit ihren Mauern brannte bis auf den Grund nieder. »Durch einen merkwürdigen Zufall fiel der zweite Tempel am Jahrestag der Zerstörung des ersten

Tempels« (586 v.Chr.).[7] Von der Stadt blieben nur ein Haufen Schutt und verkohlte Leichen übrig. Fünfhundert jüdische Führer wurden auf der Stelle gekreuzigt. Josephus rief über das Blutbad aus: »Es sind so viele dort umgekommen, dass es jede Zerstörung übersteigt, die jemals durch Menschen oder durch Gott über die Welt gebracht wurde.«[8] Die Verwüstung ging so weit, dass »jeder, der dorthin kam, glaubte, dass die Stadt niemals bewohnt gewesen sei. Durch den Wahnsinn derjenigen, die für Neuerungen waren, wurde Jerusalem vernichtet, eine sonst großartige Stadt, die unter der ganzen Menschheit Ruhm genoss.«[9] Warum hatte der Herr die gewaltige Zerstörung der jüdischen »Heiligen Stadt« zugelassen? Aufgrund der Bemerkungen Jesu etwa vierzig Jahre zuvor kann man annehmen, dass es nicht nur die Folge eines Wutausbruchs der römischen Soldaten war. Dies hatte eine geistliche Ursache mit einer viel größeren Bedeutung. Das Blutbad hing mit Daniels Prophetie über die Zerstörung der Stadt zusammen, nachdem der Messias »ausgerottet« werden würde.

Die Worte Daniels und Jesu hätten kaum wörtlicher erfüllt werden können. Nur die verbleibende Mauer, die die Grundlage für den Tempel bildete (heute bekannt als »Klagemauer« oder »Westmauer«) war intakt geblieben. Die Überlebenden des Blutbads wurden als Gefangene verkauft. Der jüdische Historiker Heinrich Graetz beschreibt, wie Tausende Jugendliche nach Ägypten und in die Städte Europas gebracht wurden, wo sie als Sklaven verkauft oder zur königlichen Unterhaltung in den Arenen den Bestien zum Fraß vorgeworfen wurden.[10] Dann beschreibt er das Ergebnis:

> Die jüdischen Gemeinden in Syrien, Kleinasien, Alexandria und Rom teilten kaum das Schicksal ihrer Brüder in Judäa. Der Krieg hatte den Hass der ganzen heidnischen Welt gegen die unglücklichen Kinder Israels entfacht – ein zutiefst fanatischer Hass, mit dem Ziel, die ganze Rasse zu vernichten.[11]

Der Widerstand von Masada

Die Festung Masada in der Wüste war der letzte rebellische Vorposten, der drei Jahre später, im Frühling 73 erobert wurde. Hier wiederholte sich das Unglück von Jerusalem im kleineren Ausmaß, als sich der Zelotenführer Eleasar dem römischen General Silva widersetzte. Anstatt sich zu ergeben, um verkauft oder abgeschlachtet zu werden, wählten 960 widerständische Juden lieber den Freitod. Das taten sie augenscheinlich mit Stil: Nur zwei Frauen und fünf Kinder versteckten sich und überlebten, um die Geschichte zu erzählen.

In vielen Erzählungen wird dieser Aufstand oft ausgeschmückt, um die Tapferkeit und Entschlossenheit der jüdischen Widerstandskämpfer hervorzuheben. Die einzige historische Beschreibung haben wir jedoch von Josephus, der das Ereignis aus einer ganz anderen Perspektive beleuchtet und die Juden nicht als Helden darstellt. Er beschreibt die Zeloten als völlig boshaft. »Sie waren widerliche Wichte«, sagt er, sie »schnitten den Hohenpriestern die Kehlen durch, damit nichts von ihrer religiösen Beziehung zu Gott übrig blieb… Sie ahmten jede gottlose Tat nach. Wenn ihnen irgendetwas Böses einfiel, zögerten sie nicht, es eifrig auszuführen.«[12]

Masada wurde zur tragischen Fußnote der göttlichen Lektion, die sich in Jerusalem abspielte. Man schien dem Gericht nicht zu entkommen, auch nicht in der berühmten herodianischen Festung. Das Volk hatte nicht erkannt, dass Gott in der Person des Messias zu ihnen gekommen war. So wurde fast die ganze Bevölkerung Judäas vernichtet, und die Nation lag im Ruin.

Römische Verfolgung und Bar-Kochba-Aufstand (135 n.Chr.)

Nach dem Krieg verbreiteten sich im ganzen Römischen Reich antijüdische Einstellungen. Juden wurden als Bedrohung angesehen. Weil sie die Macht Roms gedemütigt hatten, indem sie sich den römischen Truppen mehrere Jahre lang widersetzt hatten, wurden die Juden zum Schauspiel für die Welt und bekamen eine bittere Lektion für ihre Rebellion erteilt. Tatsächlich beauftragte Vespasian Josephus (nachdem er sich in Galiläa ergeben hatte), die römischen Legionäre nach Jerusalem zu begleiten, um diese Geschichte aufzuzeichnen.[13] Den Überlebenden wurde wenig Gnade geschenkt.

Während der Herrschaft Hadrians (117-135 n.Chr.) wurde Jerusalem als römische Stadt namens Aelia Capitolina wieder aufgebaut, und dort, wo früher der jüdische Tempel stand, errichtete man für Jupiter einen Tempel. Das jüdische Ritual der Beschneidung wurde gesetzlich verboten.[14] Diese ständigen Unterdrückungen empörte die zurückgekehrte Gemeinschaft so sehr, dass es 131 n.Chr. einen weiteren Aufstand gegen

Rom gab. Viele Rabbis waren davon überzeugt, dass die Zerstörung Jerusalems im Jahre 70 n.Chr. ein Vorbote des messianischen Zeitalters sei, das mit der Erschütterung des Himmels und der Erde durch den Herrn beginnt (Haggai 2,6).[15] Sie sahen diese Katastrophen als notwendigen Auftakt zur messianischen Erlösung, und die Verfolgungen lösten wieder die Sehnsucht nach einem militanten »Messias« aus.

Diese Sehnsucht war so stark, dass im Jahre 132 Simon Bar Kochba zum Messias erklärt wurde. Er war ein mächtiger Kämpfer von großer Statur. Simon Bar Kochba bedeutete »Sohn des Sterns«, der angeblich durch Bileam vorhergesagt wurde (4. Mose 24,17).[16] Er war ein angesehener Soldat und wurde von einem der geehrtesten und gelehrtesten Rabbis der jüdischen Geschichte, Rabbi Akiba ben Joseph, gefördert. Dieses berühmte Paar rief im Jahr 132 zum Kampf gegen Rom auf. Zum Entsetzen der Römer gab es einen langen Kampf, der ohne Sieger zum militärischen Stillstand führte. Hadrian sandte seinen besten General ins Morgenland (die Länder um das östliche Mittelmeer), um den Aufstand zu unterdrücken. Auch ihre besten Truppen brauchten fast drei Jahre, um den Aufstand niederzuschlagen. Aber die angewandte Taktik war verheerend. Er musste systematisch »jedes Lebewesen, jeden Kämpfer und Nichtkämpfer auf seinem Weg – Männer, Frauen, Kinder, Vieh schlachten… Nach zwei Jahren rücksichtslosen und gnadenlosen Gemetzels kam die jüdische Front ins Wanken, da die breite Masse auf einen kläglichen Rest reduziert war.«[17]

Dieser letzte Aufstand machte die Römer so wütend, dass sie alles Jüdische im Land auslöschten und alle Überlebenden in die Sklaverei verkauften. Selbst das Land wurde umbenannt. Das »Land der Juden« (Judäa) wurde zum »Land der Philister« (Palästina).[18] Jerusalem wurde zur Stadt der Heiden, die kein Jude mehr besuchen durfte. Kein Jude konnte sich ihr nähern, ohne dabei die Todesstrafe zu riskieren.[19] Das war Jerusalems zweiter großer Aufstand gegen Rom, und als wollten sie ein Denkmal setzen, wurde die Stadt erneut am neunten Tag des Monats Ab (Juli/August) zerstört.[20]

Veränderungen im Leben der Juden

Diese Zerstörung Jerusalems veränderte einiges an der religiösen und sozialen Struktur des jüdischen Volkes. Ohne Tempel konnten sie nicht mehr opfern. Sie konnten ihre Opferrituale und Feste nicht mehr durchführen, Priester oder Leviten waren daher überflüssig geworden. Interessanterweise wurde der Hebräerbrief im Neuen Testament ungefähr um 68 oder 69 n.Chr. geschrieben, also kurz vor der Tempelzerstörung. In ihm betont der Autor Christi Rolle als letzter Hohepriester und letztes Opfer – es ist das einzige Buch im Neuen Testament, das diese priesterlichen Funktionen betont. Als ob dieser Punkt betont werden sollte, hörte mit der Zerstörung des Tempels das alte System der Tieropfer für die Sünden plötzlich auf.

Durch die Tempelzerstörung veränderte sich auch die Führung des jüdischen Volkes. Ohne Priester wurden die Rabbis zu den geistlichen und sozialen Führern des Volkes. Die Pharisäer bildeten die Hauptgruppe des klassischen Judentums. Ihre Aufgaben drehten sich um die Synagoge mit allen dazugehörigen Aktivitäten. Hier studierten die Rabbis und machten das zerstreute Volk zu Studierenden, wobei sie sich in alle Aspekte des gemeinschaftlichen Lebens vertieften, damit die Juden in einer heidnischen Welt überleben konnten. Bei der Zerstörung Jerusalems zogen die Rabbis zuerst nach Jabne nahe der Mittelmeerküste und später nach Galiläa. Dort konzentrierten sie sich auf das Studium der Thora und ihre mündlich überlieferten Traditionen.

Die Behandlung der Juden durch die Kirche

Während der ersten drei Jahrhunderte nach Christus litten Juden und Christen gleichermaßen unter den Römern. Beide wurden als »Atheisten« angesehen, weil sie nicht den Götzen dienten und es ablehnten, sich vor Jupiter, dem Gott Roms, zu verneigen. Ohne solche Götter betrachtete man sie als Hauptfutter für ihre Spiele in den Arenen, wo sie, zum Spaß und zur Unterhaltung der römischen Oberklasse, gegen wilde Tiere kämpfen mussten.

Trotz großer Verfolgung und vieler Märtyrertode wuchs die Kirche mit der Zeit und wurde zur Hauptmacht im Reich. Die römischen Führer waren sich durchaus bewusst, dass die Christen zu einer immer stärkeren Minderheit wurden. Diese Tatsache führte schließlich sowohl für die Juden als auch für die Christen zu einem Durchbruch. Als Konstantin, der erste »christliche« Kaiser, im Jahre 312 n.Chr. den Thron bestieg, rief er sofort im ganzen Reich die religiöse Freiheit aus. Im Jahre 325 führte er das berühmte Nizänische Konzil ein und erklärte das Christentum zur Staatsreligion. Da dies offensichtlich ein Wendepunkt in der Beziehung zwischen Kirche und Staat war, schien dies auch den Juden einige Hoffnung zu geben. Seit dem Fall Jerusalems hatte das Volk Israel für den Sieg über Rom und seine antijüdische Politik gebetet.[21] Als die Verfolgung der Gläubigen aufhörte, schien es, als ob ihre Gebete erhört wurden und die Toleranz allen gelten würde.

Aber dieser Traum wurde schnell zu einem Alptraum. Als die Kirche immer einflussreicher und mächtiger wurde, benutzte sie die neue Macht, um das Evangelium zu verbreiten und die Welt zu bekehren. Diese gute Absicht führte jedoch zu Verfolgungen wegen Ketzerei, wobei das Judentum das Hauptziel war. Die Kirche hatte die jüdische Beteiligung an Jesu Tod nicht vergessen. Deshalb betrachteten viele Christen und treue Anhänger der Kirche die Juden als »Mörder Gottes« und ihre Religion als größte Ketzerei. Dazu berichtet Richard Gade: »Während des byzantinischen Reiches (330-1000) konnten Nichtchristen nur zwischen Bekehrung und Unterdrückung wählen.«[22] Mit denjenigen, die eine Bekehrung ablehnten, hatte die Kirche wenig Mitleid. Heinrich Graetz beschreibt die christlichen Kaiser als Männer, deren »Hass auf das Judentum und seine Anhänger genauso leidenschaftlich war wie der auf das Heidentum.«[23] Auf diesen traurigen Bericht kommen wir später in diesem Buch noch einmal zurück.

Die Entstehung des Talmud und des rabbinischen Judentums

Die harten Prüfungen der Juden in der Zerstreuung waren in einer Hinsicht auch nützlich: Das Volk war gezwungen, seine mündlichen Glaubensüberlieferungen aufzuschreiben oder zu verschlüsseln. Vor 220 n.Chr. blieben rabbinische Auslegungen nur durch die Erinnerungen der Gelehrten erhalten, denn man hielt sie für zu heilig, um sie aufzuschreiben.[24] Diese Überlieferungen waren eine praktische Anwendung des Alten Testaments auf das tägliche Leben oder auf völlig neue Situationen, die erst später entstanden. Als mündliche Überlieferungen wurden sie von den Sadduzäern abgelehnt, aber von den Pharisäern hoch geehrt und studiert. Ihre Ansichten, die später von Rabbi Zakkai (70 n.Chr.) zusammengetragen wurden, reflektierten eher die liberale Schule von Hillel (40 v.Chr.) und nicht die konservative Schule Schammais. Obwohl es keine Gesetze sind, wurden sie doch als »Anweisungen fürs Leben« angesehen. Viele glaubten, dass Mose sie überliefert hatte.[25]

Während der Zerstreuung der Juden hatten diese mündlichen Überlieferungen eine besondere Bedeutung, weil sie das Volk zusammenhielten. Es entstand fast so etwas wie eine Bibel, sodass z.B. Max Dimont es als »Bibliosklerose des Talmud« bezeichnet.[26] Später bezeichnete man sie als »Gottes heiliges Wort, das wie der Sabbat genauso fromm gehalten werden sollte.«[27]

Diese verschiedenen Lehren der Rabbis wurden als Anweisungen fürs Leben zunächst mündlich überliefert und schließlich niedergeschrieben. Dies geschah 199 n.Chr., als Rabbi Jehuda ha-Nasi mit der Tradition brach und alles schriftlich festhielt. Als er erkannte, dass man die Lehren schützen musste, um dem Volk in der Diaspora das Studium dieser Anweisungen zu ermöglichen, wurden diese Traditionen von Jehuda ha-Nasi in der *Mischna* (hebräisch: Wiederholung) gesammelt. Diese Sammlung bestand aus »Gesetzen und Ordnungen und wurde, thematisch geordnet, in sechs Abschnitte aufgeteilt.«[28] Obwohl mit dieser Zusammenstellung beabsichtigt war, den »Kanon« zu vollenden oder die rabbinischen Interpretationen zu beenden, war das nur der Anfang. Im Laufe der Jahrhunderte wurden die Texte weiterhin kommentiert und besprochen. Sie wurden auf Aramäisch geschrieben und hießen *Gemara* (aramäisch: Lehre, Wissenschaft oder »Vervollständigung«).

Die hebräische *Mischna* und die aramäische *Gemara* wurden später zusammengefasst und Talmud genannt (hebräisch: lernen). Der Talmud liegt sogar in zwei Ausgaben vor: dem palästinischen (auch Jerusalemer Talmud genannt) und dem babylonischen Talmud. Der erste wurde für die Juden in ihrem Land geschrieben, der zweite für die im babylonischen Exil und in der Diaspora lebenden Juden. Das babylonische Werk ist das bedeutendere und heute auch bekanntere.

Um das Ausmaß und die Komplexität dieser Werke wertzuschätzen, sollte man berücksichtigen, dass die Mischna das mosaische Gesetz in 613 Grundsätze aufteilte. Diese wurden unterteilt in 365 Verbote und 248 Gebote.[29] Jeder Grundsatz kann Hunderte von Nuancen oder Anwendungen unter verschiedenen Umständen haben. Dimont bemerkt dazu, dass vieles davon triviales Zeug sei und aus dem jüdischen Leben »ein Irrenhaus voller zwanghafter Rituale mache, für das angeblich Mose und Gott verantwortlich seien.«[30] Der Talmud war ein enzyklopädisches Werk mit 35 Bänden, 15.000 Seiten und 2,5 Millionen Wörtern (63 Traktate). Das Werk deckte fast alle Pflichten und Aufgaben des täglichen Lebens ab und wurde auch oft »Lehrer des jüdischen Volkes« genannt. Mit dem Werk wurde nicht nur die jüdische Jugend auf der ganzen Welt zehn bis fünfzehn Jahre lang ausgebildet, sondern durch den Talmud wurden sie auch zu »Physikern, Mathematikern, Astronomen, Sprachwissenschaftlern, Philosophen, Poeten und Geschäftsleuten gemacht.«[31]

Was hielten Jesus und die Apostel von diesen rabbinischen Ansichten? Bei einigen Gelegenheiten bezog sich der Herr auf die »Satzungen der Ältesten« (Matthäus 15,2-6; Markus 7,3-9). Er warnte die Jünger, dass einige dieser »Satzungen« benutzt wurden, um Gottes Wort zu verdrehen. Er erwähnte zum Beispiel, wie sie mit dem Trick, über den Besitz der Eltern *Korban* (»Opfergabe Gottes«) auszusprechen, Gottes Gebot, Vater und Mutter zu ehren, verdrehen (Markus 7,11). In seiner Bergpredigt verglich er das, was den »Ältesten überliefert wurde« (nicht: was »geschrieben« steht), mit dem, was er über die geistliche Bedeutung des Gesetzes lehrte. Bei seinen Auseinandersetzungen ging es nicht um Mose, sondern um die verzerrten Darstellungen gewisser Rabbiner. Er erkannte die Gefahr, menschliche Meinungen zum göttlichen Gesetz zu machen.

Nicht alle Juden haben den Talmud verehrt. Im achten Jahrhundert entstand in Mesopotanien die Gruppe der Karaiten (oder Karäer), die den Talmud ablehnte. Anan ben David gründete die Bewegung im Jahre 770 n.Chr. Danach breitete sie sich bis zum zwölften Jahrhundert im gesamten Nahen Osten aus.[32] Für die Karaiten war nur das Alte Testament maßgebend, das sie wortwörtlich auslegten; die rabbinischen Zusätze lehnten sie ab. Wie Jesus lehnten auch die Karaiten viele der traditionellen Praktiken der Pharisäer ab, wie zum Beispiel Essensvorschriften und das Tragen von Gebetsriemen (kleine Lederschatullen mit Auszügen aus der Thora, die man am linken Arm und an der Stirn trug). Diese Gruppe war eine »Bedrohung für das normative Judentum (die Rabbiner).«[33] Die Bewegung war eine Art jüdische Reformation ähnlich der protestantischen Reformation, dic betonte, wie wichtig es sei, sich ganz allein auf die Schrift zu besinnen, weg von rabbinischen Traditionen. Das elfte und zwölfte Jahrhundert war für sie, mit ihren vielen Gelehrten, ein »goldenes Zeitalter«, bis der Talmud aus Mesopotamien sie wie eine große Welle überwältigte.[34] Im Nahen Osten und in Südrussland gibt es noch heute eine kleine Gruppe von Karaiten.

Obwohl das Studium des Talmud für den Zusammenhalt und Erhalt der Juden in der Zerstreuung eine bedeutende Rolle spielte, neigte man auch dazu, Ansichten zu vertreten, die der Lehre des Christentums total entgegenstanden. In gewisser Weise war der Talmud das jüdische Gegenstück zum christlichen Neuen Testament. Es vermischte rabbinische Auslegungen mit alttestamentlichen Abschnitten, die oft einen Gegensatz zu Christus und den Aposteln darstellten. So erklärten die Rabbis erneut die Thora zu einem »dynamischen und sich verändernden Dokument« und betrachteten sie nicht länger als feste und stabile Gesetzesvorschriften. Die spätere Verschlüsselung und systematische Darstellung des Talmud durch Joseph Caro im Jahre 1565 machte diesen gewaltigen Text jedem Juden zugänglich.[35]

Kein reiner Zufall

Es war kein reiner Zufall, dass Israel, das im Kreuzfeuer der wütenden Nationen stand, im Jahre 70 n.Chr. aus dem Land Judäa vertrieben wurde. Wie Jesus und die Propheten schon gewarnt hatten, wurden die Juden zerstreut, weil sie »Gottes Besuch« in Gestalt des Menschen Jesus und seinen Dienst abgelehnt hatten. Darum wurden die Juden »gefangen weggeführt unter alle Nationen« (Daniel 9,26; Lukas 21,24).

Diese Beurteilung war für die Rabbis damals unvorstellbar. Trotzdem wurde diese Tatsache immer wieder auf dramatische Weise bestätigt. Das entschuldigt natürlich nicht die Verfolgungen durch die Römer oder die frühe byzantinische Kirche, sondern zeigt die prophetische Beziehung der Ereignisse zueinander. Diese Tatsache spricht auch Bände für das schwere Leiden der Juden durch die Kirchengeschichte hindurch und ihre unnachgiebige Suche nach Frieden und Erfüllung in einem heidnischen Dschungel.

Nur wenige Rassen mussten in den Händen so vieler Feinde leiden und haben trotzdem überlebt. In einer feindlichen Welt sehnten sich die Juden immer wieder nach Sicherheit. Diese Sehnsucht sprachen sie jahrhundertelang beim Passahfest aus: »Nächstes Jahr in Jerusalem.«

Kapitel 4

Migration und Vertreibung der Juden

Die Sehnsucht nach Sicherheit brachte das jüdische Volk in weit entfernte Länder, und oft wurden sie deshalb Opfer von Misshandlungen. Welche Auswirkungen hatten diese wiederkehrenden Verfolgungen der Juden, während sie versuchten, in Frieden unter den Nationen zu leben? Welche neuen Feinde und unerwarteten Freunde sollten sie noch kennen lernen? Um ihre heutige Lage zu verstehen, müssen wir sie auf einigen umständlichen Reisen durch die Vergangenheit begleiten.

Der Islam und die Kreuzzüge

Im frühen 7. Jahrhundert sollten erschreckende Ereignisse den Lauf der Geschichte für immer verändern. Zu dieser Zeit gründete ein Mann aus der Wüste Arabiens eine Religion, die die damalige Welt verändern sollte. Sein Name war Mohammed, der Sohn Abdullahs.

Als Mohammed vierzig Jahre alt war, fühlte er sich von Gott berufen, den arabischen Stämmen eine eigene Religion zu geben. Mit dieser Tat beeinflusste er das Schicksal der Juden und der Kirche des Mittelalters enorm. Auf der Grundlage des »einen Gottes« aus dem hebräischen *Schema* (5. Mose 6,4) und inspiriert durch eine Reihe angeblicher Visionen vom Engel Gabriel, nahm er sich vor, den arabischen Stämmen eine einheitliche Religion »Allahs« (vom hebräischen *Eloah,* was »Allmächtiger Gott« bedeutet) zu geben. Sein Slogan lautete: »Es gibt keinen Gott außer Allah, und Mohammed ist sein Prophet.« Er betrachtete sich selbst als den von Gott auserwählten und ersten Propheten einer wahren Religion und auch als letzten Propheten Gottes, der auf Mose und Jesus Christus folgte. Viele Muslime glauben, dass er ohne Sünde war.[36] Die Religion wurde »Islam« (wörtlich »sich ergeben«) genannt, von dem der Ausdruck *Muslim* abgeleitet wird.

Obwohl er in seiner Heimatstadt Mekka von den Arabern zunächst abgelehnt wurde, wurde er von den Christen in Äthiopien und einer großen jüdischen Bevölkerung in Medina im Jahre 622 n.Chr. willkommen geheißen. Jenes Jahr nennt man *Hegira* (»Flug«), und für die islamische

Welt ist es das »Jahr eins«.³⁷ Mohammed organisierte seine Anhänger und offenbarte weiterhin seine Visionen, die später in dem heiligen Buch der Muslime, dem Koran, gesammelt wurden. Als ihm die Juden aus Medina ihre Nachfolge verweigerten, tötete oder verbannte er sie und beschlagnahmte ihr Vermögen und ihren Besitz. Danach stellte er damit eine Armee von zehntausend Mann auf, die im Jahre 630 Mekka einnahm. Dort machte er die Kaaba zum islamischen Heiligtum und zog dann weiter, um bis zu seinem Tod im Jahre 632 ganz Arabien zu erobern.³⁸

Der islamische Glaube

Der Koran ist ein Buch mit 114 Kapiteln (Suren) unterschiedlicher Länge. Muslime glauben, dass der Engel Gabriel den Text über einen Zeitraum von 23 Jahren Mohammed diktierte. Im Koran sind »Gott und sein Prophet [Mohammed]« die absolute Autorität. Der Koran bezieht sich stark auf das Alte Testament und die Evangelien, besonders auf die Geschichten von Abraham und Ismael, Josef, Mose, Jesus und Maria. Es wird behauptet, dass Abraham weder Jude noch Christ war, sondern Muslim.³⁹ Zahlreiche Geschichten des Alten Testaments sind mit einem arabischen Beigeschmack neu interpretiert worden. Abraham steht gewöhnlich an erster Stelle, und Jesus ist nur einer von vielen rechtschaffenen Propheten. »Trotzdem ehren wir die guten Männer wie Sacharja und Johannes, Jesus und Elia; jeder war rechtschaffen; Ismael und Elisa, Jona und Lot...«⁴⁰

Die Geburt Jesu durch die Jungfrau Maria wird mit den Erfahrungen Hagars in der Wüste beschrieben.⁴¹ Der Koran leugnet auch, dass Jesus gekreuzigt wurde.⁴² Islamische Ausleger erklären dies auf verschiedene Art. Manche glauben, dass »Gott sein [Jesu] Aussehen in das von Judas verwandelte und Judas' Aussehen in das von Jesus. Als dann die Juden kamen, um ihn gefangen zu nehmen, nahmen sie Judas und kreuzigten ihn versehentlich, während Gott Jesus zu sich in den Himmel holte.«⁴³

Der islamische Glaube behauptet von sich, einfach, unkompliziert und universell zu sein. Seinen Anhängern werden fünf Grundpflichten auferlegt (oft auch »Fünf Säulen des Islam« genannt):

1. das Glaubenszeugnis (»Es gibt keinen Gott außer Allah, und Mohammed ist sein Prophet«);
*2. die Verpflichtung, fünf Mal am Tag zu beten (von fünfzig auf fünf Mal reduziert, nachdem Mohammed Allah darum gebeten hatte);*⁴⁴

3. *das Geben von Almosen (zweieinhalb Prozent für die Armen und für das Haus Mohammeds, die Moschee);*
4. *die Verpflichtung zum Fasten (von Sonnenuntergang bis Sonnenaufgang während des neunten Mondmonats, des sog. Ramadan); und*
5. *die Pilgerfahrt (Hadsch) nach Mekka, mindestens einmal im Leben.*

Manche fügen noch eine sechste Säule hinzu: die Pflicht des *jihad* (»Heiliger Krieg« oder »Kampf« für den Glauben).[45] Einen Zusatz zum »absoluten und unfehlbaren« Koran stellt der sog. *Hadith* dar. Er ist eine Sammlung religiös-moralischer Verhaltensmaßregeln für Muslime, wie sie den Koran im täglichen Leben anwenden sollen. Koran und Hadith zusammen nennt man *Scharia*.

Mohammed behauptete von sich selbst, dass er von Ismael abstamme und somit ein direkter Nachkomme Abrahams sei. Seiner Meinung nach waren diese beiden die Gründer Mekkas.[46] Muslime glauben, dass das Versprechen an Hagar und ihren Sohn Ismael, »eine große Nation« zu werden, in dem arabischen Volk erfüllt wurde, das Mohammed vereinte.[47] Der Koran belegt dies mit der Tatsache, dass das jüdische Volk verurteilt und von Gott vernichtet wurde.[48] Für Muslime ist Jerusalem wegen des Felsendoms heilig. Bei diesem Felsendom handelt es sich um ein Heiligtum, das im siebten Jahrhundert auf den Tempelruinen gebaut wurde, von denen Mohammed – so glauben die Muslime – auf einem arabischen Pferd in den Himmel sprang (Sure 17,1: »Die Nachtreise«).[49]

Obwohl das Machtzentrum des Islam von Medina über Damaskus nach Bagdad zog, blieb Mekka in Arabien immer noch sein religiöser Mittelpunkt. Muslime ersetzten nach und nach die Fastenzeiten und Feste der Hebräer durch andere, die sich auf Abrahams Opfer sowie Mohammeds Geburt und Tod bezogen. Der Freitag wurde zum islamischen Feiertag.

Die Macht des Islam

Der Islam eroberte und verbreitete sich in Windeseile. Die arabischen Stämme vereinten sich allmählich unter Mohammed und seinen Anhängern, den Kalifen. Obwohl der Gründer, der für sein götzendienerisches Volk Frieden und Moral wollte, dabei zuweilen leidenschaftlich, aber auch mitfühlend war, geschah diese Eroberung mit gezücktem Schwert.

Harte Disziplin war für diese Reform rund um den Monotheismus wesentlich.[50] Die Bewegung wurde aufgrund ihrer kleinen Erfolge stark militaristisch. Es dauerte nur hundert Jahre, bis sie fast die ganze zivilisierte Welt von Indien bis Spanien unterworfen hatte.

Im sechsten Jahrhundert waren die Araber Wüstennomaden; im siebten Jahrhundert waren sie Eroberer auf dem Vormarsch; im achten Jahrhundert waren sie Herren eines Reiches, das aus dem Mittelmeer einen großen islamischen See machte; und im neunten Jahrhundert standen sie an der Spitze einer prächtigen Zivilisation. Sie waren führend in Kunst, Architektur und Wissenschaft, während Europa immer tiefer im selbst verschuldeten dunklen Morast versank. Ein Land nach dem anderen ergab sich den heftigen Angriffen der Araber – Damaskus im Jahre 635, Palästina im Jahre 638, Syrien im Jahre 640, Ägypten im Jahre 641.[51]

In weniger als einem Jahrhundert eroberten die Muslime die östliche Hälfte des byzantinischen Reiches sowie ganz Nordafrika und Spanien, bevor sie schließlich von Charles Martel 722 vor der französischen Stadt Tours aufgehalten wurden. Zum ersten Mal in der Geschichte hatte sich ein mächtiges internationales Reich gebildet, das durch einen religiösen Eroberungskrieg zustande gekommen war. Als sich diese militante Religion nach Westen ausdehnte, wurde sie zu einem gefürchteten Feind des Christentums.

Um den Anschein von Frieden zu wahren, fingen die islamischen Kalifen an, eine tolerantere Haltung den anderen Religionen gegenüber einzunehmen. Nach Mohammeds Tod im Jahre 632 gab es fast keine Feindschaft gegenüber Juden mehr. Obwohl mit dem »Pakt des Omar«(637) bestimmte Benachteiligungen für Nicht-Muslime erlassen wurden, waren diese hauptsächlich gegen die Christen gerichtet. Dieser Pakt verbot den Christen, Kreuze aufzustellen, ihre charakteristische Kleidung zu tragen, irgendjemanden zum Christentum zu bekehren oder Christen daran zu hindern, zum Islam überzutreten.

Der Islam entwickelte auch ein reiches kulturelles Erbe, wobei Literatur, Wissenschaft, Medizin, Kunst und Architektur durch ihn neue Höhepunkte erlangten und enorme Beiträge zum numerischen System und zur Astronomie geleistet wurden.[52] In den dunklen Zeiten Europas waren die islamischen Philosophen und Wissenschaftler die Denker und Erfinder der Weltkultur. Das Reich mit seinem Halbmond und seinem Schwert (den zwei Symbolen des Islam), blühte bis ungefähr 1000 n.Chr. Dann fiel es verschiedenen barbarischen Angriffen aus dem Osten zum Opfer und begann zu verfallen.

Nicht-Muslimen war es verboten, einen Muslim zu schlagen, ein Pferd zu reiten oder Häuser zu bauen, die größer waren als die ihrer islamischen Nachbarn. Wenn ein Muslim in ihrer Nähe war, mussten sie demütig aufstehen. Der Name Mohammeds durfte nicht respektlos genannt werden. Unter der islamischen Herrschaft ging es den Juden relativ gut, sie gelangten auf manche Art zu Wohlstand. Obwohl Juden gelegentlich Massakern ausgesetzt waren, erlebten sie vom siebten bis zum elften Jahrhundert unter ihren arabischen Herrschern im Großen und Ganzen eine Art »goldenes jüdisches Zeitalter«.[53]

Mit der arabischen Eroberung des Heiligen Landes im Jahre 640 n.Chr. begann im Morgenland ein Zeitalter islamischer Herrschaft, das fast dreizehn Jahrhunderte andauerte. Die Araber selbst jedoch kontrollierten Palästina nur fünf Jahrhunderte lang. Die arabische Herrschaft endete, als die türkischen Seldschuken 1071 Jerusalem einnahmen (kurz danach folgten die Fatimiden) und für die Christen und Juden eine blutige Zeit anbrach.[54]

Die Plünderung der Grabeskirche durch die Türken (326 von Helena, der Mutter Konstantins, erbaut) signalisierte eine zunehmende Zerstörungswut gegenüber Christen und entzündete den Zorn der europäischen Kirche. So endete für die Juden in Europa eine Periode relativen Friedens, und die berüchtigte Ära der christlichen Kreuzzüge begann. Während der folgenden zwei Jahrhunderte (1095 – 1292) rief man in Europa zu neun Kreuzzügen auf, deren Ziel die »Reinigung« des Heiligen Landes war. Unter dem »Zeichen des Kreuzes« (davon wird der Ausdruck Kreuzzug abgeleitet), entschloss sich die Kirche, die heiligen Orte in Palästina von den türkischen »Ungläubigen« zu befreien.

Massaker an Juden während der Kreuzzüge

Trotz der vielen Warnungen Jesu nahm die byzantinische Kirche – genauso wie das heidnische Rom – militante Züge an. Fröhlich zückten die Frommen das Schwert – natürlich für die »richtigen Gründe« (d.h. man kümmerte sich um Ketzer und versuchte, Bekehrte zu gewinnen).

So wurden die Juden immer mehr zu Gegnern des Evangeliums. Anstatt zu konvertieren oder sich in die »christliche« Kultur zu integrieren, entschieden sich die Juden dafür, wegzuziehen. Sie wurden zu »wandernden Juden«, die mit ihrem Gepäck »von Meer zu Meer« wankten (Amos 8,12).

Der erste Kreuzzug wurde 1095 durch Pabst Urban II. angezettelt, nachdem Peter der Eremit einen Bericht aus dem Heiligen Land lieferte, in dem er die verzweifelte Lage der Christen anprangerte. »Als Anreiz für die Teilnahme an diesem ersten Kreuzzug wurde der Erlass aller Sünden angeboten und jedem, der im Kampf fallen sollte, das Himmelreich versprochen.«[55] Dieses Angebot zog eine bunte Schar von Menschen an – von der Gesellschaft Geächtete, Außenseiter und Unzufriedene –, die mit anfänglicher Unterstützung der Reichen aus England, Frankreich und Deutschland ins Morgenland kamen. Als die Mittel versiegten, plünderten diese Abtrünnigen alle Dörfer, die auf dem Weg lagen.

Manche Kreuzzüge erreichten jedoch ihr Ziel. Jerusalem und Teile des Heiligen Landes wurden für kurze Zeit erobert, und so konnten die Heiligtümer wieder aufgebaut werden. Die wieder aufgebaute Grabeskirche und die Kirche von St. Anne gehen auf diese Zeit zurück. Die Mameluken aus Ägypten vertrieben 1292 schließlich die Kreuzfahrer aus ihrer letzten Bastion in Akkon.

Für die Juden im Reich waren die Kreuzzüge ein Alptraum, der zwei Jahrhunderte lang dauerte. »Die meisten jüdischen Gemeinden in Palästina waren von den Kreuzrittern zerstört worden«, bemerkt Louis Finkelstein.[56] »Bei jedem Kreuzzug wurden Massaker verübt.«[57] Dieser Rachegeist beschränkte sich nicht nur auf Palästina, sondern breitete sich in ganz Europa aus. »›Warum bis ins Heilige Land gehen, um Gottes Feinde zu töten, wenn es hier Juden gibt? Töte einen Juden und rette deine Seele…‹ Dieser Hass wurde in diesen Horden geschürt. Gnadenlos griffen sie alles an und plünderten eine Gemeinde nach der anderen auf ihrem Marsch durch Europa« nach Palästina.[58] Historiker schreiben außerdem, dass »mehr als 750 Jahre lang, von der Zeit der Kreuzzüge an, der Rassenhass die Juden zu gejagten und verfolgten Menschen machte, für die das Leben etwas war, was sie ertragen mussten, und die die Zukunft fürchteten.«[59]

Anfang des 13. Jahrhunderts erließ die Katholische Kirche ein »Edikt, in dem es hieß, dass die Juden – zur Unterscheidung – an ihrer Kleidung vorne und hinten ein rotes oder gelbes Erkennungszeichen tragen mussten... Das Ergebnis war, dass die Juden ständig verhöhnt, verspottet, beleidigt, gesteinigt und mit Matsch beworfen wurden. Um diesen Demütigungen aus dem Weg zu gehen, benutzten sie versteckte Gassen und kaum bereiste Straßen oder gingen nur in der Nacht hinaus.«[60]

Die Kreuzzüge bewirkten ferner eine soziale Revolution in ganz Europa. Freiwillige, die von örtlichen Bauernhöfen angeworben wurden, kamen auf den Geschmack, was das Reisen betraf. Viele der Rekruten waren Leibeigene und Kriminelle, denen Freiheit, Begnadigung und Absolution angeboten wurde. Obwohl zuerst nur jüdische Gemeinden angegriffen wurden, fingen die ausgehungerten Horden schon bald an, jedes Dorf auf ihrem Weg zu plündern. Als das Plündern zur Gewohnheit wurde, wurden sowohl Kirchenmitglieder als auch Juden zu Opfern. Dimont bemerkt: »Als die Kreuzzüge sich nun nicht mehr auf die Befreiung des Heiligen Landes von den Ungläubigen konzentrierten, sondern auf die Plünderung des reichen byzantinischen Reiches, waren nicht mehr die Muslime, sondern Mitglieder der griechisch-orthodoxen Kirche die Feinde. Was einmal als sporadische Plünderung unter den Juden angefangen hatte, endete in einem Blutbad unter Angehörigen der Kirche.«[61] Das spaltete die Heiligen Stühle von Rom und Konstantinopel. Tatsächlich sprachen beide Päpste sich gegenseitig die Verdammung aus. Man sagt von Byzanz, dass es wie eine Leiche zerteilt worden sei, und seine Städte wurden geplündert. Die »Bestialität der Kreuzritter schockierte den Papst, den Fürsten und das Volk, trotzdem hörte das Schlachten nicht auf.«[62]

Die Lust auf das Vergießen jüdischen Bluts, die durch die Kreuzzüge schon früh geschürt wurde, war jedoch besonders stark Die Jagd verbreitete sich über das ganze Reich, sogar bis nach England. Der Gedanke, dass »das Blut Christi durch das Blut der Juden gerächt werden« sollte, wurde immer beliebter.[63] In den folgenden Jahrhunderten schien kein Massaker diesen Durst stillen zu können. Für die Juden war es Glück, dass die türkischen Mameluken 1292 Palästina einnahmen, obwohl die Invasoren die verbleibenden Kreuzritter massakrierten.[64]

Europas »Schwarzer Tod«

Das Verlangen der ersten Kreuzzüge nach jüdischem Blut blieb auch in den folgenden Jahrhunderten bestehen. Cecil Roth schreibt: »Es gab kaum eine Pause bei den andauernden Massakern.«[65] Die Juden schienen auf Gedeih und Verderb den Vorurteilen, dem Aberglauben und der

Unzufriedenheit ausgeliefert zu sein. Mehrere Jahrzehnte nach dem letzten Kreuzzug schien die endgültige »Wiedergutmachung« für ihre Vernichtung gekommen zu sein. Von 1348 bis 1349 traf Europa eine der furchtbarsten Katastrophen, die unter dem Namen der »Schwarze Tod« bekannt wurde. Die Epidemie (die man für die Beulenpest hielt) grassierte von China bis zum Atlantik und löschte mehr als ein Drittel der Bevölkerung Europas aus. Manche schätzen, dass mehr als drei Viertel der Bevölkerung Asiens und Europas bei dieser zwanzig Jahre lang wütenden Krankheit starben, die teilweise auch von den zurückkehrenden Kreuzrittern in Europa verbreitet wurde.[66] Für diese Plage konnte keine natürliche Erklärung gefunden werden. Natürlich zeigte man schon bald mit dem Finger in eine schon bekannte Richtung.

Sowohl aus geistlichen als auch aus rassischen Gründen waren die Juden natürlich die besten Sündenböcke für dieses Unheil. Erstens hielt man sie für ein Volk, das unter dem göttlichen Fluch steht, weil sie Christus abgelehnt und getötet hatten. Zweitens wurden sie verdächtigt, ihre intellektuellen Gaben als Rache gegen ihre Unterdrücker einzusetzen. In dieser aufregenden Zeit hielt man die Juden für offensichtliche Verbrecher. Dementsprechend verbreitete sich das Gerücht, dass die Juden ein Gift hergestellt hätten, »eine Mischung aus Spinnen, Eidechsen, Fröschen, Fleisch und den Herzen von Kirchenmitgliedern, vermischt mit dem Teig der Hostie, die sie angeblich im ganzen Land verstreuten.«[67] Mit diesem teuflischen Trank wurden sie verdächtigt, die Brunnen ihrer heidnischen Herren vergiftet zu haben. Heinrich Graetz bemerkt dazu: »In Europa hat der unsichtbare Tod mit seinen Schrecken die Anhänger der Kirche in wahre Todesengel der Juden verwandelt. Diejenigen, die von der Epidemie verschont blieben, wurden der Folter, dem Schwert oder dem Pfahl übergeben.«[68]

In Deutschland, Frankreich, Spanien und der Schweiz wurden jüdische Dörfer völlig niedergebrannt. In der südfranzösischen Stadt, in der die Pest in Europa ausgebrochen war, »wurden ganze jüdische Gemeinden mit ihren Männern, Frauen und Kindern samt ihren heiligen Schriften den Flammen übergeben.«[69] Von 1348 bis 1349 wurden mehr als zweihundert jüdische Gemeinden ausgelöscht.[70] Nach William Hull war die Hälfte der jüdischen Bevölkerung Europas hingerichtet worden.

Zeit und Ereignisse haben das ungeheure Ausmaß dieser Gräuel verdeckt, obwohl es eine Katastrophe weltweiten Ausmaßes war. Ohne

Zweifel war die Hysterie um den Schwarzen Tod für die Verfolgung der Juden ein ausschlaggebendes Ereignis. Schrecklich war vor allem, dass die Römische Kirche Öl aufs Feuer goss, indem sie die Juden der Anstiftung und der Verschwörung mit dem Teufel bezichtigte. Aus einer religiösen Frömmigkeit wurde eine rassistische Frömmigkeit, und die ganze Welt litt unter einer der schlimmsten Abscheulichkeiten.

Die Vertreibung der Juden aus Europa
Die spanische Inquisition und die Juden

Bis zu diesem Zeitpunkt hatten die Juden lange Zeit in Spanien gelebt. Sogar unter den Muslimen genossen sie eine Zeit relativer Toleranz und Ruhe. Dieses Klima änderte sich jedoch allmählich, als die Mauren verjagt wurden und die Kirche die Kontrolle über das Land bekam. Sogar Thomas von Aquin glaubte, dass die Juden für »die Tötung Gottes dazu verdammt seien, immer unter Knechtschaft zu bleiben.«[71] Wie schon erwähnt, wurde auf dem 4. Lateranischen Konzil (1215) verordnet, dass Juden auf ihrer Kleidung ein Erkennungszeichen tragen mussten (das sog. Flickengesetz). Mit dieser Verordnung sollten sie weiter in die Isolation getrieben werden. Kirchliche Würdenträger rechtfertigten dies als notwendigen Erlass, um die Juden zu bekehren – Bekehrung durch Zwang.

Obwohl die meisten Juden diese Politik als religiöse Frömmelei und Sklaverei verachteten und verurteilten, gaben viele aus zweckmäßigen Gründen nach. Im Spanien des vierzehnten Jahrhunderts war die Inquisition eingeführt worden, um viele Juden zu »bekehren«. Es wurden alle Mittel angewandt, um Glaubensgeständnisse herauszupressen. Manche Spanier nannten die bekehrten Juden *Marranos* (Schweine) oder Gruft-Juden, aber dank ihrer überlegenen Lernfähigkeit kamen viele von ihnen in Machtpositionen, wurden Adlige und sogar Bischöfe und Erzbischöfe. Sie lernten, sich unauffällig an die Umgebung anzupassen – nur um zu überleben. Im weiteren Verlauf der Inquisition wurden sie jedoch oft der Heuchelei verdächtigt. Daraufhin wurden die Juden 1482 erneut von der spanischen Inquisition verfolgt.[72]

Der schlimmste Verbrecher der Inquisition war Tomás de Torquemada, der von der Kirche beauftragt wurde, die Ketzerei im Reich auszulöschen. In seinem Eifer überredete er Königin Isabella und König Ferdinand, einen Erlass zu unterzeichnen, der alle Juden aus Spanien auswies, weil das

Bestehen der Kirche davon abhinge. Für die Juden war dies besonders fürchterlich, da viele die spanische Heimat ihrer Vorfahren bis zu 1500 Jahre zurückdatieren konnten. Außerdem war Spanien ein großes Zentrum für jüdische intellektuelle und soziale Aktivitäten geworden (Moses Maimonides stammte zum Beispiel von dort). Diese Verfügung wurde sofort nach der Eroberung Grenadas am 30. März 1492 unterzeichnet und sollte im selben Sommer umgesetzt werden. Zwischenzeitlich »ergaben« sich ungefähr fünfzigtausend Juden und ließen sich taufen, während etwa hunderttausend standhaft blieben und das Exil wählten. Der Erlass wurde später auf alle spanischen Kolonien ausgedehnt, eine Politik, die mehr als drei Jahrhunderte andauerte. So verlor das europäische Judentum eine seiner festesten Verankerungen auf dem Kontinent.

Die eigentliche Ausweisung geschah am 2. August 1492. Am selben Tag verließ Kolumbus Spanien, um die Neue Welt zu finden.[73] (Es war auch der neunte Tag des Monats Ab, der Jahrestag, an dem Jerusalem zerstört wurde.) Kolumbus listet in seinem Logbuch übrigens einige Juden unter seiner Mannschaft auf. Sein Dolmetscher war Luis de Torres, der die angeblich orientalischen Eingeborenen auf Hebräisch oder Aramäisch begrüßen sollte. Viele haben festgestellt, dass Kolumbus' Entdeckungsreise auch mit Geld aus jüdischem Besitz, der in Spanien beschlagnahmt wurde, unterstützt wurde. Nicht der Schmuck der Königin Isabella finanzierte seine Expedition (wie es allgemein heißt), sondern das Judentum, dem enorm viel Besitz weggenommen wurde. In seinem Tagebuch bemerkt Kolumbus, dass an dem Tag, an dem seine drei Schiffe die Segel hissten, auch andere Boote mit jüdischen Flüchtlingen den Hafen verließen.[74] Ein altes Land verschloss den Juden seine Tore, während ein anderes, jenseits des westlichen Meeres, der Menschheit seine Tore öffnete. Viele der hunderttausend Deportierten kamen im Mittelmeer um, weil andere Häfen ihnen die Einfahrt verweigerten. Aber eine große Anzahl konnte in die Türkei einreisen, wo die osmanischen Türken sie empfingen. Der Sultan hieß sie wegen ihrer bekannten professionellen Fertigkeiten und ihrer Tapferkeit willkommen, in der Hoffnung, sein angeschlagenes Königreich wiederzubeleben.

Wie in Spanien wurden die Juden auch aus den meisten anderen von Rom regierten Ländern ausgewiesen. 1290 wurden sie aus England vertrieben, nachdem sie dort zwei Jahrhunderte lang als »Eigentum« des Königs gelebt hatten. 1394 wurden sie aus Frankreich ausgewiesen (viele nur mit der Kleidung auf ihrem Leib). Portugal verbannte sie 1497. Litauen warf sie 1495 hinaus. »Um die Mitte des sechzehnten Jahrhunderts herum hatte Westeuropa, das eintausend Jahre lang das Zentrum des europäischen Judentums gewesen war, praktisch keine jüdische Bevölkerung mehr.«[75] Durch diese Ereignisse wurden die Juden wieder nach Osten gedrängt, wo sie sich allmählich in Osteuropa niederließen, besonders in Polen.

Die protestantische Reformation und die Juden

Im sechzehnten Jahrhundert gab es weitere Ereignisse, die zur Abwanderung der Juden in Richtung Osteuropa beitrugen. Die protestantische Reformation war teilweise ein Nebenprodukt der Renaissance. Große Gelehrte wie Erasmus und Reuchlin führten die griechische und hebräische Literatur wieder ein. Damit legten sie mehr Gewicht auf das Studium biblischer Texte als auf lateinische Kommentare. Das wiederum spornte die Menschen dazu an, selbst über die Originaltexte nachzudenken und die bestehende Kirche sogar anzuzweifeln.

Als Martin Luther 1517 seine »95 Thesen« an das Tor der Wittenberger Schlosskirche nagelte, spitzte sich die Lage zu. Schnell sprang dieser Funke auf ganz Nordeuropa über und entzündete einen Aufstand, der schon mehr als ein Jahrhundert unter der Oberfläche geschwelt hatte. Auch andere angesehene Reformatoren wie Johannes Calvin aus Frankreich, Huldrych Zwingli aus der Schweiz und John Knox aus Schottland schlossen sich Luther in diesem Aufstand an.

Die katholische Kirche antwortete auf diese Herausforderung mit einer Gegenreformation. Dieser Kampf versetzte die Juden in eine merkwürdige Stellung: Die Kirche machte sie erneut zum Gegenstand der Evangelisation, und plötzlich wurden sie sowohl für die Katholiken als auch für die Reformatoren zum Mittelpunkt ihrer Missionsbemühungen.[76]

Diese Ereignisse hätten eine neue Zeit der Toleranz mit sich bringen können. Aber es kam anders. Obwohl Luther am Anfang seines Wirkens ein Freund der Juden war und die Römische Kirche für ihr Ködern der Juden streng verurteilte, hielt diese Gesinnung der Wohltätigkeit nicht lange an. Luther war schon immer für seine Ungeduld mit Starrsinnigen bekannt gewesen. Als die Juden sein Angebot ablehnten, allein durch den Glauben gerettet zu werden, verlor er die Geduld mit ihnen und schloss sich seinem Feind Johannes Eck an, der die Juden diffamierte. In seiner Schrift »Von den Juden und ihren Lügen« (1542) denunzierte Luther sie als gottlose, verwünschte Rasse, deren Synagogen und heilige Schriften in Asche verwandelt werden sollten. Er riet den Anhängern der Kirche, »die Häuser von Juden zu zerstören«, dem Klerus, »den Verstand ihrer Zuhörer mit Hass auf Juden zu füllen« und den Fürsten, sie aus dem Land auszuweisen.[77] Der Historiker Heinrich Graetz fasst es so zusammen: »Luther vergiftete lange Zeit die protestantische Welt mit seinen antisemitischen Aussagen. Protestanten wurden sogar noch erbittertere Gegner der Juden, als Katholiken es jemals waren.«[78] Diese Vorstellung, dass das Christentum den Juden aufgezwungen werden konnte, war eine Wahnvorstellung, die beide Zweige der Kirche heimsuchte.

Dementsprechend verschlimmerte sich die Intoleranz gegenüber den Juden.

Das Schicksal der Juden in Russland und Osteuropa

Um die Geschichte der Juden in Europa verstehen zu können, muss man auch ihre Geschichte in Russland betrachten, da viele ihrer jüngsten Gelehrten und einflussreichen Leute aus Osteuropa kamen. Schon in den ersten Jahrhunderten hatten sie sich in Russland niedergelassen, doch ihren Höhepunkt erlangten sie im Chasarenreich zwischen 700 n.Chr. und 1016 n.Chr.

Die Chasaren (Nomaden) waren eine Mischung aus verschiedenen mongolischen Turkstämmen, die sich an den Handelswegen nördlich des Kaspischen und des Schwarzen Meeres niederließen. Ihre Sprache war griechisch, und ihre Religion war eine Mischung aus Islam, Christentum und Judentum. Eingebettet zwischen Muslimen im Süden und dem byzantinischen Reich im Südwesten, versuchten sie, allen Religionen gegenüber Toleranz zu zeigen. Diese Politik wurde durch ihren Handel und Verkehr entlang der Wolga und des Dons bestimmt.[79]

740 konvertierten König Bulan, der amtierende Fürst des Chasarenreichs, und viele aus seinem Volk, besonders die Adligen[80], zum Judentum – ein seltener Fall einer jüdischen »Evangelisation«, die auf breiter Basis geschah. Gefangen zwischen militanten Anhängern der Kirche und militanten Muslimen, glaubten die Chasaren, dass es für Politik und Handel vorteilhafter sei, sich für die Mitte zu entscheiden. Das Judentum

schien neutral zu sein, da alle Gruppen Abraham als ihren Stammvater anerkannten. Dieser jüdische Glaube schien auch weniger bedrohlich zu sein, da es keine aggressive Religion war, die andere Länder erobern oder bekehren wollte. Hätte man sich für das Christentum oder den Islam entschieden, so hätte man zur Invasion geradezu eingeladen.

Die Entscheidung der Chasaren für das Judentum brachte viele jüdische Flüchtlinge in das Königreich. Während der folgenden zweihundert Jahre war das Chasarenreich jüdisch. Im späten 10. Jahrhundert gelangte der Fürst von Kiew zu großer Macht und fiel in das Land ein. Historiker beschreiben, wie sich das Chasarenreich im Jahre 969 auflöste, als es unter Svjatoslav I. fiel, der die Krim eroberte. Unter Wladimir dem Großen konvertierte 989 das russische Volk zum (heute russisch-orthodoxen) Christentum.[81] Obwohl einige jüdische Siedler vor allem auf der Krim blieben, zerstreuten sie sich doch hauptsächlich nach Norden und Süden. 1240 drangen die barbarischen Tataren in Russland ein, danach lag das Land für mehrere Jahrhunderte außerhalb der Grenzen des zivilisierten Europas. Im Mittelalter war das russische Chasarenreich also für zwei Jahrhunderte ein kleiner Lichtblick in der Geschichte der Juden.[82]

Die spätere jüdische Migration nach Osteuropa

Die große jüdische Bevölkerung Russlands kam in erster Linie über Polen aus Westeuropa. Seit der Zeit der Kreuzzüge öffnete Polen den aus Westeuropa ausgewiesenen jüdischen Flüchtlingen seine Türen. Der polnische Hochadel war schlau genug, die finanziellen und kommerziellen Fähigkeiten der Juden zu erkennen, und nahm freudig ihre Hilfe an, um wirtschaftlich mit dem Westen konkurrieren zu können. Deshalb wurde Polen für mehrere Jahrhunderte zum Zentrum der Juden auf der ganzen Welt. Anfang des siebzehnten Jahrhunderts wurde keinem Juden, der eine Bekehrung ablehnte, erlaubt, in Spanien, Portugal, England, Frankreich, Skandinavien, Sizilien oder Norditalien zu bleiben. Auch in den meisten Teilen Deutschlands wurde ihnen der Aufenthalt verweigert.[83] So wurden zu dieser Zeit Holland, die Türkei und Polen die drei großen Zentren jüdischer Zufluchtsorte. Die meisten jedoch waren in den Osten nach Polen geflüchtet.

Das alles änderte sich 1648. Ein Aufstand der griechisch-orthodoxen Kosaken leitete in Polen eine Ära beispielloser Brutalität ein. Der polnische

Hochadel und die steuereintreibenden Juden waren die besonderen Opfer der Kosaken. Innerhalb eines Jahrzehnts kamen hunderttausend Juden um, während Polen selbst fast eine Million Menschen verlor[84] – im polnischen Hinterland war eine Epoche jüdischer Ruhe abrupt beendet worden. Während des folgenden Jahrhunderts wurde Polen mehrmals besetzt und auch dreimal von Russland, Preußen und Österreich aufgeteilt (1772, 1793, 1795).[85] Das Ergebnis war, dass Katharina die Große von Russland, die 1762 alle Juden aus ihrem Land verbannt hatte, fast eine Million Juden zurückbekam, als sie 1795 ihren Teil Polens erhielt. Je stärker Russland versuchte, die Juden auszuweisen, desto mehr kamen herein.

Anfang des neunzehnten Jahrhunderts zählte die jüdische Bevölkerung in Russland etwa eine Million. Weil die Juden zahlenmäßig weiter zunahmen und erfolgreich waren, löste ihre Gegenwart bei den Romanows, den russischen Zaren, Furcht aus. Arnold Weiß beschreibt diese Furcht:

> Es ist keine angeborene Brutalität, dass die russische Regierung die jüdischen Hausierer, die jüdischen Geldverleiher und Handwerker in Ghettos treibt und sie auf Fischerei, Ackerbau oder Gemüseanbau beschränkt, sondern die russische Regierung sieht sich politisch gezwungen und fühlt sich verpflichtet, die Mehrheit der russischen Bevölkerung vor dem Kontakt mit den klugen, gemäßigten, fleißigen und Geld liebenden Juden zu schützen …

Männer mit Muskeln und Schwertern bezahlen nicht freiwillig Tribut und wollen nicht von einer der intellektuellsten Rassen der Welt unterdrückt werden, deren Körperbau ihrem eigenen unterlegen ist.[86]

Dann ergriffen die Zaren Maßnahmen, um die Juden zu isolieren, und verbannten sie sogar in ein großes Gebiet in Westrussland – ein riesiges Ghetto, um jüdische Wanderungen und ihren Kontakt mit den Russen zu beschränken. Hier konnten sie selbst herrschen, durften aber weder Land besitzen noch etwas darauf anbauen. So waren sie von 95 Prozent der russischen Bevölkerung getrennt.[87] Diese Beschränkung wurde 1791 eingeführt und erst im März 1917 gesetzlich abgeschafft.

Im neunzehnten Jahrhundert gab es in Russland Zeiten, in denen man mit den Juden nachsichtig war, aber auch Zeiten des Terrors. Dennoch wurde das Volk immer größer. Von einer Million im Jahre 1800 vermehrten sich die Juden bis 1900 auf beinahe sechs Millionen. So lebten Ende des 19. Jahrhunderts die meisten Juden der Welt in Russland.

Die Pogrome und die »Protokolle der Weisen von Zion«

Trotz des russischen Widerstands wuchs die jüdische Bevölkerung. Als die Zaren sahen, wie sich die Zahl der Juden in der kurzen Zeitspanne von vierzig Jahren (1842-1882) vervierfachte, reagierten sie wie die ägyptischen Pharaonen. Aus Angst führten sie *Pogrome* ein und unterstützten offiziell Aufstände gegen die Juden. Dies begann 1881 und sollte entweder die Abwanderung (Hunderttausende Juden flohen in die Vereinigten Staaten) oder die Vernichtung der Juden herbeiführen. Ein wahnsinniger Slawophile namens Pobedonoszew dachte sich ein Programm zur Lösung der »jüdischen Frage« aus und erregte damit die Gemüter der deprimierten und hungernden Massen, die in ihrer Rachsucht die Juden angriffen. In Wirklichkeit warf er die Juden in den Rachen der Arbeiterklasse.[88]

Viele halten diese staatlichen Pogrome für den Anfang des Antisemitismus. Da im Zeitalter der Aufklärung die Religion für bedeutungslos erklärt wurde, wurde auch die Angelegenheit der Juden säkularisiert, so dass sie über ihre Religion hinausging und bis zur Verachtung der jüdischen Rasse entartete.[89] Das Wort *Antisemitismus* wurde erstmals 1879 in einer Broschüre von Wilhelm Marr, einem deutschen Unruhestifter, verwendet. Obwohl die Juden nur einen kleinen Teil der semitisch sprechenden Menschen ausmachen, bedeutet dieser Ausdruck ausschließlich Judenhass. Unabhängig von ihrer Religion, bezichtigt der Antisemitismus die Juden des Verbrechens, jüdisch zu sein. Dies lässt ihnen keinen Raum für eine Verteidigung oder einen Einspruch. Sie konnten sich nicht – wie etwa unter der spanischen Inquisition – durch Bekehrung oder Taufe davon lossprechen. Das Judentum wurde als Krankheit an sich angesehen, und schon bald wurde auf alle Juden Jagd gemacht. Im frühen zwanzigsten Jahrhundert endete dies in einem mordgierigen Rassismus, der im Holocaust seinen Höhepunkt erreichte.

Der Antisemitismus bot der antijüdischen Bewegung eine »Begründung«, um ihn zum nationalistischen und patriotischen Gegenstand zu machen. Rassisten gebrauchten diese »Begründung«, um den Anschein von Korrektheit zu wahren. Der Hass auf Juden wurde zur überlebenswichtigen Grundfrage, die die unsichere und mit Sorgen behaftete Arbeiterklasse ansprach. Man konzentrierte sich jetzt darauf, einen guten Sündenbock zu finden. Anfang des zwanzigsten Jahrhunderts waren die Juden in Russland und Polen ideale Opfer für diese Rolle. Der antisemitische Virus infizierte allmählich England, Deutschland und Österreich-Ungarn. In Frankreich war dieser Virus der politische Mittelpunkt in der berüchtigten Dreyfus-Affäre (1894). Viele Bücher, die den Antisemitismus förderten, wurden veröffentlicht, als Folge von Friedrich Nietzsches Philosophie vom arischen Übermenschen. Nietzsche war ein deutscher Philosoph des neunzehnten Jahrhunderts, der zu einem der einflussreichsten modernen Denker wurde. Seine Philosophie war sowohl antichristlich als auch antisemitisch. Trotzdem breitete sich der Antisemitismus in fast ganz Nordeuropa aus.[90] Die Moral jener Zeit verfiel bis auf pure Zerstörungswut und schaffte wieder einmal eine Grundlage für Judenverfolgungen und Plünderungen.

Wir erinnern uns daran, dass sich der früher polnische Teil Russlands im späten neunzehnten Jahrhundert mit dem größten Anteil der jüdischen Weltbevölkerung rühmen konnte – einer Gruppe, die bedeutende Beiträge zur russischen Gesellschaft leistete. Aber gerade in dieser Gesellschaft wurden die Juden durch ihre anerkannten Tugenden ruiniert. Die Russen sahen ihre überlegene Fertigkeit und ihren überlegenen Intellekt als eine Bedrohung an. Diese Bedrohung wurde in einem berüchtigten Dokument noch weiter aufgebauscht und politisiert. »Die Protokolle der Weisen von Zion« waren eine Fälschung, um die Arbeiterklasse Russlands gegen die Juden aufzuhetzen. Wer hatte dieses diabolische Dokument verfasst?

Man kann vor allem zwei zu jener Zeit lebende Männer vom Format eines Haman anklagen: Zar Nikolaus II. und einen Mönch namens Sergej Nilus.[91] Aus einem 1865 erschienenen französischen Roman, der Napoleon satirisch darstellte, machte Nilus eine jüdische Verschwörung, deren Ziel die Weltherrschaft ist. »Die Protokolle« wurden 1902 veröffentlicht und in viele europäische Sprachen übersetzt und gingen so um die ganze Welt. Auch außerhalb Russlands fanden »Die Protokolle« schon bald Sympathisanten. Die Fälschung internationalisierte den Antisemitismus und lieferte letztendlich einen frommen Grund für den Völkermord. Diese Schrift wurde später praktisch zur »Bibel des Antisemitismus«, und diese Lüge existiert sogar noch heute. »Obwohl ›Die Protokolle‹ 1921 von der Londoner *Times* als Fälschung entlarvt wurden, wurden sie weiterhin als antisemitische Hetzschrift benutzt, an die Millionen Menschen glaubten.«[92] Henry Ford sprach 1921 in vielen Artikeln des *Dearborn Independent* über die »Gefahr«, die in den »Protokollen« erwähnt wird.[93] Ford verbreitete in den Vereinigten Staaten Millionen Exemplare dieser Schrift.

Die Unwahrheiten der »Protokolle« wurden später von Hitler in seiner Lehre des Nationalsozialismus übernommen und in seinem Buch *Mein Kampf* zitiert. »Während der 60er Jahre wurden ›Die Protokolle‹ vom Präsidenten Gamal Abdel Nasser von Ägypten wieder veröffentlicht und in den 70er Jahren von König Faisal von Saudi-Arabien in Umlauf gebracht.«[94] Das widerliche Dokument wurde zu einer der grausamsten Lügen des zwanzigsten Jahrhunderts mit weit reichenden weltweiten Folgen. Obwohl »Die Protokolle« heutzutage überall als Fälschung anerkannt sind, ist der Geist dieser Schrift noch lange nicht ausgelöscht. Zuletzt wurde die Hetzschrift in Form eines dokumentarischen Fernsehdramas verfilmt und in Ägypten gesendet. Die Sendung mit dem Titel *Das Pferd ohne Reiter* wurde vom saudi-arabischen Fernsehen produziert und im November 2002 während des Monats Ramadan in Ägypten ausgestrahlt.[95]

Der Aufstieg erfolgreicher und einflussreicher Juden

Viele Autoren haben auf die unverhältnismäßig große Anzahl von Juden hingewiesen, die sich durch ihren Erfolg auszeichneten und Führungspositionen einnahmen. Sehr häufig sind sie herausragende Persönlichkeiten im Wirtschaftsleben, in Justiz, Medizin und Psychologie, in Medien und Journalismus, an der Wall Street, beim Theater und in der Unterhaltung, in der Tabak- und Schnapsindustrie, im Sportmanagement, in der Popmusik und im Jazz, in Gewerkschaften und in der Politik.[96] Schon unter Karl dem Großen waren »die Juden führende Kaufleute und Bankiers in Europa.«[97] Sie schienen unbezwingbar zu sein. Man sagt, dass man in den polnischen Ghettos während des stagnierenden sechzehnten Jahrhunderts kaum einen Analphabeten unter den Juden finden konnte.[98]

Obwohl die Juden weniger als ein halbes Prozent der Weltbevölkerung ausmachen, sind laut Dimont »nicht weniger als zwölf Prozent aller Nobelpreise in Physik, Chemie und Medizin an Juden verliehen worden. Juden haben viele berühmte Persönlichkeiten in den Bereichen Religion, Wissenschaft, Literatur, Musik, Finanzen und Philosophie hervorgebracht.«[99]

Wie lassen sich diese intellektuellen Fähigkeiten und das wirtschaftliche Know-how erklären? Ist es eine irgendeine merkwürdige übernatürliche Kraft, die ihnen aufgrund ihres göttlichen »Auserwähltseins« verliehen wurde? Wir wollen einige logische Gründe für diese unheimliche Fähigkeit, Erfolg zu haben, betrachten.

Der erste Grund ist die Tatsache, dass die Juden ständig unterlegen waren bzw. sind. Ihre schwierige Situation unter unfreundlichen Nichtjuden zwang sie dazu, konzentrierter und disziplinierter zu arbeiten. Die ständige Bedrohung, vernichtet zu werden, schärfte ihren Überlebensinstinkt. Statt sich unterdrücken zu lassen, wurden sie zu heftigen Konkurrenten, die sich untereinander die Treue hielten.[100]

Der zweite Grund ist das rücksichtslose und habgierige Verhalten, mit dem ihre nichtjüdischen Kontrahenten sie zu vernichten suchten. Dies verlieh ihnen die Fähigkeit, über ihre Verhältnisse hinauszuwachsen und einen Nachteil in einen Segen zu verwandeln. Dies sehen wir am Beispiel der Juden des Mittelalters, die Bankiers wurden.

Warum haben nicht die Anhänger der Kirche das Bankwesen übernommen? Warum wurden die Juden für diesen wichtigen Dienst so missachtet? Die Antwort hängt von einer Definition ab. Für die Kirche hatte das Leihen von Geld nichts mit dem Bankgewerbe zu tun, sondern es war in ihren Augen »Wucher«. Der moderne Mensch versteht unter »Wucher« das Verleihen von Geld zu astronomischen Raten. Im Mittelalter bedeutete es einfach das Verleihen von Geld gegen Zinsen – egal, wie niedrig sie waren. Jeder heutige Christ, der drei Prozent Zinsen auf sein Bankguthaben oder seine Staatsanleihen akzeptiert, wäre von der mittelalterlichen Kirche für einen bösen Wucherer gehalten worden, aus dem einfachen Grund, weil die Kirche das Verleihen von Geld gegen Zinsen als Todsünde betrachtete. Wie konnte die Kirche also ihren Mitgliedern erlauben, Geld auszuleihen, wenn dies bedeuten würde, dass ihre Seelen in die Hölle kamen? Bei den Juden war es anders. Da die Juden keine Christen waren und sowieso in der Hölle landeten, machte eine Sünde – das Geldausleihen – mehr oder weniger keinen Unterschied für ihre Strafe, die sie im Jenseits erhalten würden.[101]

Der Talmud verbot es, übermäßige Zinsen zu verlangen, erlaubte jedoch das Leihen zu einem von den Rabbinern festgesetzten zulässigen Zinssatz (in Europa vom Papst oder vom Kaiser kontrolliert). Auf diese Art führten die Juden im Mittelalter den Kreditkauf und das Darlehen ein. Rabbiner Maimonides erklärte sogar, dass dieses gerechte Verleihen des Geldes für die Wirtschaft notwendig sei. Auf geniale Art entwickelten sie so ein Geldaustauschsystem, das Fürsten und Adligen dienlich war und den Handel revolutionierte. Weil man ihnen verbot, Land zu bebauen, blieb ihnen nichts anderes übrig, als der Oberschicht Geld auszuleihen. Im Lauf der Zeit führten sie so den modernen Kapitalismus in Europa ein, während das Lehnswesen allmählich dem neuen Wirtschaftssystem den Vorrang gab.

Ein dritter Faktor für den Erfolg der Juden ist ihr frühes und ständiges Studium des Talmud. Bildung war schon immer ein wichtiger, zentraler Punkt des Judentums gewesen.[102] Bei allem Wandern und Sich-Niederlassen war Bildung, von der Geburt bis zum Tod, von brennendem Interesse. Immer wenn zehn jüdische Männer nah beieinander lebten, gründeten sie eine Glaubensgemeinschaft; waren es 120, gründeten sie eine soziale Gemeinschaft, die sich für Bildung und Wohltätigkeit für alle einsetzte. Der Talmud war ihr »religiös-rechtsgültiger Code«, den sie fast 1500 Jahre lang unerbittlich studierten.[103] Dies schärfte ihr Gedächtnis und ihren Verstand. Im Lauf der Zeit wurden Juden dadurch zu Gelehrten, Physikern, Finanziers, Rechtsexperten – ja, zu Fachleuten in den meisten Bereichen der Wissenschaft. Da sie nicht zuließen, dass ihr Verstand nicht einmal im Ghetto stagnierte, entwickelten sie sich zu einem Volk von Studierenden und Wissenschaftlern.

Diese Tatsachen erklären, warum so viele Juden in berühmte und einflussreiche Positionen gelangten. Entweder mussten sie sich beugen – oder sie mussten erfolgreich sein. Durch ihre schwierigen Umstände entwickelten sie einen beharrlichen Überlebenstrieb in einer Welt, die ihnen weder eine nationale Heimat noch den Schutz ihrer Person gewährte.

In dieser scheinbar endlos dauernden Zerstreuung bewahrten sich die Juden irgendwie einen einheitlichen Verstand und Geist. Diese beharrliche Entschlossenheit verbesserte jedoch nicht ihre Notlage. Nachdem sie neunzehn Jahrhunderte lang wie Katz und Maus gelebt hatten, schien ihre Zukunft nicht weniger freudlos zu sein, als zu Beginn ihrer Zerstreuung. Auch ihre Sehnsucht nach einem Vaterland war ungebrochen. Der Klageruf jeder neuen Generation am Passahfest war immer wieder: »Nächstes Jahr in Jerusalem.«

Wie dieser Traum in den folgenden Jahrzehnten erfüllt wurde, ist eine Geschichte voller beispielloser Gefahren – sogar für die ans Ghetto gewohnten Söhne Israels. So, wie viele neue Pharaos und Hamans auftauchen würden, um sie zu terrorisieren und zu zerstören, würden auch Männer wie Mose und Mordechai auftreten, die ihre Sache verteidigen und sie in die Heimat zurückbringen würden. Auf diesem Weg durch eine andere Art von Wildnis als damals lauerten jedoch Gefahren, die sogar die Mutigsten unter ihnen herausfordern würden.

Kapitel 5

Der Zionismus: Wenn Träume zum Drama werden

Die Entstehung des Zionismus Ende des neunzehnten Jahrhunderts war ein entscheidender Wendepunkt in der jüdischen Geschichte. Diese Bewegung ließ alte Hoffnungen und Träume nach einer jüdischen Heimat wieder aufblühen. Sie lehnte jede Art der Assimilation ein für alle Mal ab und forderte die Juden in aller Welt zu einem eigenen Nationalismus auf. Aus den einengenden Ghettos Osteuropas tauchten Propheten auf, die die träge Diaspora (ein Ausdruck, der sich auf die Zerstreuung des jüdischen Volkes unter die Nationen bezieht, die während des babylonischen Exils geschah) mit scheinbar unerreichbaren Visionen anstachelte. Diese modernen »Moses« trieben die Juden zu einem neuen Exodus ins verheißene Land an und forderten ihre Brüder auf, das uralte Heimatland zurückzugewinnen.

Diese Bewegung nannte man schon früh »Zionismus«, was so viel wie Rückkehr nach Zion, der Stadt Davids, bedeutet. Allein dieser Ausdruck stärkte und beschleunigte den Herzschlag der Juden. Obwohl sich das Konzept dieser Bewegung schon seit der Zerstreuung im Jahre 70 n.Chr. in jedes jüdische Gedächtnis eingeprägt hatte, gab die moderne zionistische Bewegung dem alten Traum ein weiteres Merkmal – einen aktiveren Kampfgeist.[104] Vom Bar-Kochba-Aufstand 135 n.Chr. und den brutalen Angriffen Roms auf alles Jüdische an, war passiver Widerstand ihre einzige Waffe gewesen. »Davids Schwert« ließen sie stecken, während sie geduldig auf einen militanten Messias warteten, der sich ihrer Sache annahm. Der Zionismus jedoch wollte diese Aufgabe selbst übernehmen.[105] In vieler Hinsicht war dies eine Nachahmung der uralten Makkabäer, die 167 v.Chr. widerwillig das Schwert nahmen, um ihr Heiligtum in Jerusalem zurückzugewinnen. Im Zionismus wurde der passive Widerstand durch vereinte und entschlossene Taten ersetzt.

Faktoren, die den Zionismus in Gang brachten

Das soziale Klima des Ostens und des Westens spielte bei der Geburt des Zionismus eine große Rolle. Die französische und amerikanische Revolution des achtzehnten Jahrhunderts hatte politische Unabhängigkeit und Demokratie betont. Dieser Geist löste in ganz Europa heiße Diskussionen über die politische Autorität aus. Nach und nach wurde die religiöse Autorität durch zivile Autorität ersetzt.

Gleichzeitig kam in vielen Teilen Westeuropas[106] ein neuer Geist des Nationalismus auf, der von vielen Gemeinschaften isoliert lebender Juden nicht unbemerkt blieb. Im Geist jener Zeit sehnten sie sich danach, Teil einer größeren Gemeinschaft zu sein und selbst Land zu besitzen.

Eine jugendliche Bürgerinitiative trug ebenfalls zu dieser jüdischen Erweckung in Osteuropa bei, wo die Mehrheit der Juden, besonders in den polnischen und russischen Gebieten, lebte. Die zaristische Politik, die Beschränkungen der Juden zum Ziel hatte, führte dazu, »dass Tausende idealistische junge russische Juden« sich »in einer politischen und kulturellen Gruppe namens ›Chibat Zion‹« (Zionsliebe) organisierten.[107] Diese jungen Leute hielten ihre erste Tagung 1882 in Konstantinopel ab, wo sie mutig ein Manifest herausgaben, in dem sie sich auf ihr von Gott gegebenes Recht auf Zion beriefen und erklärten, dass sie ein jüdisches Heimatland brauchten, selbst wenn es unter der Souveränität des Sultans sei. Diese plötzliche Rastlosigkeit leitete im 19. Jahrhundert die Erweckung der zionistischen Bewegung ein.

Auch wenn viele moderne »Makkabäer« als Vorläufer des Zionismus erwähnt werden, muss die Bewegung vor allem mit drei berühmten Persönlichkeiten in Verbindung gebracht werden: Theodor Herzl, Chaim Weizmann und David Ben Gurion. Alle drei kamen aus Osteuropa, und jeder besaß eine einzigartige Persönlichkeit, die für die Bewältigung der ihm gestellten Aufgabe genau richtig war. Ihr Wirken umfasste das halbe Jahrhundert, in dem der neue Staat Israel entstand (1896-1948).

Theodor Herzl und Der Judenstaat

Theodor Herzl, ein ungarischer Jude, wird als erster Führer des Zionismus angesehen. Als fundamentaler Führer dieser Bewegung wird Herzl auch als die wichtigste jüdische Persönlichkeit des neunzehnten Jahrhunderts angesehen. 1860 in Budapest geboren, studierte er Jura, wurde jedoch nach seinem Studium Journalist und Dramatiker. Dadurch konnte er glücklicherweise über die berüchtigte Dreyfus-Affäre in Paris berichten, wo ein assimilierter Jude im französischen Generalstab wegen angeblicher Spionage zu Verbannung und Haft verurteilt wurde. Die rassistischen Demütigungen dieser Verhandlung im liberalen Frankreich brachten das jüdische Blut und den journalistischen Zorn des jungen Herzl so sehr in Wallung, dass er zu einem brennenden Prediger für die jüdische Freiheit und Unabhängigkeit wurde.[108]

Zwei Jahre später (1896) entwarf Herzl einen Plan, um die jüdische Frage zu lösen, aus dem später das Buch *Der Judenstaat* entstand. Er war nicht der Erste, der über den Zionismus schrieb: Auch Leo Pinsker, ein russischer Arzt, setzte sich in seinem hervorragenden Buch »Autoemanzipation« mit der Idee eines jüdischen Staates auseinander. Diese Idee war weit verbreitet und wurde von einer breiten Bevölkerungsschicht unterstützt. Herzls Buch gab jedoch mehr als alles andere dem Weltjudentum Auftrieb und entzündete in dem Volk einen Traum, der ihre Augen und Herzen auf eine Heimat ausrichtete. Er rief den einzelnen Juden auf, nach Palästina einzuwandern, von den Türken Land zu kaufen, es wirtschaftlich rentabel anzubauen, eine jüdische Mehrheit in dem Land aufzubauen und somit wieder ein jüdisches Heimatland aufzurichten. Im darauf folgenden Jahr (1897) fand in Basel unter dem Vorsitz Herzls der erste Zionistenkongress statt (der erste vereinte jüdische Rat seit mehr als 1800 Jahren), um die jüdischen Gemeinden in der ganzen Diaspora zu inspirieren. Hier verabschiedete er offiziell das Programm der zionistischen Bewegung mit den Worten: »Der Zionismus erstrebt für das jüdische Volk die Schaffung einer öffentlich-rechtlich gesicherten Heimstätte in Palästina.«[109]

Dieser Vorschlag war so gewagt, dass die europäischen Juden sich heftig dagegen aussprachen, da sie Vergeltungsmaßnahmen fürchteten. Sowohl orthodoxe als auch reformierte Rabbiner bezeichneten ihn als visionär und nicht durchführbar. Herzl machte unverzagt weiter und wurde von vielen jüdischen Gruppierungen ermutigt. Spenden wurden eingenommen, und einige tausend Siedler gingen nach Israel, um Land zu kaufen und Kolonien zu errichten. Herzls Energie schien grenzenlos zu sein, wenn er sich als wandernder Botschafter der Juden in den höchsten Kreisen der Regierungen bewegte. Nichts stand ihm entgegen. Furchtlos forderte er wohlhabende Finanziers heraus, hatte eine Audienz beim deutschen Kaiser, beim türkischen Sultan, beim italienischen König und beim Papst und sprach führende Staatsleute in Russland und

England an. Mit seinem einzigartigen feinen Benehmen wurde er ein Diplomat par excellence für die Sache des Zionismus.

Auf dem Höhepunkt seiner Karriere jedoch, im Jahre 1904, starb Herzl im Alter von 44 Jahren an Herzversagen. Das geschah kurz nach dem 6. Zionistenkongress von 1903, als man über ein britisches Angebot nachdachte, in Uganda eine jüdische Heimstätte zu errichten. Diese Idee teilte die Fronten und verursachte bittere Meinungsverschiedenheiten, sowohl auf dem Kongress selbst als auch in der ganzen Diaspora. Obwohl der große Führer geneigt war, dies kurz in Betracht zu ziehen, wies er erneut darauf hin, wie vergeblich der Zionismus ohne Zion sei. Die Errichtung eines jüdischen Heimatlandes außerhalb Palästinas ist selten wieder in Betracht gezogen worden.

Bei seinem Tod wurde Herzl wie ein Märtyrer verehrt, der sich mit unermüdlichem Eifer für dieses unmögliche Ziel eingesetzt hatte. Obwohl Herzl von den reichen, assimilierten und etablierten Juden in Europa oft angegriffen wurde, wurde er zum Sprachrohr für die Armen und Unterdrückten. Sein Körper wurde später bei einer feierlichen Bestattungszeremonie von Wien nach Jerusalem überführt, wo er auf einem hohen Berg westlich des Berges Zion beerdigt wurde.[110] Er war Israels erster berühmter Held des »Zweiten Exodus«.

Chaim Weizmann und die Balfour-Erklärung

Die diplomatischen Bemühungen, die Herzl angefangen hatte, wurden schon bald von anderen wie Nahum Sokolow in Rom, London und Paris und dem Richter Luis Brandeis in den Vereinigten Staaten wieder aufgenommen. Das Haus Rothschild hatte natürlich in Großbritannien seit Benjamin Disraeli, der hauptsächlich für den Kauf und die Kontrolle des Suezkanals durch die Briten verantwortlich war, großen Einfluss.

Aber der neue Führer des Zionismus war ein weiterer Jude aus dem Osten. Chaim Weizmann, 1874 in Polen geboren, studierte an Universitäten in Deutschland und der Schweiz, um Chemiker zu werden, und nahm 1904 in Manchester, England, einen Lehrauftrag an. Er spürte, dass in England am ehesten die Ziele des Zionismus verfolgt werden konnten. So wie Herzl durch den Journalismus auf den Zionismus gestoßen war, kam Weizmann durch die Chemie mit hohen diplomatischen Kreisen in Großbritannien in Berührung. Im Gegensatz zu Herzl lehnte Weizmann jedoch den Uganda-Plan ab und predigte unermüdlich die gute Nachricht von einem Heimatland in Palästina als die einzige Lösung für die jüdische Frage. Für ihn war das eine politische Tatsache und nicht in erster Linie ein religiöses Gefühl.

Da Weizmann mit einigen führenden britischen Staatsmännern befreundet war, konnte er schon sehr früh Einfluss ausüben. In hohen diplomatischen Kreisen war er zur richtigen Zeit am richtigen Ort. Mit der Balfour-Erklärung, dem Haupterfolg seiner diplomatischen Tätigkeit, waren die Juden, politisch gesehen, mit einem Bein in Palästina. Damit war der zionistischen Bewegung ein gewaltiger Durchbruch gelungen. Mit dieser Erklärung sicherte die britische Regierung den Juden ihre Unterstützung bei der Errichtung einer nationalen Heimstätte in Palästina unter ihrer Schirmherrschaft zu. Auch wenn das Dokument später überarbeitet und stark angefochten wurde, wurde es Teil des britischen Mandats für die Regierung des Nahen Osten. Die Kernaussage dieser Erklärung wurde am 2. November 1917 in Brieform vom britischen Außenminister Arthur Balfour an Lord Rothschild übergeben.

> Die Regierung Seiner Majestät betrachtet mit Wohlwollen die Errichtung einer nationalen Heimstätte für das jüdische Volk in Palästina und wird ihr Bestes tun, die Erreichung dieses Zieles zu erleichtern, wobei, wohlverstanden, nichts geschehen soll, was die bürgerlichen und religiösen Rechte der bestehenden nichtjüdischen Gemeinschaften in Palästina oder die Rechte und den politischen Status der Juden in anderen Ländern in Frage stellen könnte. Ich wäre Ihnen dankbar, wenn Sie diese Erklärung zur Kenntnis der Zionistischen Weltorganisation bringen würden.
> (siehe Anhang B)

Wie hatten die Zionisten das geschafft – besonders, da sie von so vielen Mächten abgewiesen worden waren, die ihnen hätten helfen können? Dieser merkwürdige Umschwung ist Teil der Geschichte des Ersten Weltkriegs. Das Ende dieser großen Feuersbrunst brachte der Welt enorme Veränderungen. Die lange Herrschaft der Zaren in Russland wurde unter Lenin von den Bolschewiken zu Fall gebracht. Europa war in Versailles von den Alliierten aufgeteilt worden, besonders der Osten. Nach einem halben Jahrhundert der Herrschaft über den Osten, hörte das türkische Osmanische Reich auf zu existieren. Und die Araber im Nahen Osten begannen als moderne Staaten ihren Kampf um Unabhängigkeit (siehe Karte 1). Diese gewaltigen Veränderungen gaben Europa und dem Nahen Osten eine neue Gestalt.

Durch diesen Wandel bekamen die Juden für ihre zionistische Bewegung unerwartet neue Energie und Wegweisung. Abgesehen von der Vernichtung, die über viele hereinbrach, weil sie plötzlich zwischen zwei feindlichen Armeen standen, brachte dieser Krieg mit der Balfour-Erklärung dem Weltjudentum unschätzbaren Segen. Dieses Dokument wurde hauptsächlich aufgrund zwei zufälliger Ereignisse, eines persönlichen und eines internationalen, entworfen.

Das erste Ereignis war eine Notlage der Briten, die Weizmann beheben konnte. Die führenden Persönlichkeiten Englands zu dieser Zeit waren Premierminister David Lloyd George, Marineminister Winston Churchill und Außenminister Arthur Balfour. Sie alle waren Staatsmänner, an die Weizmann mit seinen Bitten herangetreten war. Als die Alliierten kein Azeton zur Herstellung von Munition mehr liefern konnten (ursprünglich wurde es aus Deutschland importiert), wurde Weizmann vom britischen Staat gebeten, einen Ersatz zu finden. In einem zweijährigen Projekt entwickelte sein Team einen höher entwickelten Kunststoff. Mit dieser neuen künstlichen Herstellung von Azeton unterstützte er die Alliierten im Krieg in beträchtlicher Weise.[111] Dieser Erfolg begeisterte das britische Kabinett so sehr, dass Balfour Weizmann erklärte: »Sie wissen doch, dass Sie nach dem Krieg ihr Jerusalem bekommen werden.«[112]

Das zweite glückliche Ereignis war der Eintritt der Türkei in den Krieg, und zwar auf deutscher Seite. Anfangs wurden die Juden in Palästina dadurch in großen Schrecken versetzt, doch die britische Armee vertrieb die seit langer Zeit dort ansässigen Türken. Die Eroberung des Osmanischen Reiches durch die Alliierten war keine Überraschung für die Briten und Franzosen, die großes Interesse am Suezkanal und am Nahen Osten hatten.

Die Briten und Franzosen entwarfen sogar einen Plan, das sog. Sykes-Picot-Abkommen, um das Osmanische Reich aufzuteilen (siehe Karte 2). Als das Kriegsglück in Europa hin- und herschwankte, entsandten die Briten Sir Edmund Allenby, um den Suez zu sichern und dann Palästina einzunehmen. Nach heftigen Gefechten bei Gaza und Beerscheba zogen Allenbys Truppen das Morgenland hinauf, um die Türken bis hinter den Euphrat zurückzutreiben. So endeten in Palästina vierhundert Jahre türkischer Herrschaft und sechshundert Jahre islamischer Vormachtstellung in diesem Gebiet. Der Waffenstillstand in Palästina wurde am 31. Oktober 1918 unterzeichnet, genau elf Tage vor der Unterzeichnung des Waffenstillstands des Ersten Weltkriegs. Dieses Zusammentreffen veranlasste später Balfour dazu, zu erklären, dass die »Gründung einer jüdischen nationalen Heimstätte das bedeutendste Ergebnis des Ersten Weltkriegs gewesen sei.«[113]

Oscar Janowsky hat diese Beziehung zwischen Zionismus und Erstem Weltkrieg zusammengefasst:

Der Erste Weltkrieg war für die Geschichte des Zionismus entscheidend. Am 2. November 1917 veröffentlichte die britische Regierung die Balfour-Erklärung, in der sie die »Errichtung einer nationalen Heimstätte für das jüdische Volk in Palästina« vorsah. Kurz darauf eroberten die Briten das Land, und als der Krieg vorbei war, wurde Palästina unter britisches Völkerbundmandat gestellt. Die Balfour-Erklärung war in das Mandat mit aufgenommen, das die »geschichtliche Verbundenheit des jüdischen Volkes mit Palästina« anerkannte und das Recht einräumte, »ihre nationale Heimstätte in diesem Land« wiederherzustellen. Großbritannien sollte zur Einwanderung und schnellen Ansiedlung der Juden in dem Land ermutigen; Hebräisch (sowie Englisch und Arabisch) sollte die offizielle Sprache sein, und die sog. »Jewish Agency« sollte die Briten beim Aufbau einer jüdischen nationalen Heimstätte unterstützen und mit ihnen zusammenarbeiten.[114]

Dieses Mandat wurde am 28. Juni 1919 vom Völkerbund bestätigt. Kurz vor der abschließenden Genehmigung am 19. September 1922 wurde Transjordanien (wörtlich: »jenseits des Jordan«), das Land östlich vom Jordan, aus dem geplanten Heimatland der Juden herausgenommen. In der Zwischenzeit hatte Großbritannien den Staat Transjordanien unter König Abdullah ibn Hussein gegründet.[115] Obwohl in der ursprünglichen Balfour-Erklärung Transjordanien mit einschlossen war, wurde durch diesen Schritt der Jordan zur wahrscheinlichen Ostgrenze des jüdischen Heimatlandes (siehe Karte 3).

Kapitel 5: Der Zionismus: Wenn Träume zum Drama werden

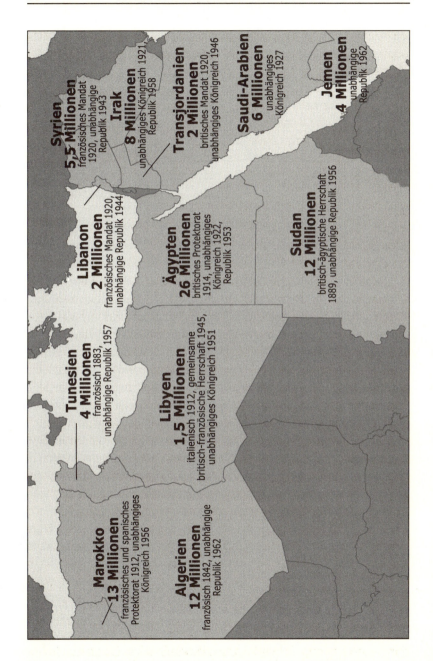

Karte 1: Arabische Nationen nach dem 1. Weltkrieg

Die Balfour-Erklärung war für den Zionismus der größte Erfolg und für die Abwanderung ins Heimatland von gleicher Bedeutung wie Herzls Buch *Der Judenstaat*. Gerade einmal zwanzig Jahre lagen zwischen ihnen. Beide Werke trugen dazu bei, die in der Diaspora lebenden Juden wachzurütteln, um das wichtigste Ziel des Zionismus zu erreichen, nämlich die Rückkehr einer engagierten jüdischen Enklave, um ein Heimatland in *Eretz Israel* aufzurichten.[116]

Das Hilfeversprechen vom mächtigen Großbritannien war jedoch nicht so eindeutig, wie manche es erwartet hatten. Eine jüdische Besatzung in Palästina bedeutete auf jeden Fall soziale Veränderungen für einige arabische Bewohner. Dies hatte man übersehen, als die uralten Vettern den Rauswurf der Türken feierten. Beide dachten, dass eine neue Ära der Freundschaft und des Friedens beginnen würde. Weizmann traf sich sogar im Januar 1919 mit Emir Feisal (dem späteren König vom Irak), einem führenden arabischen Landbesitzer aus Arabien (dem späteren Saudi-Arabien), der die Aussicht eines neuen jüdischen Staates in Palästina willkommen hieß.[117] Das merkwürdige Paar unterzeichnete sogar ein Abkommen zur Zusammenarbeit. Die Zweisamkeit hielt jedoch nicht lange. Kurz danach hatte Feisal einen Streit mit den Franzosen (als er versuchte, König über Syrien zu werden) und schwor seinem Abkommen mit Weizmann ab. Das zerstörte die großen Hoffnungen vieler Menschen auf ein gutes Zusammenleben von Juden und Arabern in Palästina.[118]

In Wirklichkeit betrachteten die meisten arabischen Führer die Zionisten mit großem Misstrauen. Für sie waren es Fremde, die in ihr heiliges arabisches Eigentum eindrangen. Der eigentliche Streit begann, als ortsfremde arabische Landeigentümer die arbeitenden Bauern als Vasallen und Pächter der Farmen ausbeuteten.[119] Die Landeigentümer befürchteten, dass der höhere Lebensstandard und die bessere Bezahlung der jüdischen Pioniere Unzufriedenheit und Enttäuschung unter den arabischen Bauern verursachen könnten.

> Auf der einen Seite gab es die jüdische Kolonie: grün, ordentlich und produktiv mit gut bezahlten Arbeitern, die gebildet und zufrieden waren und in Sicherheit lebten. Daran angrenzend lagen erbärmliche, schmutzige arabische Dörfer, in denen Mangel an Bildung und eine demoralisierende Stimmung vorherrschte.

Kapitel 5: Der Zionismus: Wenn Träume zum Drama werden

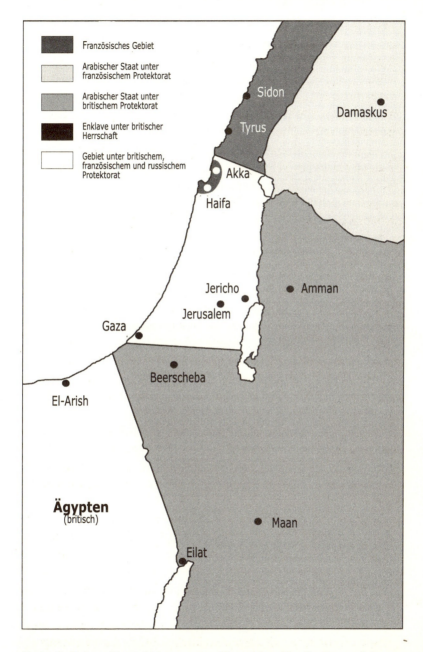

Karte 2: Sykes-Picot-Abkommen – Vorschlag für die Grenzziehung

Einige romantische Außenseiter versuchten auf sentimentale Art das arabische Leben malerisch darzustellen und beklagten sich, dass durch die jüdische Einwanderung die Ausstrahlung des stereotypen Märchens verloren gehen würde. Aber es gab nicht viel Märchenhaftes in den Dörfern, wo Tuberkulose und die Amöbenruhr grassierten, wo Nahrung knapp und Unterkunft primitiv war, wo Kuhdung auf die Wunden gelegt wurde und Augenkrankheiten mit Urin von Kamelen behandelt wurden, wo Kinder mit Fliegen bedeckt einschliefen. Die Araber arbeiteten so hart wie die Juden, aber praktisch ohne Bezahlung und ohne eigenen Ertrag. Wie lange würde es dauern, bis die Enteigneten und Enterbten durch das Beispiel des jüdischen Lebensstandards in Aufregung gerieten und ein angemessenes Leben einforderten?[120]

Das ist kein schönes Bild und vielleicht auch übertrieben, doch es zeigt den Kontrast der Kulturen und das Problem, das sich daraus ergab. Die Landeigentümer dachten, dass es für sie das Beste sei, den Zustrom jüdischer Siedler zu unterdrücken. Das taten sie, indem sie die arabischen Arbeiter davon überzeugten, dass die Juden Gesetzesbrecher waren, darauf erpicht, sie zu betrügen und ihre heiligen Stätten zu zerstören. Sie hofften, die jüdische Einwanderung als eine rassistische Verschwörung und Bedrohung für alle Araber darstellen zu können. 1920/21 »wichen die traditionell freundlichen Beziehungen zwischen den Arabern und Juden dem Hass der Araber, und es kam zum Aufstand in Jerusalem.«[121] Erst 1978 kamen die jüdischen und arabischen Führer unter Begin und Sadat zu einer gemeinsamen Konferenz zusammen, um über ihre Differenzen zu verhandeln.

David Ben Gurion und die »Yishuv«

Während Weizmann im Westen in diplomatischen Kreisen wirkte, agierte für den Zionismus unter der Yishuv (jüdische Bevölkerung in Palästina) eine weitere Persönlichkeit, die zum zündenden Funken wurde. Sein Name war David Ben Gurion (früher David Gruen). 1886 in Polen geboren, wanderte er im Alter von zwanzig Jahren nach Palästina aus und wurde schon bald zum aktivsten Zionisten im Land. Trotz seines

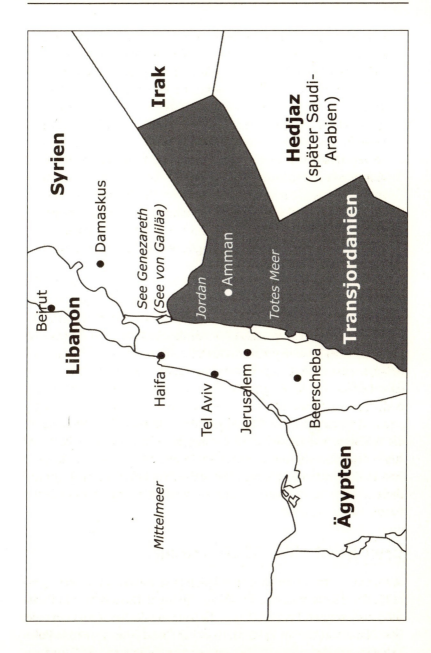

Karte 3: Die Grenzen nach der britischen Balfour-Erklärung von 1917

scharfen Verstandes war er auch ein praktischer Pragmatiker. Er arbeitete und pflügte das Land, leitete die hebräische Arbeiterpartei *Histadrut* und führte die jüdische Legion gegen die Türken im Ersten Weltkrieg an. In seinem Aktivismus besuchte er auch kurz die Vereinigten Staaten, wo er freiwillige Zionisten rekrutierte. Seine Hauptaufgabe bestand jedoch darin, die Zionisten in Palästina zu organisieren. Später wurde er Israels erster Ministerpräsident, der die junge Nation fast fünfzehn Jahre lang anführte. Für sein Volk war diese grauhaarige Erscheinung fast schon eine Legende, da er danach strebte, Herzls und Weizmanns Vorstellungen zu verwirklichen. Als schlauer Denker, Organisator und mutiger Soldat führte Ben Gurion die zionistische Bewegung an und verteidigte ihre Heimatfront.

Nach der internationalen Zustimmung zur Balfour-Erklärung folgte ein äußerst wichtiges Jahrzehnt. Ben Gurion erkannte und betonte immer wieder, wie vergeblich es sei, Land zu beanspruchen, ohne dass eine beträchtliche Anzahl von Juden dort lebte. In dieser Zeit kam es zu großen Einwanderungswellen, besonders aus Russland und Osteuropa. »Sie bauten Straßen, legten Sümpfe trocken, pflanzten Bäume und gründeten große Kollektivfarmen.«[122] Diese jüdischen Flüchtlinge kauften sogar, nach vielen Verhandlungen, die große, von Malaria befallene Ebene von Esdraelon, legten sie trocken und machten daraus ein fruchtbares Obstanbaugebiet.

Totes MeerGroße Fortschritte gab es auch in der Kultur und der Bildung. 1925 wurde auf dem Berg Scopus von Weizmann die Hebräische Universität gegründet, bei der Balfour die Eröffnungsrede hielt. Die alte hebräische Sprache wurde zur allgemein gesprochenen Sprache, die alle Einwanderer lernen mussten. Dieses Aufleben einer »toten« Sprache war schon ein Wunder an sich. Dafür war größtenteils ein Mann namens Elieser Ben Yehuda verantwortlich, der als Begründer des modernen Hebräisch angesehen wird. Obwohl er 1882 mit Tuberkulose aus Russland kam, widmete Ben Yehuda sein Leben dem Anliegen, diese Sprache für den modernen Gebrauch aufzufrischen und sogar ein hebräisches Wörterbuch zu schreiben. Obwohl er viel verspottet wurde, »gaben er und seine Frau das Versprechen, dass sie nur noch Hebräisch sprechen würden – ein Schwur, der in der Geschichte Palästinas einen Wendepunkt darstellte.«[123] Nur wenige Dinge haben so sehr zur Vereinigung des modernen Israel beigetragen wie die Erneuerung dieser uralten Sprache. So war die Rückkehr der Juden nach Palästina genauso eine kulturelle und geistliche Angelegenheit wie eine physische.

Das Hauptanliegen der Bewegung war die ständige Einwanderung von Juden nach Palästina. Darum ging es in der Balfour-Erklärung hauptsächlich. Damit die Nation erfolgreich sein konnte, brauchte sie viel Einwanderung und Zeit. Die Pogrome der früheren Jahrhunderte erinnerten die Juden an diese Notwendigkeit, und die Ungewissheit, die vor ihnen lag, machte dies zu einer dringenden Angelegenheit. Zu Beginn des Jahrhunderts waren die meisten europäischen Flüchtlinge nach Amerika gegangen und hatten die Neue Welt zum Zentrum des Weltjudentums gemacht. Bis zu diesem Zeitpunkt war Assimilation ihre grundlegende Politik gewesen. Der Zionismus jedoch hatte genau die andere Richtung zum Ziel – das Ursprungsland Palästina. Dieses Beharren auf ungehinderte Einwanderung nach Palästina war nicht verhandelbar, denn davon hing die Entstehung einer politischen Grundlage für das Weltjudentum ab.

Gerade diese Hartnäckigkeit schien die arabische Feindseligkeit anzustacheln, die letztendlich zu einem Aufstand im ganzen Land führte. Der Hauptanstifter zu diesem Aufstand war der Großmufti von Jerusalem, Haj Amin al-Husseini. Das Ziel der Briten war die Kontrolle des Landes durch zwei führende Familien aus Palästina, die große Ländereien besaßen, die Husseinis und die Naschaschibis.[124] Als Haj Amin 1922 zum Präsidenten des Obersten Islamischen Rates ernannt wurde, erhielt er dadurch großen politischen, wirtschaftlichen und religiösen Einfluss.[125] Sein heftiger Widerstand sowohl gegen die Juden als auch gegen die Briten zwang ihn mehrmals dazu, ins Exil zu gehen. Im Zweiten Weltkrieg lief er zu den Nazis über und lebte in Rom und Berlin. In den Zwanzigern und Dreißigern ließ er keine Gelegenheit aus, Feindschaft zu schüren und Krieg gegen jüdische Familien anzustacheln, die sich in Palästina niederließen.

Trotz dieser arabischen Opposition kam von 1931 bis 1935 eine ganze Flut jüdischer Einwanderer nach Palästina – 150.000! Dieser Zustrom von Juden mit ihrem Besitz brachte sowohl den Juden als auch den Arabern relativen Wohlstand, zu einer Zeit, als die Welt unter der Weltwirtschaftskrise litt. Im April 1936 jedoch stiftete der Mufti unter den Juden in Jaffa ein Massaker an, das in allen Städten Palästinas ein Blutbad auslöste. Die Araber riefen zum allgemeinen Streik auf und hetzten damit das arabische Volk zum Aufstand gegen das britische Mandat auf. Bis zum Zweiten Weltkrieg gab es Aufstände und Angriffe aus dem Hinterhalt. In dieser Zeit schwelten auch in Europa Unruhe und Angst, als Hitler fieberhaft sein Drittes Reich aufrüstete und Hetzkampagnen verbreitete, um seinen antisemitischen Feldzug durchzuführen. Wenn die Juden jemals eine Zuflucht brauchten, dann war es in jenem entscheidenden Jahr 1939.

Als sie jedoch am meisten Hilfe brauchten, wurde sie ihnen verwehrt. Am 17. Mai 1939 veröffentlichte der britische Premierminister Neville Chamberlain ein Dokument, das den Zionismus stark ins Wanken brachte. Durch dieses berüchtigte Dokument, bekannt als das »MacDonald-Weißbuch« (nach Malcolm MacDonald, dem Kolonialminister), wurde die Einwanderungszahl der Juden nach Palästina fast auf Null gekürzt.[126] Es schien, als ob man sich den Forderungen der arabischen Terroristen beugen würde. Der Großmufti lehnte dieses Dokument sogar ab und forderte »die sofortige Errichtung eines unabhängigen arabischen Staates in Palästina und einen Einwanderungsstopp für Juden.«[127] Das Papier wurde von Winston Churchill vor dem britischen Parlament hart angeprangert, da es die Balfour-Erklärung für ungültig erklärte. Auch der Rest der Welt protestierte stark dagegen.

Was war mit der Balfour-Erklärung geschehen? Sie wurde Chamberlains »Appeasement-Politik« (Beschwichtigungspolitik) geopfert, um dem Mufti in Palästina entgegenzukommen. Sogar das britische Unterhaus stimmte diesem »wohlüberlegten feigen Dokument« verlegen, aber mit überwältigender Mehrheit, zu.

Tatsache ist, dass Großbritanniens Sympathien sich von den Zionisten auf die Araber verlagerten, die eine Gefahr für die britische Kontrolle über das Morgenland darstellten. Die Entdeckung der Erdölvorkommen im Nahen Osten und eine fast vollständig hergestellte Pipeline vom Irak nach Haifa fachte die Sorge um die Wirtschaft an. Das starke Rückgrat, das in dieser Situation notwendig war, war stark angeknackst.

Als Deutschland ein Jahr später Großbritannien bedrohte, musste Chamberlain zurückzutreten. Trotzdem wurde Chamberlains Einwanderungspolitik während des ganzen Kriegs beibehalten. Obwohl Tausende den Fängen Hitlers entkamen, wurden sie aufgehalten, als sie sich Palästina näherten. Viele wurden, als sie an Land kamen, mit vorgehaltener Pistole gezwungen, wieder umzukehren; viele starben auf See.

Manche sagen, dass diese restriktive britische Politik die prompte Missbilligung des Himmels zu spüren bekam. Vier Monate nachdem das White Paper verabschiedet wurde (Mai 1939), wurde Großbritannien am 1. September 1939 widerwillig in den Zweiten Weltkrieg verwickelt. Ein Jahr später mussten Großbritanniens Militärtruppen in Dünkirchen vom Kontinent flüchten. Großbritannien blieb noch für einige weitere Jahre das Ziel ständiger Bombardierungen durch die Luftwaffe. Bedroht durch Hitlers zerstörerische Wehrmacht, stand das Inselreich in Europa praktisch allein da. Man kann sich kaum eine düsterere Szene vorstellen.

In dieser dunklen Stunde der britischen Geschichte wurde der alternde Sir Winston Churchill in den Dienst seiner Majestät berufen (nachdem er zehn Jahre lang über die Gefahr des Nationalsozialismus geschrieben hatte). Wortgewandt forderte er die belagerte Nation auf, mit aller Kraft ums Überleben zu kämpfen. Er, der nach dem Ersten Weltkrieg jüdischen Flüchtlingen geholfen hatte, nach Palästina zu kommen, war jetzt berufen, das britische Heimatland im Zweiten Weltkrieg zu schützen. Seine größte Herausforderung lag vor ihm.

Wenn das für Churchill galt, dann galt es umso mehr für die besorgten Söhne Israels. Das Schiff Zion war tatsächlich durch die Balfour-Erklärung gestartet und in Betrieb genommen worden, aber seine turbulente Reise hatte gerade erst begonnen. Die Reise sollte auf einer extrem rauen See erfolgen. Die zionistische Bewegung und ihre Anhänger befanden sich jetzt im Auge eines weiteren Sturms.

Kapitel 6

Der Zweite Weltkrieg und der Holocaust

Als der Zweite Weltkrieg ausbrach, kam die jüdische Auswanderung nach Palästina praktisch zum Erliegen. Obwohl mehr als die Hälfte der Juden in Deutschland es geschafft hatten, den Fängen von Hitlers SA-Männern zu entkommen, waren die übrig Gebliebenen einer doppelten Gefahr ausgesetzt. Einreisegenehmigungen aus Europa wurden vom Führer abgefangen, und die Einwanderung nach Palästina wurde von den Briten untersagt. Als dann am 1. September 1939 die Panzer nach Polen rollten und das Gefecht begann, wurden alle Fluchtwege verschlossen.

Auch wenn der Zweite Weltkrieg plötzlich über die Welt hereinbrach, so hatte er sich nicht aus dem Nichts entwickelt. Viele bösartige Kräfte waren daran beteiligt, und Antisemitismus spielte dabei keine geringe Rolle. Um zu verstehen, wie sich dieser Judenhass im Herzen des »zivilisierten« und »christlichen« Europas entwickeln konnte, müssen wir einige dieser Kräfte erkennen. Wie konnte solch ein grausamer Mensch wie Hitler auf diesem Boden an die Macht kommen?

Wie Hitlers Antisemitismus entstand

Adolf Hitlers große Leidenschaft war die Erschaffung einer arischen Oberrasse, die das Tausendjährige Reich aufbauen sollte. Deutschlands demütigende Niederlage im Ersten Weltkrieg löste in ihm wahnsinnige Träume eines deutschen Comebacks aus. Der Friedensvertrag von Versailles ließ Deutschland nicht nur stöhnen, sondern zwang es richtig in die Knie. Zwei Millionen junge Deutsche waren erschlagen worden, und es gab Millionen Verletzte. Deutschlands unwahrscheinlich hohe Summen für Wiedergutmachung erschütterten und demoralisierten die breite Masse der Bevölkerung immer mehr. »In Deutschland entwickelte sich die Inflation so schnell, dass innerhalb weniger Monate der Preis für einen Laib Brot mehrere Milliarden Mark betrug... Auf dem

Höhepunkt der Inflation war ein US-Dollar 4,2 Milliarden Reichsmark wert.«[128] Die Wirtschaftskrise spitzte sich dramatisch zu.

Wegen der Verwüstungen durch den Krieg und deren Auswirkungen suchte das verbitterte deutsche Volk einen Sündenbock. Hitler selbst war während des vierjährigen Konflikts durch Schrapnell- und Gasgranaten verletzt worden – und er schwor Rache.[129]

Aus diesem vergifteten Milieu heraus entstand die Nationalsozialistische Partei, deren Führer schon bald Hitler wurde. Ein zentraler Schwerpunkt seiner Partei lag darin, die Schuld an Deutschlands Niederlage auf die Juden zu schieben. Die Nazis bezichtigten die »listigen Juden« des Verrats auf dem Gebiet der Wirtschaft und der psychologischen Propagandaführung. Sie wurden angeklagt, den Willen des Volkes zu untergraben, um das deutsche Geld und die deutschen Medien kontrollieren zu können.[130]

Mit einer üblen Horde unzufriedener Menschen an der Basis, gelobte Hitler, zwei leidenschaftliche Wünsche zu erfüllen: die neue deutsche Republik durch einen militanten, aristokratischen Staat, bestehend aus Bürgern der arischen Oberrasse, zu ersetzen und die »parasitäre« jüdische Rasse auszurotten. Er betrachtete alle Juden entweder als Marxisten oder als »Sozialdemokraten«, insbesondere, da Karl Marx und Ferdinand Lasalle, die Gründer des Marxismus, jüdische Vorfahren hatten.[131] Sogar von Lenin dachte man damals, dass er teilweise jüdischer Abstammung war.

Hitler stellte seine eigene Vorstellung von einem totalitären Staat klar heraus und klagte darüber, dass »die jüdische Lehre des Marxismus das aristokratische Prinzip der Natur ablehnt.« Nachdem er die jüdische Geschichte flüchtig studiert hatte, stellte er sich die bange Frage, ob »nicht doch vielleicht das unerforschliche Schicksal aus Gründen, die uns armseligen Menschen unbekannt, den Endsieg dieses kleinen Volkes in ewig unabänderlichem Beschlusse wünsche?«[132] Höhnisch schrieb er weiter: »Es war für mich die Zeit der größten Umwälzung gekommen, die ich im Inneren jemals durchzumachen hatte... ich war zum fanatischen Antisemiten geworden.« Weiter behauptete er: »Siegt der Jude mit Hilfe seines marxistischen Glaubensbekenntnisses über die Völker dieser Welt, dann wird seine Krone der Totentanz der Menschheit sein, dann wird dieser Planet wieder wie einst vor Jahrmillionen menschenleer durch den Äther ziehen.«[133] Er glaubte, dass soziale Demokratie zu Anarchie führe, und prahlte: »Indem ich mich des Juden erwehre, kämpfe ich für das Werk des Herrn.«[134]

Was war die Ursache für diesen unbändigen Hass? Schon viele Forscher haben darüber nachgedacht. Deutschland war im späten 18. Jahrhundert ein Brutort für die Judenphobie gewesen, besonders durch die Schriften des Engländers Houston Stewart Chamberlain.[135] 1882 wurde in Dresden der erste internationale Antisemitische Kongress einberufen, der in der ganzen Nation Schäden hinterließ und viele Menschen durch seine Irrationalität beschämte.

Hitlers persönliche Ichbezogenheit

Es ist klar, dass Hitlers Böswilligkeit nicht nur auf rassischen und nationalen Kriterien beruhte, sondern auch eine tiefe persönliche und psychologische Ursache hatte. In seinem Buch *Mein Kampf* beschreibt Hitler die Streitigkeiten mit seinem sturen Vater über seinen zukünftigen Beruf, und es zeigt sich schon hier der Beginn seines Wahns. Sein Vater wollte ihn dazu drängen, Politiker zu werden, während er darauf bestand, Künstler zu werden (und zwar Architekt, doch dafür konnte er sich nicht qualifizieren).[136] In der Schule waren seine beiden Lieblingsfächer Geographie und Geschichte. Dieses Interesse war durch die unruhigen Zeiten Deutschlands geweckt worden.

Es gab starke rassische Spannungen in dem »Mischmasch« (Hitlers Ausdruck) aus Preußen, Österreichern, Bayern, Ungarn und anderen ethnischen Gruppen in Deutschland. Mit seinem hitzigen Gemüt stürzte sich der junge Adolf in den Kampf und wurde zu einem »fanatischen ›deutschen Nationalisten‹«.[137] Durch die Teilnahme an Debatten wurde Hitlers Rednertalent angespornt. Leidenschaftliche und aufputschende Redekunst wurde schon bald seine stärkste politische Waffe, ein heftiger Nationalismus wurde zu seinem Thema. »Wem aber Leidenschaft versagt und der Mund verschlossen bleibt, den hat der Himmel nicht zum Verkünder seines Willens ausersehen«, schrieb dieser selbst ernannte Prophet.[138] So wurde er zum »Politiker«, worauf sein Vater ja auch bestanden hatte.

Hitlers Nationalismus brachte ihn auf Kollisionskurs mit den Marxisten, deren Bewegung auf ganz Europa übergriff. Marx erklärte, dass »alles Materie ist und durch den ›Kampf der Gegenteile‹ (These, Antithese und Synthese) Veränderungen stattfinden.«[139] Klassenkampf, so behaupteten Marxisten, lässt die Geschichte zwangsläufig voranschreiten und führt zur endgültigen Gleichheit. Die Gleichsetzung aller mit Hilfe der Wirtschaft sollte alle sozialen Klassen auslöschen, besonders das selbstständige, mittelständische Bürgertum. Der Kommunismus wollte diesen Prozess durch Revolution beschleunigen.

Hitlers Wettkampf mit dem Bolschewismus

Obwohl Hitler mit diesem materialistischen Weltbild der Marxisten übereinstimmte, verachtete er ihre »sozialdemokratische« Vorstellung von Regierung. Während die Demokratie die Verantwortung des Einzelnen hervorhebt, bzw. die Vertretung des Einzelnen durch ein Parlament, bestand Hitler auf einer militanten Führung, die die Gesellschaft zum eigenen Nutzen manipulierte.[140] Aggressive Aristokratie schaffe Stabilität, behauptete er; die Demokratie behindere und gebe den Launen der Massen nach. Die Massen müssten nicht erhört, sondern zusammengetrieben werden.

Hitlers Hauptfeind war das »bolschewistische Judentum«, wie er es nannte (»bolsche« stammt von dem russischen Wort für »Mehrheit«). Das war der eigentliche Buhmann in *Mein Kampf*. Obwohl er das Buch als Propagandawerkzeug schrieb (er hatte es 1924 im Landsberger Gefängnis begonnen), entwickelte sich Hitlers Verachtung für die Juden erst allmählich. Schon in jungen Jahren debattierte er in Wien heftig mit einigen Juden über die marxistische Lehre.[141] In diesen Auseinandersetzungen schien er ihnen kaum gewachsen zu sein. Ihre Fertigkeit machte ihn sprachlos und verwirrte ihn. »Ich redete mir in meinem kleinen Kreise die Zunge wund und die Kehle heiser … Ich stand manches Mal starr da … Ich begann sie allmählich zu hassen.«[142]

Hitler, der sich durch ihre überlegene Dialektik und gelassenen Erwiderungen gedemütigt fühlte, machte sich zum Kampf bereit. Um sie zu überlisten und seine eigenen rassischen Abneigungen zu bestätigen, fing er an, das Judentum oberflächlich zu studieren. Er argumentierte sogar mit Jesu Verdammung der Pharisäer und berief sich auf Luthers Antisemitismus. Hinter allen Problemen der Gesellschaft vermutete er die finsteren Machenschaften der Juden, die heimlich durch die Alliierten Deutschlands Niederlage herbeigeführt hatten. Hitler hielt ihre Weigerung, sich in nichtjüdische Kulturen zu integrieren, für eine internationale Verschwörung. Er glaubte, dass sie heimlich alle Länder übernehmen würden, um eine Art Superstaat, ein »internationales Judentum«, aufzurichten. Er war sich sicher, dass die Juden, wenn sie unbeachtet bleiben, letztendlich alle Nationen durch ein Netz internationaler Banken sowie durch Manipulation des Arbeitswesens und der Industrie kontrollieren würden. Hitler betrachtete die Juden als internationale Dämonen, die den Erdball terrorisierten.

Hitlers Judenphobie und seine Theorie vom »schlechten Blut«

Für diesen Irren waren aber die Juden bald böser als Dämonen; er fing an, sie als eine »Krankheit« zu betrachten. Ein Dämon kann ausgetrieben werden, aber eine Krankheit muss eliminiert werden. Für ihn waren sie ein blutendes Geschwür einer Gesellschaft, in der der Marxismus den nationalen Körper lähmte.[143] »Schlechtes Blut« wurde sein Lieblingsausdruck, um die Juden zu denunzieren. Im Kapitel »Volk und Rasse« in *Mein Kampf* zeigt sich seine geistige Umnachtung besonders auf dem Gebiet der Eugenik. Der Fortschritt der Menschheit, so behauptete er, hänge von der Reinheit der Rassen ab, besonders der arischen Rasse. Angelehnt an Nietzsches Vorstellung vom »Überleben der Stärksten«, erklärte Hitler, dass man die »Schwächeren« vernichten müsse – das heißt, Juden und Schwarze. Wer diese Arier (die angeblich wahren Deutschen) waren, wusste er nicht, doch er unterschied sie stets von den Juden.[144]

Es ist eine Ironie, dass Hitlers eigene Herkunft alles andere als reinrassig war. Sein Vater Alois war unehelich geboren, und die wahre Identität seines Großvaters war unbekannt. Dr. Oskar Jetzinger, einer der zuverlässigsten Biographen Hitlers, behauptet, dass Adolfs Großvater ein »neunzehnjähriger jüdischer Junge war, in dessen Haushalt Maria Anna Schicklgruber [seine Großmutter] vor der Geburt ihres Kindes gelebt hatte. Adolf Hitler wäre dann zu einem Viertel jüdisch gewesen.«[145]

Das war also dieser selbst ernannte Architekt, der eine reine Rasse hervorbringen wollte. Obwohl er, der das Ziel der Reinigung seines Heimatlands verfolgte, sich selbst als frommer Vegetarier, Nichttrinker und Nichtraucher ausgab, der auch auf Sex verzichtete, war er selbst kaum von einer so »reinen Herkunft«, aus der die deutsche Überrasse hätte »keimen« können.

Die Nazis und ihre Strategie
Die »Säuberung« Deutschlands

An der Verschwörung mit diesem Größenwahnsinnigen waren weitere Außenseiter und Kriegsopfer wie Hermann Göring, Rudolf Heß, Gregor Strasser, Heinrich Himmler und Propagandaminister Joseph Goebbels beteiligt. Alfred Rosenberg, ein grimmiger »nicht-jüdischer Jude« aus Moskau, war sein Philosoph und Parteistratege. Mit ihren weltweiten Expansionszielen beschränkte sich der Wunsch der Nazis, Deutschland zu »säubern«, nicht nur auf die Vernichtung der Juden, sondern bezog sich auch auf die Kommunisten und die Christen. Zu dieser Zeit waren Christen, deren Glaubenswurzeln doch im Judentum zu finden sind, genauso gefährdet wie die Juden. Tatsächlich war es »Hitlers Ziel, alle religiösen Organisationen innerhalb des Staates auszurotten und die Rückkehr zum Heidentum zu fördern.«[146] Schließlich wurden viele seiner eigenen Leute und sogar jene, die bei der Gründung der Partei mithalfen, zu seinen unglücklichen Opfern.

Solch eine massive Ausrottung von »Außenseitern« erforderte jedoch mehr Arbeitspotenzial, als die Führer der Partei und ihre SA-Männer zur Verfügung hatten. Die ganze Nation musste sich mit vereinter Kraft darum bemühen. Dazu musste die traditionelle Ethik und Moral der Leute umgewandelt (oder gar umgekehrt) werden. Ebenso mussten die viel gepriesenen Prinzipien der französischen »Erklärung der Rechte des Menschen und Bürgers« von 1789 verletzt werden. Die Menschenwürde selbst stand auf dem Spiel.

Letztendlich wussten die Nazis, dass sie das Gewissen des Menschen unterdrücken und zum Schweigen bringen mussten. Der deutsche Historiker Friedrich Meinecke schrieb: »Die eine Hälfte des deutschen Volkes wird heute [unter Hitler] zur Unverschämtheit erzogen, und die andere Hälfte zur Feigheit.«[147] Auch wenn diese Aussage den wenigen Bonhoeffers, die heldenhaft Widerstand leisteten, Unrecht tut, sagt es doch alles über die allgemeine Einstellung aus, die den Holocaust ermöglichte.

Wie konnten diese Schlächter das Gewissen der Nation so erfolgreich unterdrücken und den Menschen eine neue Moral einimpfen? Das konnte nur durch eine gründliche Umerziehung der Menschen geschehen. Hierbei verließ sich Hitler hauptsächlich auf Dr. Joseph Goebbels, seinen Propagandaminister. Seine Hauptwerkzeuge waren Massenwerbung und die ständige Wiederholung von rassistischen Themen.[148] Alle Aktivitäten und alle Ziele konzentrierten sich auf den deutschen Staat und dessen Zukunft – ein patriotisches Ziel, das einem Deutschland gefiel, dessen Ego unterdrückt wurde. Es wurde viel Wert auf die Jugendbewegung und den Militärdienst gelegt. Begriffe wie »Blut«, »Ehre«, »kämpfen und sterben für das Vaterland« und »Treue gegenüber dem Führer« wurden benutzt, um Rekruten herauszufordern und zu begeistern.[149] Mutterschutzgesetze wurden geändert, und »1940 war die legalisierte Sterilisierung im Nazistaat zur legalisierten Euthanasie bzw. zum Töten aus Mitleid geworden.«[150]

Die breite Masse der Bevölkerung musste umgezogen werden, wenn Hitler Erfolg haben sollte. Tatsächlich richtete sich »Hitlers tiefster Hass gegen die christliche Vorstellung, dass das Gewissen nur Gott gegenüber verantwortlich ist, und gegen den Befehl, Gott mehr zu gehorchen als einem Menschen und anderen Gesetzen zu gehorchen als denen des Nationalsozialismus.«[151] Solche Hingabe an Gott und seine Gesetze würde den Staat, den die Nazis haben wollten, torpedieren. Um diesen »Unsinn« zu bekämpfen, erhoben die Nazis den Staat über das Gewissen des Einzelnen. Durch politische Intrigen, Terrorismus und Propaganda wurde ihre Philosophie durchgesetzt, die das Land überflutete. Nicht nur der Verstand, sondern auch das ganze kollektive Bewusstsein wurde einer ständigen Gehirnwäsche unterzogen. Hitler sah sich selbst als Gott und Retter seines Volkes an.[152]

Obwohl auf der Liste dieses Demagogen die Kommunisten und Christen an erster Stelle standen, war es Hitlers tiefstes Verlangen, so Dimont, die Juden auszurotten. Deshalb wurde *Judenrein*, die »Säuberung« des Landes von den Juden, zu einer zentralen Lehre der Partei.[153] Da die Nazis immer noch von der alten Wahnvorstellung besessen waren, dass eine jüdische »Mafia« internationale Macht anstrebte, sahen sie die Vernichtung der Juden als einziges Heilmittel an, um Deutschland von dem Übel zu befreien. Sie nannten es »die Endlösung«. Die ganze Ironie dabei ist jedoch, dass »das Dritte Reich nach zwölf Jahren zerstört wurde, obwohl Hitler damit geprahlt hatte, es würde tausend Jahre dauern. Die Juden, die Hitler zu vernichten drohte, überlebten und gründeten einen neuen, unabhängigen jüdischen Staat.[154]

Hitlers und Eichmanns Vernichtungsplan

Hitlers dämonisches Völkermord-Programm wurde anfangs durch Goebbels' unaufhörlichen Hagel antisemitischer Propaganda angetrieben. Der Propagandaminister (mit dem »Verstand und dem Gesicht eines Nagetiers«, wie die Tochter des US-Botschafters ihn beschrieb) kontrollierte die Presse.[155] Im Januar 1933 schmiedete Hitler den Plan, Deutschlands Kanzler zu werden – im selben Monat wurde Franklin Roosevelt Präsident der Vereinigten Staaten. (Beide starben auch im selben Monat zwölf Jahre später im April 1945.) Hitler kam in einer Zeit weltweiter Spannungen und wirtschaftlicher Schwierigkeiten an die Macht. Überall suchte man nach nationalen Erlösern. Nach dem Tod des Reichspräsidenten Paul von Hindenburg übernahm dieser ehemalige Gefreite das Kommando, brachte die Probleme des Landes auf den Punkt und wies auf eine Lösung hin. Diese Lösung war natürlich schon in *Mein Kampf* umrissen worden: Die jüdische »Krankheit«, die die Nation infizierte, musste durch eine radikale Operation eliminiert werden.

Während Hitlers zwölfjährigem Wüten als Führer lassen sich fünf Stufen dieser Operation erkennen.[156] In der ersten Stufe, die sofort nach seiner Amtsübernahme begann, sollten alle jüdischen Geschäfte in Deutschland vernichtet werden. Schläger provozierten, plünderten und boykottierten lange bestehende jüdische Geschäfte und richteten sie wirtschaftlich zugrunde. Zur selben Zeit wurden Juden zunehmend aus allen öffentlichen Ämtern, Bildungseinrichtungen, juristischen Kreisen und medizinischen Berufen ausgeschlossen. Diese strengen Beschränkungen zwangen alle Juden zu einer Hungerkur, sowohl die reichen als auch die armen.

Die zweite Stufe setzte 1935 ein, als die Nürnberger Gesetze erlassen wurden und allen Juden die Staatsbürgerschaft entzogen wurde. Auf jeden Aufstand reagierte man mit extremen Vergeltungsmaßnahmen. Jeder Gesetzesverstoß durch einen Juden wurde zum Anlass für eine brutale Vergeltung. Als ein in Paris lebender Jude in seiner Wut einen deutschen Botschaftsoffizier tötete, setzten SA-Männer in Deutschland alle sechshundert jüdischen Synagogen in Brand und vernichteten fast alle noch bestehenden Geschäfte.[157] Im November 1938 wurde den Juden verboten, Theater oder öffentliche Unterhaltungsveranstaltungen zu besuchen, und jüdische Kinder durften in keine deutsche Schule mehr gehen. Einen Monat später entzog Heinrich Himmler, der Chef der deutschen Polizei, allen deutschen Juden den Führerschein und verbot ihnen, ein Kraftfahrzeug zu besitzen.[158]

Die dritte Stufe begann mit einer Massenverhaftung von Juden im September 1939 bei Kriegsausbruch. Die Juden mussten zur Unterscheidung von Nicht-Juden ein »Abzeichen der Scham«, den gelben Davidstern, tragen. Für jene, die noch auswandern durften, war der Lösegeldpreis die Übergabe ihres ganzen Besitzes. Für das Reich war die Beute aus dieser Plünderung enorm. Von den 500.000 Juden, die sechs Jahre zuvor in Deutschland gelebt hatten, blieben um 1939 nur noch 200.000 übrig.

Die vierte Stufe begann 1940, als alle Juden in Konzentrationslager eingesperrt wurden. Zur selben Zeit begann die Deportation der Juden aus Deutschland und Österreich in dafür besonders vorbereitete Ghettos im neu eroberten Polen. Man beraubte die Verurteilten ihres ganzen Besitzes und pferchte sie in den Lagern zusammen, wo sie mit 2,5 Millionen polnischen Juden zusammenkamen. Ihr Schicksal war es, »durch Krankheit, Hunger, Tötung oder Selbstmord vernichtet zu werden.«[159] Dieses Zusammentreiben wurde später auf alle von Deutschland besetzten Länder Europas ausgedehnt. Von einigen wenigen Ausnahmen abgesehen, schleppten Nazis Juden aus Österreich, der Tschechoslowakei, Ungarn, Polen, Rumänien, Frankreich, den Niederlanden, der Schweiz, Belgien, Norditalien, Jugoslawien, Dänemark und Norwegen ab. Bis zu diesem Zeitpunkt war es Hitlers Strategie, die Juden zu benachteiligen, abzusondern und verhungern zu lassen – aber nicht, einen systematischen Mord zu begehen.

Was uns das Blut in den Adern gefrieren lässt, ist die Tatsache, dass die breite Masse der Bevölkerung dieser Länder bereitwillig mit den Deutschen kollaborierte; ohne ihre Kooperation wäre dies alles unmöglich gewesen. Und warum protestierte das Ausland kaum? Es ist sehr gut dokumentiert, dass das Ausland genau wusste, was mit den Juden geschah.[160] Und es gilt ebenfalls als gesichert, dass auch in den besetzten Ländern viele heldenhafte Menschen im Untergrund Rettungsaktionen durchführten. Zu diesen Helden gehörten Menschen wie Dietrich Bonhoeffer, der am 9. April 1945 hingerichtet wurde, Corrie ten Boom mit ihrer berühmten *Zuflucht* in Holland und Oskar Schindler, dessen Heldentaten in dem preisgekrönten Film *Schindlers Liste* dokumentiert wurden. Aber nur wenige waren bereit, sich der Gestapo zu widersetzen, deren wütende Vergeltungsmaßnahmen wohl bekannt waren.

Die »Endlösung«

Die fünfte und letzte Stufe dieses Wahnsinns wurde »Endlösung« genannt und 1942 von der Naziführung initiiert. Die Konzentrationslager waren nicht mehr nur zum Gewahrsam da, sondern zur Ausrottung. Mord wurde in Deutschland zum Ganztagsberuf. Adolf Eichmann war für die Liquidierung verantwortlich, plante die ganze Operation und tauschte gelegentlich sogar gefangene Juden gegen Güter aus.[161] Obwohl die meisten Opfer in deutsche und polnische Konzentrationslager transportiert wurden, wurden Millionen Juden von speziellen Vernichtungstruppen erschossen. Diese *Einsatzgruppen* bestanden aus ungefähr dreitausend Männern, die mit der vorrückenden deutschen Wehrmacht reisten. Max Dimont beschreibt ihre Brutalität:

> Beim Massenmord gingen sie wie folgt vor: Juden oder Tschechen oder Polen oder Russen wurden zusammengetrieben, in eine verlassene Gegend gebracht und gezwungen, Gruben oder Gräben auszuheben. Danach zwang man sie, sich auszuziehen und sich vor den Gräben in Reihen aufzustellen. Dann wurden sie mit Maschinengewehren erschossen. Die Toten und Verletzten, die fielen, wurden von Soldaten oder Planierraupen in die Gruben geschaufelt. Auf alle Toten und Lebenden, Erwachsene, Kinder und Säuglinge wurde Erde geworfen. Insgesamt waren die Einsatzgruppen für den Mord an mehreren Millionen Christen und einer Million Juden verantwortlich.[162]

Für die Mörder war das Abschlachten einzelner Personen bald zu langwierig und zu mühsam. Durch chemische Versuche entwickelten sie das bekannte Zyklon-B-Gas, das innerhalb von wenigen Minuten Tausende töten konnte. Die alten Konzentrationslager wurden modernisiert, um die Operation effizienter zu machen, und es wurden neue Bahngleise und Autos gebaut, um Massen von gefangenen Juden aus Osteuropa direkt in die »Bäckereien« zu bringen, wie die Todeslager genannt wurden. Gaskammern wurden als Duschen gebaut, damit ahnungslose Opfer keinen Widerstand leisten würden. James Korting erklärt die Methode:

> Einige Verurteilte waren einem zu großen Todeskampf ausgesetzt, was nach Ansicht der Nazis vergeudete Zeit war. Mit einer

ausgetüftelten Taktik sagte man den Todeskandidaten, sie sollten sich ausziehen, dann bekamen sie ein Handtuch und wurden zu einem scheinbar großen Duschraum gebracht. Dann wurden die Türen luftdicht verriegelt und anstatt Wasser wurde Giftgas in die Kammern gesprüht. Nachdem die Opfer tot waren und der Rauch abgezogen war, wurden Gefängnis-Zahnärzte in die Kammern geschickt, die Goldfüllungen entfernten und von den weiblichen Leichen die langen Haare abschnitten – das Haar sollte anderweitig gebraucht werden, und die Goldfüllungen waren zu wertvoll für die Öfen, wo die Leichen entsorgt wurden.[163]

Die wichtigsten Todeslager befanden sich in Deutschland, Polen, Österreich und der Tschechoslowakei. Das Denkmal bei Yad Vashem führt 22 der größten bekannten Lager auf – Namen, die an Niederträchtigkeit erinnern: Auschwitz, Buchenwald, Dachau, Mauthausen und Treblinka. Das größte Lager war Auschwitz in Polen, wo über drei Millionen ermordet wurden.[164] Richard Gade beschreibt die tragische Szene, die die Alliierten sahen, als die Soldaten das Gemetzel stoppen wollten:

> Die siegreichen Armeen der Alliierten gingen nach dem Krieg durch eine Welt, die jeder Beschreibung spottet. In den Gewölben deutscher Banken lag geschmolzenes Gold von den Zähnen der Menschen; in ihren Hotels waren die Matratzen mit menschlichen Haaren gefüllt; in ihren Geschäften gab es Handschuhe aus menschlicher Haut. Rosa getönter Mörtel aus menschlichem Blut, Züge beladen mit Toten und Sterbenden, Leichen gestapelt wie das Holz in den Lagern, gewaltige Gräber eines ehemals großen und stolzen Volkes mit Ratten bedeckt – ganz Deutschland war ein einziger Schlachthof.[165]

Dieses Blutbad war den Naziführern so wichtig, dass es sogar noch höhere Priorität bekam als die Kriegsanstrengungen selbst.[166] Obwohl die Nazis schon Anfang 1945 eindeutig den Krieg verloren hatten, liefen die Gaskammern und Öfen auf vollen Touren. Finkelstein bemerkt dazu: »Die tatsächliche Vernichtung des jüdischen Volkes war eines der ideologischen und militärischen Hauptziele der deutschen Nazi-Maschinerie. Und dieses Ziel war zum größten Teil erreicht worden.«[167]

In der ganzen Geschichte ist noch nie eine derartige Brutalität wie dieses Abschlachten durch die Nazis dokumentiert worden. Nie zuvor hat die Welt eine so kalt berechnete und umfassende Orgie gesehen, die an Unschuldigen und Hilflosen begangen worden war. Ganz Europa war von der Nazi-Maschinerie verprügelt und verkohlt worden. Dimont fasst die Ungeheuerlichkeit dieses Blutbads zusammen:

> Vom ersten Tag der Machtübernahme an ermordeten die Deutschen systematisch zwölf Millionen Männer, Frauen und Kinder in Konzentrationslagern, durch Exekutionskommandos und in Gaskammern – für jeden Juden 1,4 Mitglieder der Kirchen. Weil aber die Nazis riefen: »Tötet die Juden«, ignorierte die Welt den Mord an Angehörigen der Kirchen ... Der Zweite Weltkrieg stellt den größten Tötungsakt in der Geschichte der Menschheit dar. In den sechs Kriegsjahren wurden 17.000.000 starke Männer im militärfähigen Alter im Kampf getötet; 18.000.000 Zivilisten wurden durch den Krieg getötet; und weitere 12.000.000 Menschen wurden von den Nazis ermordet. Die Deutschen, die 1933 ihrem Führer fröhlich »Heil« zugerufen hatten, mussten jetzt traurig ihre Toten zählen: 3.250.000 getötet in der Schlacht, 3.350.000 Tote unter den Zivilisten und ungefähr 5.000.000 Verwundete.[168]

Die Szene ist unvergleichlich und scheint eher aus der Feder von Dante oder Milton entsprungen zu sein – als unserer »zivilisierten« Welt von gestern. Damit aber die Wahrheit nicht verleugnet wird und die Lehre daraus nicht verloren geht, gab es zwei weltberühmte Verhandlungen, für die die Aufzeichnungen untersucht, ausgewertet und dokumentiert wurden. Dies waren der Internationale Gerichtshof von Nürnberg im Jahre 1946 und die israelische Gerichtsverhandlung im Fall Adolf Eichmann 1961 und 1962. Hier bewiesen die persönlichen Tagebücher Himmlers, Goebbels', Eichmanns und anderer Mittäter die grausamen Tatsachen.

Yad Vashem: Halle der Erinnerung

Nach einiger Zeit haben manche Menschen bezweifelt, ob die Massenvernichtung wirklich geschah, und bestanden darauf, dass die Geschichten nichts als wilde Propaganda seien, um Mitgefühl für die Juden zu erwecken.[169] Zur Erinnerung an diese unvorstellbaren Ereignisse errichtete die israelische Knesseth 1953 in Jerusalem ein Denkmal zur Erinnerung an die Massenvernichtung. Auf dem Gedenkhügel (neben Mt. Herzl, Israels nationalem Militärfriedhof) befindet sich dieser Komplex namens *Yad Vashem* (auf Hebräisch: »ein Platz und ein Name«, nach Jesaja 56,5). In dieser Halle der Erinnerung und auch in dem Museum und der Bibliothek gibt es eine gut erhaltene unanfechtbare Dokumentation dieser menschlichen Tragödie. Zu den Aufzeichnungen gehören Tagebücher der Nazis, Fotos von den Todeslagern, Hunderte von persönlichen Aussagen und Aufzeichnungen der Nürnberger und Eichmann-Prozesse. Es gibt auch statistische Aufzeichnungen über die Massenvernichtung, die den Stand der jüdischen Bevölkerungszahl in den europäischen Ländern vor und nach dem Massenmord auflisten.

Folgende Zahlen zeigen den Bevölkerungsstand der Juden im 20. Jahrhundert. Sie sind der *Jüdischen Enzyklopädie* entnommen und zeigen das Ausmaß der jüdischen Opfer und der jüdischen Migration vor und während des Holocaust:

Verteilung der jüdischen Bevölkerung in der Welt[*]

Land	1900	1939	1948	1967
Palästina	78.000	475.000	750.000	2.436.000
Europa:	8.690.000	9.480.000	3.780.000	4.070.000
Tschechoslowakei	—	357.000	42.000	15.000
Deutschland	520.000	504.000	153.000	30.000
Ungarn	—	445.000	174.000	80.000
Polen (Teil Russlands)	—	3.351.000	88.000	21.000
Rumänien	267.000	850.000	380.000	100.000
Russland	5.190.000	3.100.000	2.200.000	2.650.000
Türkei	300.000	30.000	80.000	39.000
Afrika	300.000	627.000	745.000	196.000
Amerika:				
Argentinien	30.000	275.000	360.000	500.000
Kanada	16.000	155.700	180.000	280.000
USA	1.000.000	4.975.000	5.000.000	5.870.000

---

[*] Finkelstein, *The Jews, Their History*, S. 1534; s. Sachar, *History of Israel*, S. 249.

Verteilung der jüdischen Opfer aus dem Holocaust

Belgien	24.000	Deutschland	125.000
Frankreich	83.000	Griechenland	65.000
Italien	7.500	Jugoslawien	60.000
Luxemburg	700	Niederlande	106.000
Norwegen	760	Österreich	65.000
Polen	4.565.000	Rumänien	40.000
Tschechoslowakei	277.000	Ungarn	402.000

Gesamtzahl der Opfer 5.820.000

Mit Yad Vashem will man nicht die Übeltäter hervorheben, sondern an die Kinder Israels erinnern – und daran, welchen Preis die Welt für die jüdische Freiheit zahlen musste und wie wichtig es ist, immer wachsam zu sein, um diese Freiheit zu schützen.

Diese kalten Statistiken zeigen nur einen Teil der Geschichte. Als sich die Alliierten im März 1945 Berlin näherten, ordnete der hysterische Führer eine Politik der verbrannten Erde an, die letztendlich zur totalen Zerstörung Deutschlands führte.[170] Obwohl Albert Speer diesen Befehl nach Hitlers Selbstmord widerrief, lag ein Großteil Deutschlands in Ruinen.

Anerkennenswert ist, dass Deutschland auf den Schock einer zweiten militärischen Niederlage und nach dem Reueprozess mit einer Kehrtwende reagierte, die zu geistiger Gesundheit und geistlicher Erholung führte. Das Gesetz von Recht und Ordnung im Einklang mit dem befreiten menschlichen Gewissen war wiederhergestellt. Und auf dramatische und entscheidende Weise sah die Welt die Strenge des Gesetzes der erbarmungslosen Gerechtigkeit Gottes durchgesetzt. Die dämonischen Werkzeuge des Völkermords wurden ausgelöscht. Hitler befahl Göring und Himmler, sich wegen Landesverrats zu erschießen. Goebbels, seine Frau und deren sechs Töchter begingen noch in derselben Nacht mit Gift Selbstmord.[171] Ihre Körper wurden im Gerichtshof verbrannt – ein passender Höhepunkt zu Hitlers bizarrer und grauenhafter zwölfjähriger Herrschaft. Hitler und seine neue Braut Eva Braun begingen ebenfalls Selbstmord: Sie vergiftete sich, und er schoss sich in den Mund. Adolf Hitler und seine Nazi-Handlanger wurden in einem hysterischen Wahnsinnsanfall zu ihren eigenen Henkern.[172]

Neue Zentren der jüdischen Bevölkerung

Die Massenvernichtung löschte nicht nur Millionen von Juden aus, sondern bewirkte auch, dass die jüdische Bevölkerung sich in der ganzen westlichen Welt neu konzentrierte. Während Osteuropa, insbesondere Polen, fast sieben Jahrhunderte lang die stärkste jüdische Bevölkerung aufwies, verlagerte sich der Schwerpunkt der jüdischen Bevölkerung nun nach Amerika, wo auch heute noch die meisten Juden leben.

Im »Schmelztiegel« Amerikas neigten die Juden dazu, sich an die nichtjüdische Kultur anzupassen. In diesem Sinn sind sie Opfer des zionistischen Anliegens geworden, deren Ziel es war, Juden weltweit dazu anzuregen, nach Israel zurückzukehren und die jüdische Kultur, den jüdischen Glauben und das jüdische Volk wiederaufleben zu lassen.

Während der Holocaust dieses Ziel fast zunichte machte, erlebte der Zionismus dadurch jedoch einen beispiellosen Aufschwung. Würde es ausreichen, um die lang ersehnte Rückkehr ins Land zu bewirken? Die überlebenden Juden merkten schon bald, dass das weltweite Entsetzen über den Völkermord während des Holocaust keine Garantie für eine Heimstätte im verheißenen Land war.

Kapitel 7

Der angeschlagene Rest und der neu gegründete Staat Israel

Nach dem Holocaust gab es genug Gründe, dem angeschlagenen Rest des jüdischen Volkes einen Willkommensteppich auszubreiten. In den Flüchtlingslagern warteten fast eine halbe Million Juden auf einen Platz, wo sie sich niederlassen konnten. Zu ihren Häusern und Nachbarn in Europa zurückzukehren, war das Letzte, was sie wollten. Viele fühlten sich sogar hinter dem Stacheldrahtzaun sicherer als im besiegten Deutschland.[173] Tausende hatten den Wunsch, sich in Palästina niederlassen zu können, dem Land ihrer Vorfahren – um die Vergangenheit zu vergessen und ein neues Leben zu beginnen. Manche reisten in die Vereinigten Staaten, um »dadurch schneller nach Palästina zu kommen.«[174]

Als internationale Ermittlungsgruppen den Horror des Holocaust bestätigten, stimmte die Mehrheit der westlichen Welt zu, dass sofortige Maßnahmen ergriffen werden sollten, um die Tür nach Palästina zu öffnen. Sogar die britische Labour Party stimmte zu. Mit »Rücksicht auf die unaussprechlichen Schrecken, die an Juden in Deutschland und anderen besetzten europäischen Ländern begangen worden sind«, so sagte man, »ist es moralisch falsch und politisch unvertretbar, den Juden, die nach Palästina einreisen möchten, Hindernisse in den Weg zu legen…«[175] Außerdem wurde vorgeschlagen, dass sich die amerikanische, die russische und die britische Regierung mit »einer gemeinsamen Politik dafür einsetzen, dass sie einen glücklichen, freien und wohlhabenden Staat in Palästina bekommen.«[176]

Trotz dieses fast weltweiten Mitgefühls konnten keine wirksamen Maßnahmen ergriffen werden. Finkelstein schreibt: »Die europäischen Flüchtlinge, die inbrünstig davon träumten, dem Tal der Tränen zu entkommen und das unheilige, mit jüdischem Blut getränkte Land zu verlassen, standen in Nationen, die reich an Land waren, vor verschlossenen Türen … Die Tore des historischen Heimatlandes, das zweitausend Jahre lang das Ziel jedes jüdischen Traums war, wurden in den schlimmsten Jahren größter Verzweiflung sogar noch fester verschlossen.«[177]

Wie lässt sich dieser Widerspruch erklären? Was geschah in der Nachkriegswelt, weshalb das Gewissen und die Taten einer zivilisierten Welt so sehr einander entgegengesetzt waren?

Politische Veränderungen nach dem Zweiten Weltkrieg

Noch vor Kriegsende gab es bei den britischen Wahlen im Juli 1945 eine bedeutende Veränderung. Zu dieser Zeit hatte Großbritannien noch das Mandat der Vereinten Nationen über Palästina. Während des Krieges hatte Premierminister Churchill die zionistische Bewegung stark unterstützt und Weizmann versprochen, nach dem Krieg in Palästina den Staat Israel mit drei bis vier Millionen Juden zu gründen.[178] Darin stimmten sowohl die Labour Party als auch die Tories in ihrem Wahlkampf überein.

Churchills Koalitionsregierung wurde jedoch 1945 mit überwältigender Mehrheit abgelöst.[179] Diese Veränderung war das Ergebnis schwerer wirtschaftlicher Verluste in Großbritannien während des Krieges und der Tatsache, dass sein Weltreich immer kleiner wurde. Die Labour Party von Clement Atlee übernahm die Regierung, und alle – auch die Zionisten – hatten hohe Erwartungen an sie.

Trotz der pro-zionistischen Haltung des Kandidaten Atlee änderte seine neue Regierung schon bald ihre Haltung zur Palästinafrage. Ernest Bevin wurde Außenminister und damit zum Zaren des problematischen Nahen Ostens. Obwohl er ein kluger Staatsmann war, der sich der wachsenden sowjetischen Macht sehr wohl bewusst war, teilte er nicht die pro-zionistischen Sympathien seiner Kollegen und der früheren Regierung. »Bevin wies alle Versprechen zurück, die offiziell und inoffiziell von den Vertretern der Labour Party in den letzten zehn Jahren gemacht worden waren, wovon einige bestimmt dazu beigetragen hatten, die Wahl zu gewinnen.«[180]

Durch einige Veränderungen wurde dieser Wechsel in der Politik zu einem politisch klügeren Kurs für den neuen Außenminister. Ein nicht zu unterschätzender Faktor war das wachsende Ansehen der arabischen Welt. Einige neue unabhängige Staaten waren dazugekommen, und die Macht über das Öl genoss internationalen Respekt. Bevin, der mit den Interessen des Nahen Ostens jonglierte, neigte dazu, die Araber zu bevorzugen und die Rechte der Juden herunterzuspielen. Teilweise tat er dies als Reaktion auf den zionistischen Druck, der auf den Holocaust zurückzuführen war.[181] Die Juden genossen weltweite Sympathie, besonders in den Vereinigten Staaten, die für die Juden eine internationale Entschädigung forderten.[182] Dies wiederum ärgerte Bevin, der damit beschäftigt war, den Streit im Nahen Osten und den wachsenden Aufruhr in Indien zu besänftigen. So wurde die Schlüsselperson Großbritanniens für das Palästina-Problem allmählich zum heftigen Gegner der Gründung eines jüdischen Staates in diesem unruhigen Gebiet.

Ein weiterer Faktor, der zu diesem Problem beitrug, waren die beständigen Restriktionen des MacDonald-Weißbuchs aus dem Jahre 1939, einem anti-jüdischen Dokument, das die ganze Kriegszeit hindurch Gültigkeit hatte. Dieses Dokument war zur Besänftigung der Araber entworfen worden und reduzierte die Einwanderung der Juden nach Palästina zuerst auf ein Minimum, später sollte die Einwanderung dann ganz unterbunden werden. Hätte man den Inhalt dieses Weißbuchs vollständig ausgeführt, wären die mühsam errungenen Vorteile, die die Balfour-Erklärung den Juden garantierte, annulliert worden.

Die Araber antworteten auf die Kehrtwende der britischen Regierung mit verstärktem Widerstand gegen die jüdische Einwanderung. Sie betrachteten Weizmann und seine zionistischen Agenten als Ausbeuter des Holocaust, um in Palästina einen jüdischen Staat zu errichten. Durch Bevin ermutigt, forderten sie kühn das Ende der jüdischen Einwanderung und einen neuen arabischen Staat in Palästina.[183]

Die Ironie dabei ist, dass viele arabische Führer die Alliierten im Zweiten Weltkrieg nicht unterstützt hatten. Sie blieben vorsichtshalber bis zum letzten Monat neutral, bis der Sieg der Alliierten sicher war. Der palästinensische Führer (Ex-Mufti Haj Amin al-Husseini) lief vor dem Krieg sogar zum Irak über und schloss sich später Hitler und Eichmann in Deutschland an, um sich am Gemetzel der Juden zu beteiligen.[184] Viele Araber sahen ihr Glück in den Achsenmächten Italien, Deutschland und Japan. Somit hatten sie es kaum verdient, mit den Siegern die Beute zu teilen. Trotzdem respektierten die alliierten Mächte in der Nachkriegszeit die arabischen Staaten auf erstaunliche Weise. Sie bekamen in der Versammlung der Vereinten Nationen tatsächlich sieben Sitze. Die Juden erhielten natürlich keinen, da sie zu dieser Zeit noch keinen Staat hatten.

Die politischen Veränderungen in Großbritannien nach dem Krieg gefährdeten das zionistische Anliegen. Die neuen Verantwortlichen über das Mandat schienen einheitlich die in zwei Weltkriegen gewonnenen Vorteile abzulehnen. Zu einer Zeit, in der man ihre Hilfe am meisten gebraucht hätte, wurden die britischen Schutzpatrone des Zionismus entlassen.

Der Eifer des US-Präsidenten Harry Truman

Ein halbe Weltreise entfernt geschah jedoch etwas, was für die zionistische Bewegung zum Vorteil war. Am 12. April 1945 starb der Präsident der Vereinigten Staaten, Franklin D. Roosevelt, in seinem Büro, drei Monate nach seiner vierten Amtseinführung und weniger als einen Monat bevor die Achsenmächte in Europa sich ergaben. Zionisten hatten an diesen Langzeit-Präsidenten Bitten gerichtet, wurden aber durch seine Lauheit enttäuscht. Er verfolgte eine Taktik, »bei der er sich nie ganz auf eine Seite der Auseinandersetzung festlegte.«[185] David Niles, der Assistent des Präsidenten, bemerkte dazu: »Ich habe starke Zweifel daran, ob der Staat Israel zu Lebzeiten Roosevelts jemals entstanden wäre.«[186]

Sein Nachfolger war der bisher unbekannte Vizepräsident Harry Truman, ein totaler Anfänger in der Außenpolitik. Truman war bekannt als »Poker spielender Baptist aus Missouri«, der als Hinterwäldler im höchsten Amt des Landes diente. In scharfem Kontrast zu seinem gebildeten Vorgänger, der an der Harvard-Universität studiert hatte, war der neue Präsident im Wesentlichen Autodidakt und in Bezug auf die jüdischen Forderungen in Palästina bibelfest.[187] Truman, der sehr unabhängig war, entwickelte einen starken Widerwillen gegen die Amtsträger im Außenministerium, wurde jedoch stark von Clark Clifford, seinem besonderen Berater in der Palästinafrage, beeinflusst.[188] Während er in sein Amt hineinwuchs und in kritischen Augenblicken gezwungen war, schnelle Entscheidungen zu treffen, die häufig wieder zurückgenommen werden mussten, erfanden die Washingtoner Zeitungen für ihn das folgende zynische Wortspiel: »To err is Truman.« (»Irren ist Truman«, abgewandelt von »To err is human« – »Irren ist menschlich«, Anmerkung d. Übers.)

Bei vielen anderen Gelegenheiten traf dieser einfache Präsident genau den Punkt. Ausgestattet mit starken moralischen Überzeugungen hinsichtlich der Unterdrückten und Misshandelten, war er entschlossen, Gerechtigkeit walten zu lassen. Auf der Potsdamer Konferenz im Juli 1945 ging Truman bei der jüdischen Flüchtlingsfrage entschieden vor.[189] Er betonte vor Churchill und Atlee, wie dringend notwendig es sei, den Opfern Erleichterung zu verschaffen. Besonders setzte er Großbritannien unter Druck, sofort 100.000 Flüchtlinge nach Palästina hineinzulassen, und versprach für diese Operation die finanzielle Unterstützung der Vereinigten Staaten.[190] Die Atlee-Regierung lehnte dies einmütig ab.

Die Welt jedoch nahm Trumans Tat, das zionistische Anliegen zu unterstützen, zur Kenntnis. Das Land, das von Kolumbus mit jüdischer Hilfe entdeckt wurde (als Spanien die Juden 1492 auswies), war jetzt zum Zentrum des Weltjudentums und nach dem Krieg zur Weltmacht geworden. Während Großbritannien den Zionismus nicht mehr unterstützte, bekam diese Bewegung einen neuen Verfechter. Es war ein impulsiver Mann aus Missouri, der plötzlich Anführer einer freien Welt geworden war. Als Truman sich auf die zionistische Seite stellte, bekam er vom Kongress und vom amerikanischen Volk große Unterstützung.[191]

Obwohl die Frage nach einem eigenen jüdischen Staat in Palästina für Truman nicht so wichtig war wie die Unterstützung der Einwanderung, war Ersteres doch das Hauptziel der Zionisten. Das Interesse des Präsidenten war in erster Linie humanitärer Art. Tatsächlich lehnte er die politischen Aktivitäten der Briten und der Zionisten ab, weil sie die Einwanderung der Flüchtlinge gefährdeten. Er sorgte sich um jene, die in Europa in schmutzigen Lagern zusammengepfercht waren, denn »Ende 1946 waren mehr als eine Viertel Million Juden in die Lager für Verschleppte überall in Westeuropa gesteckt worden.«[192] Anstatt der 100.000 Flüchtlinge, für die er die Briten um Einwanderung nach Palästina bat, durften nur 1.500 pro Monat einreisen – gemäß der Vereinbarung des MacDonald-Weißbuchs. Mehrere Ausschüsse versuchten das Problem zu lösen, aber es kam zu keiner Übereinstimmung. Die Atlee-Bevin-Regierung wurde dabei immer unnachgiebiger in ihrer Ablehnung der zionistischen Forderung nach Einwanderung.

Die jüdische Widerstandsbewegung

Mit dieser Verzögerungspolitik der Briten begann eine der dunkelsten Abschnitte der Nachkriegszeit. Da für viele Zionisten keine politische

Lösung in Sicht war, hielten sie eine militärische Aktion für notwendig. Sie beschlossen: Wenn die Briten von »der möglichen arabischen Stärke beeindruckt sind, dann muss Großbritannien auch genauso von der jüdischen Stärke beeindruckt sein.«[193] So wurden mit Hilfe der weltweiten jüdischen Vereinigung *Haganah* (eine paramilitärische jüdische Untergrundorganisation) ernste verdeckte Anschläge ausgeübt. Mit allen Mitteln, legalen und illegalen, wurde die Einwanderung nach Palästina organisiert.

Die Haganah errichtete ihr europäisches Hauptquartier in Frankreich, wo sie große Unterstützung in der Bevölkerung fand. Die Franzosen fühlten sich von den Briten nach dem Krieg gekränkt, da sie aus dem Morgenland vertrieben worden waren und als minderwertige Verbündete behandelt wurden. So »wurden Grenzüberquerungen organisiert, Transitstationen errichtet, Unterbringung sowie Essen und Kleidung gesichert, Schiffe gekauft und in den Häfen der französischen Mittelmeerküste repariert.«[194] Aus Groll gegenüber den britischen Besatzungskräften zeigte auch die italienische Regierung Sympathie für diese Untergrundoperationen. Mit solch einer Unterstützung begann ein ständiges geistiges Kräftemessen zwischen den jüdischen Agenten und dem britischen Geheimdienst. Zionisten schleusten Verschleppte durch verschiedene Häfen Europas. Zahlreiche alte Schiffe wurden repariert und heimlich mit Flüchtlingen aus französischen und italienischen Häfen besetzt, um dann nach Palästina aufzubrechen.

Manche dieser Bemühungen waren erfolgreich, die meisten jedoch nicht. Die Briten führten eine strenge Seeblockade entlang der Küste Palästinas durch und sandten 80.000 Soldaten dorthin, um im ganzen Land zu patrouillieren. Diejenigen, die gefangen wurden, wurden entweder nach Europa zurückgeschickt oder auf der Insel Zypern in mit Stacheldraht umzäunte Internierungslager gesteckt. Von den 63 gestarteten Flüchtlingsschiffen schafften es nur fünf, durch die Blockade zu schlüpfen; manche wurden sogar noch beim Anlegen beschossen. Ein Schiff der Haganah, die *Exodus 1947,* wurde von den Briten gerammt, und 4.300 Überlebende des Hitler-Infernos wurden gezwungen, mit anderen Schiffen nach Frankreich zurückzukehren. Schließlich wurden sie nach Deutschland zurückgeschickt. Letztendlich wurde diese Angelegenheit für die Briten zum Fiasko, und sie zogen den Zorn der Weltmedien auf sich.[195] Keiner dieser heimlich geschmiedeten Pläne hatte der jüdischen Einwanderung genutzt, aber es brachte die ganze Welt gegen die gnadenlose Politik Bevins auf.

Unterdessen ging der *Yishuv* in Palästina aktiver gegen die Briten vor. Obwohl Weizmann und Ben Gurion Terrorismus ablehnten, stimmte die zionistische Führung oft stillschweigend zu, solange es nicht zu extremen Ausschreitungen kam. Die Hauptgruppen des jüdischen Terrorismus waren die *Irgun* und die *Stern-Gruppe*.[196] Beide Bewegungen konzentrierten sich darauf, illegale Einwanderung zu fördern und die Briten, die eine Einwanderung ablehnten, zu terrorisieren.

Ein Hauptführer der Irgun war Menachim Begin. Begin, ein Jude aus Polen, war 1943 einem sibirischen Arbeitslager entkommen und hatte es bis nach Palästina geschafft, wo er der Irgun beitrat. Die Irgun konnte sehr rücksichtslos sein und war an vielen Verschwörungen und Plünderungen beteiligt, um die Briten zu sabotieren und den jüdischen Widerstand anzufachen. Obwohl sie von Ben Gurion hart getadelt wurde, erweiterte sie ihre terroristischen Aktionen auf Militärtransporte, zerstörte Fahrzeuge, brachte den Zugverkehr zum Erliegen und tötete sogar britisches Personal.[197]

Anfang 1947 machten die Terrorakte der Araber einerseits und der jüdischen Extremisten andererseits eine Ordnung und Sicherheit in Palästina fast unmöglich. Die Briten schickten eine Streitkraft von fast 100.000 Mann und etablierten eine lokale Polizei – das waren große Kosten für die Briten, deren Staatssäckel leer war. Die angespannte Lage führte das Land fast an den Rand eines Krieges. Zivilisten wurden evakuiert oder in Sicherheitszonen gebracht.

Es wurde immer deutlicher, dass die antizionistische Politik Großbritanniens am Ende war und eine neue Annäherung nötig war. Der Fehler lag hauptsächlich in »Bevins langwieriger Unnachgiebigkeit bezüglich der Einwanderung, die die zionistischen Forderungen nach einem eigenen jüdischen Staat noch mehr heraufbeschwor.« Dies »entfachte den Terrorismus, förderte den illegalen Flüchtlingstransfer nach Palästina, unterminierte die britische Wirtschaft, untergrub seinen internationalen Ruf und verdammte schließlich selbst das Palästinamandat.«[198] Die Atlee-Bevin-Regierung musste erkennen, dass es unmöglich war, das britische Mandat mit einander entgegengesetzten politischen Taktiken auszuführen. Letztendlich benutzte Bevin den Rückzug der Briten aus Indien, um die Demütigung beim Abzug seiner Nation aus dem Morgenland zu lindern, weil dies mit der neuen Konsolidierungspolitik des Britischen Empire zusammenzupassen schien.[199]

Die Teilung Palästinas
Die Entscheidung der Vereinten Nationen

Das britische Kabinett gab zu, in dieser Angelegenheit in eine Sackgasse geraten zu sein, und übergab am 2. April 1947 das Palästinaproblem an die UNO-Vollversammlung. Diese Vollversammlung stellte die UNSCOP, eine aus elf Nationen bestehende Untersuchungskommission zusammen, die einen Plan zur Lösung des Palästinaproblems vorlegen sollte. Nach einigen Monaten Beratung schlug die UNSCOP vor, die Unabhängigkeit beider Seiten zu unterstützen, doch wer dann was kontrollieren sollte, sollte noch bestimmt werden. Die Mehrheit entschied sich für die »Teilung« Palästinas in einen arabischen Staat, einen jüdischen Staat und eine internationale Zone um Jerusalem (siehe Karte 4).[200]

Obwohl dies nicht ganz den Vorstellungen der Zionisten entsprach, sahen sie dies als Möglichkeit an, bald ihren jüdischen Staat zu bekommen. Natürlich war ihr eigentliches Ziel ein eigener unabhängiger Staat. Dies würde unbegrenzte Einwanderung bedeuten und die nötige politische Grundlage bilden, um ihre weiteren Ziele zu verfolgen. Daher stimmten die Juden der UNSCOP-Empfehlung, das Land zu teilen, unter Vorbehalt zu.

Die Araber lehnten den Plan ausdrücklich ab, weil dieser ihrer Ansicht nach einen weiteren Schritt zugunsten der zionistischen Expansionsbestrebungen darstellte. Um mit der Arabischen Liga gute Beziehungen aufrechtzuerhalten, lehnte Großbritannien den Plan ebenfalls ab. Auch das Außenministerium der Vereinigten Staaten unter Außenminister George Marshall warnte vor dem Plan. Marshall fürchtete, dass er undurchführbar sei und in Palästina zu blutigen Auseinandersetzungen führen könne.

Die Ereignisse in den darauf folgenden Monaten schienen die Verhältnisse zu ändern. Als im Mai 1947 die sowjetische Delegation ihre Unterstützung für die Teilung zusagte, waren alle überrascht. Als dann im Oktober die Arabische Liga begann, in Palästina Truppen aufzubauen, entschied sich Präsident Truman – unter dem Druck amerikanischer

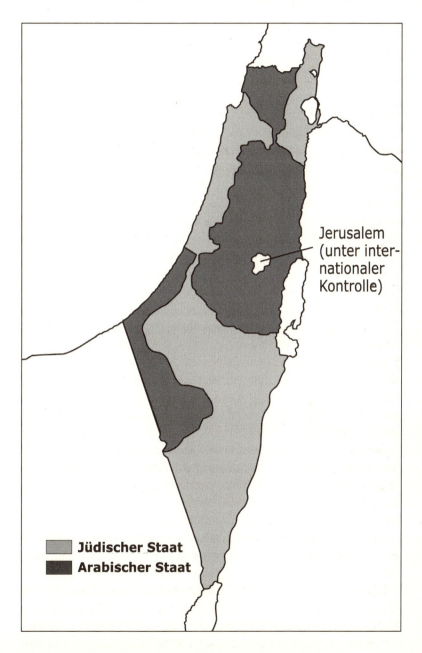

Karte 4: UN-Teilungsplan für Palästina, 1947

Zionisten –, von der Meinung Marshalls zu diesem Thema Abstand zu nehmen. Er beschuldigte sein Außenministerium, eine arabische Mentalität angenommen zu haben. »Wie die meisten britischen Diplomaten«, so witzelte er, »haben auch unsere Diplomaten gedacht, dass die Araber hinsichtlich ihrer Anzahl und der Tatsache, dass sie enorme Ölreserven kontrollieren, beschwichtigt werden sollten. Es tut mir Leid, sagen zu müssen, dass es unter ihnen einige gibt, die zum Antisemitismus neigen.«[201] Dann wies er das Außenministerium an, den UN-Teilungsplan für Palästina zu unterstützen.[202]

Obwohl bis zur letzten Minute gestritten wurde und die Araber mit Krieg und Vergeltungsmaßnahmen drohten, sprach sich die Vollversammlung der Vereinten Nationen am 29. November 1947 für die Teilung aus. Die Abstimmung ergab 33 Stimmen für und 13 Stimmen gegen den Teilungsplan – im Grunde genommen der westliche Block gegen die Muslime und den asiatischen Block. Elf Nationen, einschließlich Großbritannien, enthielten sich der Stimme. Die Teilung sollte nach Beendigung des britischen Mandats am 14. Mai 1948 in Kraft treten.

Der Plan sah ein Dreiteilung des Landes vor: 11.650 km² sollten die Araber bekommen, 14.250 km² der jüdische Staat, und Jerusalem sollte – inmitten des arabischen Gebiets – unter internationaler Verwaltung gestellt sein. Viele Palästinenser waren natürlich bereits in Transjordanien. Die Juden sollten Ost-Galiläa mit dem See von Galiläa (See Genezareth), die Küstenregion von Akkon und Haifa bis Tel Aviv im Süden und fast die gesamten Negev-Wüste erhalten. Der arabische Staat würde den großen zentralen Teil Samarias und Judäas (Westjordanland), Nordwest-Galiläa und den Gazastreifen bekommen.[203] Mit dieser Teilung hätten sowohl die Juden als auch die Araber ihren eigenen Staat, und viele verschleppte Juden aus Europa hätten die Möglichkeit einzuwandern.

Die Vereinten Nationen erwarteten von Großbritannien und den beiden neuen Staaten, bei der Übergangsphase mitzuhelfen, aber diese Hoffnungen wurden schnell enttäuscht. Die Briten lehnten es sogar ab, der Kommission der Vereinten Nationen vor dem 1. Mai 1948 die Erlaubnis zur Einreise nach Palästina zu erteilen – aus Furcht, anstehende Verhandlungen mit Ägypten könnten davon beeinflusst werden. Sie argumentierten auch, dass ein schneller militärischer Sieg durch die Arabische Liga unvermeidbar wäre und es klüger sei, die Araber nicht zu verärgern. Britische Top-Generäle behaupteten, dass die Armeen der Arabischen Liga »keine Schwierigkeiten haben würden, das ganze Land einzunehmen.«[204] Die Briten machten gar nicht erst den Versuch, ihre Vorliebe für die arabische Sache zu verbergen.

Die Reaktion der Araber

Die Araber reagierten auf den Teilungsbeschluss mit der Ausführung ihrer häufig wiederholten Drohungen. In den großen Städten wurden jüdische Häuser und Synagogen angegriffen, während die Briten nur zusahen. In allen arabischen Staaten wurde dazu aufgerufen, alle verfügbaren militärischen Kräfte für den Krieg zu mobilisieren. Die Araber sahen den Rückzug der Briten als eine Gelegenheit an, die Juden zu vertreiben und die Einwanderungsfrage ein für alle Mal zu klären.

Innerhalb der arabischen Gemeinschaft schien jedoch ein interner Streit die Dinge zu verkomplizieren. Der Großmufti zog von Kairo in den Libanon, um das Kommando über die palästinensische Operation zu übernehmen. Dies wiederum verärgerte König Abdullah von Transjordanien und andere Mitglieder der arabischen Welt, die den Mufti zwar als inkompetent, jedoch nützlich ansahen.[205] Diese Rivalität kam noch deutlicher zum Vorschein, als sich die Araber auf einen Kampf vorbereiteten. Der syrische General Ismail Pascha wurde zum Oberbefehlshaber der »arabischen Befreiungsarmee« ernannt, mit Hauptquartier in der Nähe von Damaskus. Sein Feldkommandant war der Ex-Nazi Fawzi al-Qawukji, der sein Hauptquartier in Tiberias hatte. Aber der Mufti mochte al-Qawukji nicht und wollte selbst die Kontrolle über die arabischen Streitkräfte gewinnen, indem er seinem Neffen die Verantwortung über Zentral-Palästina übertrug.[206] Am 14. Mai ernannte König Abdullah sich selbst aufgrund der Überlegenheit seiner Armee zum Oberbefehlshaber der arabischen Streitkräfte.[207]

Diese Uneinigkeit erreichte ihren Höhepunkt, als der letzte Tag des Mandats näher rückte. Während der ägyptische König Farouk auf einen separaten arabischen Staat im Gebiet zwischen Jordan und Mittelmeer bestand, verlangte Abdullah, »dass Palästina und Transjordanien ein Land seien, da ›Palästina die Küstenregion und Transjordanien das Hinterland desselben Landes war‹. Sie machten die Arabische Liga darauf aufmerksam, dass Abdullah Palästina als sein Eigentum ansah.«[208]

»Mein Schicksal ist die Rettung Palästinas«, sagte Abdullah. Immer wieder hatte er erklärt, wie sehr er hoffte, dass zu seinem Königreich auch Syrien und Transjordanien gehören würden, und der Abzug der Briten war für ihn eine günstige Gelegenheit.

Als Abdullah die Rolle des Oberbefehlshabers über die Invasionsstreitkräfte übernahm, wurde er mit den selbstsüchtigen Zielen seiner Anhänger konfrontiert. Auf einem berühmten Treffen mit der späteren israelischen Premierministerin Golda Meir im November 1947 »waren sich beide einig, dass der Mufti ihr gemeinsamer Feind war.«[209] Als sie später am 10. Mai 1948 als Araberin verkleidet die feindlichen Grenzen überquerte, traf sie auf einen deprimierten Abdullah, der Angst vor einer Niederlage hatte und kurz vor einem Nervenzusammenbruch stand.[210] Aufgrund dieser Führungsschwäche war eine Zusammenarbeit praktisch unmöglich.

Trotz dieses Durcheinanders wurden jüdische Standorte unvermindert von den Arabern angegriffen. Sogar als ihre Organisation sich mehr und mehr auflöste, war die kampfeslustige Arabische Liga immer noch auf Streit aus.

Die Reaktion der Juden

Auch die Haganah reagierte fieberhaft und bereitete sich auf einen Kampf um Leben und Tod vor. Im Gegensatz zu den Arabern war der große Vorteil der Juden ihre Einigkeit. Am außergewöhnlichsten jedoch war ihre Entschlossenheit, bei dieser Gelegenheit den Staat Israel als Heimathafen für das jüdische Volk zu gründen. Da die Haganah bei vielen Kämpfen vor Ort Erfahrung gesammelt hatte, hatte sie gelernt, die Initiative zu ergreifen, anfangs durch eine schnelle Mobilisierung und später durch harte Vergeltungsmaßnahmen. Gepanzerte Autos begleiteten Konvois und hielten die Kommunikation aufrecht, und die ganze Gesellschaft wurde in Alarmbereitschaft versetzt.

Obwohl vagabundierende arabische Guerillagruppen den Weg nach Jerusalem abschnitten, konnten die Juden ihn schnell wieder frei machen, allerdings verloren dabei mehr als hundert Menschen ihr Leben. Die Spannungen wurden immer größer, je näher der Zeitpunkt des britischen Abzugs heranrückte. Die frühen militärischen Erfolge der Haganah bei der Abwehr arabischer Angriffe hatte die Bewegung moralisch gestärkt, als sie sich in eher dürftiger Verfassung darauf vorbereiteten, sich der ruhmreichen arabischen Armee anzunehmen. Golda Meirs

Worte waren: »Wir haben immer gesagt, dass wir im Kampf gegen die Araber eine geheime Waffe hatten – nämlich: ›Keine Alternative‹.«[211]

Die Geburt einer Nation – 14. Mai 1948

Am späten Nachmittag des 14. Mai 1948 (im Jahr 5708 nach jüdischer Zeitrechnung) hielten die Briten ihr Wort, holten ihre Nationalflagge »Union Jack« ein und verließen die Krieg führenden Parteien, damit diese ihre Streitigkeiten ausfechten konnten. Alle diplomatischen Bemühungen waren gescheitert, und das Ergebnis war gegenseitiges Blutvergießen.

So im Stich gelassen, erklärte Israel an diesem Nachmittag seine Unabhängigkeit und hisste seine neu gestaltete Flagge mit dem Davidstern. Der Fehdehandschuh war geworfen worden. Wenn das eine Einladung zu einer weiteren Völkermord-Runde war, dann sollte es so sein.

Die Ausrufung des Staates geschah durch David Ben Gurion, den man bald zum ersten Premierminister Israels wählte. Bei der Feier in Tel Aviv stand neben ihm Chaim Weizmann, der bald zum ersten Präsidenten der neuen Republik gewählt werden würde. Beide waren Immigranten aus Russisch-Polen (wie auch viele der nachfolgenden Präsidenten und Premierminister).[212]

Wenige Minuten nach dieser Erklärung gab Präsident Truman eine Erklärung ab, mit der die Anerkennung Israels als souveräner Staat *de facto* ausgeweitet wurde. Diese Tat fiel ihm nicht leicht, da sein Außenminister Marshall bis zur letzten Minute heftig dagegen war. Marshall sorgte sich um »das Öl in der Gegend, unsere Beziehung zu den Arabern, unsere Fähigkeit, den Frieden zu erhalten.«[213] Trumans Sicherheitsberater Clark Clifford hatte jedoch am Tag zuvor sowohl Bob Lovett als auch den Außenminister überzeugt und so dem Präsidenten die Möglichkeit gegeben, mit dem vollen Segen des Außenministeriums die Anerkennung auszuweiten. So wurde Israel der Weg geebnet, internationale Anerkennung in der Welt zu gewinnen. Guatemala, Sowjetrussland und viele andere Nationen – sogar Großbritannien – folgten rasch dem Beispiel Trumans.

Viele Kommentatoren glauben, dass diese mutige Tat Trumans im Himmel ein Lächeln auslöste. In jenem Herbst trat Truman beim Wahlkampf gegen den sehr beliebten republikanischen Gouverneur von New York, Tom Dewey, an. Entgegen aller Erwartungen kam es zum Sieg des tapferen »Maultieres aus Missouri«, was das Land und die Welt sehr überraschte. Truman bezeichnete sich später selbst als »Kyrus«, den biblischen Heiden, der während der persischen Herrschaft den Juden half, aus der Diaspora wieder zurückzukehren.[214] Er übernahm diese Rolle, um dem modernen Israel dienen zu können, nur zu gern. Zum Dank dafür wurde Harry Truman von Israel als einer der ihren anerkannt, und man benannte Wälder und Denkmäler nach ihm.

Israels Unabhängigkeitskrieg

Der Tag der Wiedergeburt des israelischen Staates löste bei den Juden weltweit Freude aus. Es war ein Sabbatabend – der sinnbildlich für eine zukünftige Sabbatruhe stand. In New York, London, Rom, Paris und vielen anderen Städten wurde die neue Flagge Israels von denen gehisst, die sich darüber freuten, dass die »wandernden Juden« endlich ihr Vaterland zurückgewonnen hatten.

In Israel selbst gab es jedoch keine Zeit für den Sabbat oder eine Feier. Bevor der Tag zu Ende ging, bombardierten ägyptische Flugzeuge schon Tel Aviv. Syrien, Transjordanien, der Libanon, Ägypten, Jemen, der Irak und Saudi-Arabien entsandten Männer und Ausrüstung, um anzugreifen. Zusätzliche Streitkräfte kamen aus den nordafrikanischen Staaten.[215] Schon lange vor dem Rückzug der Briten hatten Streitkräfte und Artillerie der Araber strategische Positionen besetzt. Jerusalem war wieder vollständig umstellt und stand in der Gefahr, vom Westen isoliert zu werden. Der arabische Angriff kam von allen Seiten. Ihre Führer waren zuversichtlich, dass ihre Heere mit der überlegenen Bewaffnung die schwach ausgerüsteten Juden schnell überwältigen würden.[216] Ihr Plan war, innerhalb weniger Wochen alle wichtigen Städte in Palästina einzunehmen und dann »die Juden schnell ins Meer zu treiben.«

Die ganze Welt erwartete einen überragenden Sieg. Vom statistischen Standpunkt aus war ein leichter Sieg vorherbestimmt: Die überwältigende Streitkraft der Araber setzte sich aus sieben Nationen mit einer Gesamtbevölkerung von mehr als 140 Millionen zusammen. Sie kämpften gegen nur 650.000 übrig gebliebene Juden in ganz Palästina, die von keiner anderen Nation irgendein Versprechen der Rückenstärkung bekommen hatten. Die arabische Armee Transjordaniens wurde »von den Briten finanziert und verwaltet.«[217] Unter dem Vorwand der Neutralität hatte der Westen ein Embargo für Waffenverkäufe in dieses Gebiet verhängt. Die Welt brauchte sich nur noch fragen, wie lange es dauern würde, bis die zerschlagenen Überlebenden des Holocaust ins Meer getrieben wurden.

Die Welt unterschätzte jedoch den jüdischen Willen zu gewinnen. Mit dem Bewusstsein, dass ihr Schicksal in göttlicher Hand liegt, und mit dem Mut der Makkabäer kämpften sie wie David gegen Goliath. Entgegen allen Erwartungen gaben sie nicht auf. Was den Juden am meisten mangelte, waren Waffen und Munition; früher hatten sich in den Truppen oft zwei Männer ein Gewehr teilen müssen.[218] Unter Ben Gurions Führung stand die jüdische Operation unter dem Kommando von Yigael Yadin, im normalen Leben ein 30-jähriger Archäologiestudent, der jedoch auch ein hervorragender militärischer Stratege war. Als am 15. Mai die Schlacht begann, bestand seine ganze Armee aus 30.000 Männern und Frauen.[219]

An vier Fronten wurden mehrere arabische Sonderkommandos gegen Israel aufgestellt. Transjordaniens arabische Armee konzentrierte sich auf Jerusalem, seinen Korridor zum Westen hin und die Region um Haifa im Nordwesten; Syrien und der Libanon fielen in Galiläa im Norden ein; die irakische Armee und weitere syrische Einheiten schlugen im Jordantal zu, und Ägypten griff mit zwei Brigaden den Sinai und den Gazastreifen im Süden an.

Beim ersten arabischen Angriff fielen die jüdischen Verteidiger an fast allen Frontlinien zurück. Sie kamen jedoch schnell wieder auf die Beine und festigten ihre Stellung, gewannen ihr Gleichgewicht zurück und konterten mit improvisierten Waffen. In den folgenden qualvollen Wochen wurde Land zurückerobert, und der Spieß drehte sich um. Ungläubig beobachtete die Welt, wie diese armselige Armee seine Angreifer an den meisten Fronten aufhielt und langsam gegen die überlegenen mechanisierten Streitkräfte in die Offensive ging. Die heftigsten Kämpfe fanden in Jerusalem und Tel Aviv statt, wo es viele Opfer gab. Einige Hochburgen, Kibbuzim und Dörfer wechselten einige Male den Besitzer. Mit Täuschungs- und Überraschungsmanövern demoralisierte das jüdische Befehlskommando die Eindringlinge. Tel Aviv konnte gegen die Ägypter wirksam versperrt werden, und der westliche Teil Jerusalems wurde gegen die starken Artillerie- und Minenangriffe von Transjordanien verteidigt.

Aufruf zum Waffenstillstand

Als am 11. Juni vom Vermittler der Vereinten Nationen, Graf Folke Bernadotte von Schweden, der Waffenstillstand ausgerufen wurde, waren beide Seiten erschöpft. Er sollte einen Monat andauern. Obwohl der arabische Militärrat und Ägypten geneigt waren, an Ort und Stelle den Bruch dieses Waffenstillstands zu verkünden, gelobte das politische Komitee der Arabischen Liga, den Kampf fortzusetzen, um das Gesicht zu wahren. Obwohl die Vereinten Nationen verboten hatten, zusätzliche Waffen einzuführen, schafften beide Seiten neue Rekruten und Ausrüstung heran. Während dieser Atempause wurde Israel mit großen Mengen europäischer und amerikanischer Waffen ausgerüstet, wodurch sich die israelische Armee in eine »moderne Streitmacht« verwandelte.[220]

Noch vor Ende des Waffenstillstands griff Ägypten, gefolgt von seinen Verbündeten, erneut an. Israel reagierte mit mehreren wirkungsvollen Gegenschlägen und führte seine neue Luftwaffe ein, die nicht nur die Städte verteidigte, sondern auch Kairo, Damaskus und Amman bombardierte. Die Streitkräfte unter Oberst Moshe Dayan schlugen die Ägypter, die den Flughafen von Lydda angriffen, mit neu erworbenen Waffen in die Flucht. Die israelischen Truppen gingen an allen Fronten in die Offensive und eroberten sowohl im Norden als auch im Süden Land zurück. »Im Norden wurde Nazareth eingenommen, und am Ende war ganz Galiläa in jüdischer Hand. Die Araber liefen davon. Nur das schnelle Eingreifen der britischen Delegierten im Sicherheitsrat und ein zweiter Waffenstillstand retteten die Araber. Einige Tage später wäre nicht nur die Altstadt von Jerusalem erobert worden, sondern die Armee wäre mit Sicherheit bis nach Jordanien zurückgedrängt worden.«[221] Dieser zweite Waffenstillstand wurde vom Sicherheitsrat am 18. Juli ausgerufen.

Im Oktober brachen die Kämpfe wieder aus, und Israel nahm Beerscheba ein. Im Dezember »fielen die kampferprobten Israelis, unterstützt von Panzern und Kampfflugzeugen, in den Toren von El-Arish in Ägypten ein und versperrten somit die letzte Ausreiseroute des ägyptischen Expeditionskorps. Kairo, von diesen Schlägen geschwächt, versuchte mit diplomatischen Aktivitäten fieberhaft, von anderen arabischen Staaten militärische Unterstützung zu bekommen. Ihre Bemühungen waren erfolglos. Die Syrer und die Iraker waren erschöpft. Abdullah hielt den Krieg für sein Königreich für beendet.[222]

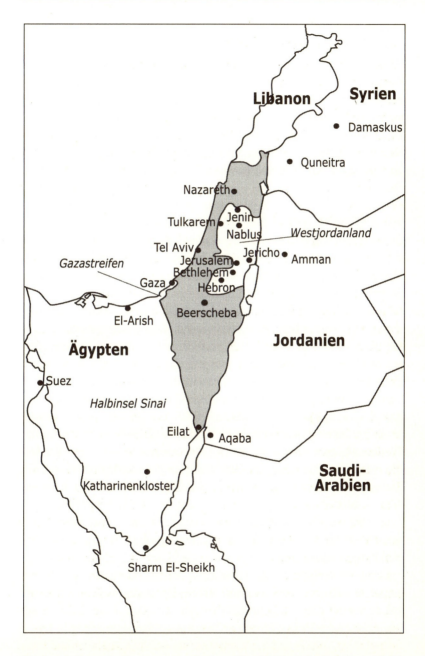

Karte 5: Israels Grenzen nach dem Unabhängigkeitskrieg 1948

Als Israel Ägypten mit Krieg drohte, sprach Großbritannien eine Warnung aus. Daraufhin zogen sich die jüdischen Truppen bis zur Negev-Wüste zurück. Die Ägypter baten daraufhin durch den UN-Vermittler Ralph Bunche um Frieden, lehnten jedoch direkte Verhandlungen mit Israel, außer über den Sicherheitsrat, ab. Am 24. Februar 1949 wurde mit Ägypten ein Waffenstillstand unterschrieben. Alle anderen Angreifer, mit Ausnahme des Irak, folgten in den nächsten Monaten diesem Beispiel. Im Mai des folgenden Jahres wurde der neue Staat Israel als unabhängiger, souveräner Staat in die Vereinten Nationen aufgenommen.

Der Preis der Unabhängigkeit

Obwohl dieser Krieg kostspielig war und die junge Nation ins Chaos stürzte, brachte er auch viele Vorteile mit sich. Es wurde nicht nur Israels Souveränität hergestellt. Auch seine Fähigkeit, sich gegen alle Angreifer zu verteidigen, wurde demonstriert, und somit wurde seine Stellung im Nahen Osten gesichert. Außerdem hatte sich Israels Gebiet vergrößert, es war jetzt wesentlich größer als bei der Teilung (siehe Karte 5). Der UN-Plan hatte Israel etwa 14.250 km² zugeteilt, aber durch den Krieg waren weitere Gebiete erobert worden, die letzten Endes 20.900 km² der insgesamt 26.900 km² großen Fläche Palästinas ausmachten.[223]

Auf arabischer Seite gab es nur einen Gewinner, nämlich König Abdullah von Transjordanien. Er bekam 6.000 km² im Westjordanland und etwa 750.000 Palästinenser dazu.[224] Dies war jedoch für einen König, der den Hafen von Haifa für seinen Außenhandel benutzen wollte und die ungeteilte Stadt Jerusalem als religiösen Preis haben wollte, nur ein kleiner Trost. Der palästinensische Staat, den die Vereinten Nationen neben Israel geplant hatten, war nie entstanden. Und der begehrte Preis, den Abdullah erhielt, waren die Probleme der palästinensischen Flüchtlinge im Westjordanland. Farouk und die Ägypter bekamen diese Probleme im Gazastreifen.

Durch das Gelübde, Israel ins Meer zu treiben, hatten sich die Araber selbst in die Ecke getrieben und waren von einem Volk, das sie verachtet hatten, gedemütigt worden. Für die arabische Psyche war es ein unerträglicher Schlag – einer, der Wiedergutmachung forderte.

Israel war jedoch nicht schadenfroh, da der Sieg einen hohen Preis gefordert hatte. Mit 6.000 Toten und noch mehr Verwundeten, mit abgebrannten Feldern und einer heruntergekommenen Wirtschaft, würde es lange dauern, bis man unbeschwert feiern konnte.[225] Das wirkliche Wunder war, dass sie diese Tortur überlebt hatten und ihre nationalen Wahlen durchführen konnten, wodurch dann im Januar 1949 eine Regierung gebildet werden konnte.

Über den Köpfen des Volkes wehte die Flagge mit dem Davidstern und war stiller Zeuge einer Vergangenheit und einer Zukunft. Noch vor vier Jahren mussten die Juden den sechszackigen Stern als Kennzeichen ihrer Vernichtung in Hitlers Gaskammern tragen. Jetzt zeigte der souveräne Staat im Heimatland seiner Vorfahren stolz seine Freiheit und Unabhängigkeit.

Kapitel 8

Israels Verteidigung und Expansion

Israels Sieg im Unabhängigkeitskrieg 1948 war keine Garantie für seine Sicherheit. Die Waffenstillstandsvereinbarungen sollten eigentlich nicht für immer gelten, sondern sorgten lediglich für eine kleine Pause, in der dauerhafte Verträge ausgearbeitet werden konnten. Als in den folgenden Jahren Israels Standhaftigkeit oft geprüft wurde, konnte der Staat beweisen, dass der erste Sieg echt und nicht nur ein Zufallsprodukt war. In den nächsten fünfundzwanzig Jahren wurde die Nation drei Mal gezwungen, seine Truppen zu mobilisieren, um seine Grenzen zu verteidigen. Jedes einzelne Ereignis war traumatisch, führte aber auch zu weiteren Gewinnen, die seine Stellung in dieser Region stärkte.

Der Kampf um Sinai 1956 –»OPERATION KADESCH«

Israels Nachbarn akzeptierten die ersten Jahre seiner Unabhängigkeit nur widerwillig. Der ägyptische General Gamal Abdel Nasser litt noch immer unter der Niederlage. 1952 führte er einen Staatsstreich durch und entthronte König Farouk, 1956 wurde er zum Präsidenten gewählt. Bis zu seinem Tod 1970 wurde die arabische Welt von der charismatischen Persönlichkeit Nassers beherrscht. Nachdem er mehrere Jahre lang versucht hatte, die Arabische Liga zu vereinen und sich bei den Sowjets einzuschmeicheln (Nasser stand während des Zweiten Weltkrieges auf der Seite der Nazis), begann er, eigene Kommandos (Fedajin) nach Israel zu schicken, die entlegene Dörfer angriffen.

Am 29. Oktober 1956 war Israel schließlich gezwungen, militärisch gegen Ägypten vorzugehen. Der Gazastreifen und seine Schifffahrtswege im Golf von Aqaba waren davon betroffen. 1948 hatte Ägypten den Suezkanal für israelische Schiffe geschlossen. 1955 begann die ägyptische Blockade im Golf von Aqaba, wodurch Israel keinen Zugang zum Roten Meer und damit zum Indischen Ozean mehr hatte. Die Dreistigkeit des Generals war größtenteils auf die enorme Einfuhr von sowjetischer Militärausrüstung und auf ein Bündnis mit Jordanien und Syrien mit dem Ziel der Zerstörung des jüdischen Staates zurückzuführen. Auf diese Provokation antwortete Israel im Oktober 1956 erneut mit der Mobilisierung seiner Bürgerarmee, die Ägypten im unwirtlichen Ödland des Sinai schlug.

Dieser Kampf in der Wüste wurde als »Operation Kadesch« bekannt. »Innerhalb von drei Tagen wurden die Ägypter von der israelischen Armee ausmanövriert und überlistet. Die Israelis schlugen sich bis zur Sinai-Halbinsel durch, beschlagnahmten Lager mit militärischer Ausrüstung und machten sich am Suez bereit, um in Kairo einzufallen.[226] Die französische Luftwaffe unterstützte Israel bei diesem koordinierten Überraschungsangriff. Nachdem die Schifffahrtswege endlich wieder frei waren (und Israel von den Vereinten Nationen ein Ultimatum gestellt bekam), zog sich Israel bis zu seinen eigenen Grenzen zurück.

Israels Nachbarländer erhielten mit dieser Aktion eine Warnung, dass aggressive Handlungen nicht unbeantwortet blieben. Israel wollte als souveräner Staat respektiert werden. Israels Aktionen öffneten nicht nur die Seestraßen im Roten Meer und brachten der Südgrenze Frieden, sondern hatten auch den militärischen Respekt der Weltmächte zur Folge.

Der Sechstagekrieg 1967

Nach dem überraschenden Erfolg bei zwei militärischen Zusammenstößen könnte man meinen, dass Israels Kriegstage vorüber waren. Diese Vermutung stellte sich jedoch bald als schwerer Irrtum heraus. Die früheren Auseinandersetzungen waren nur Vorzeichen für zwei weitere Versuche der Arabischen Liga, Israel auszulöschen.

Im darauf folgenden Jahrzehnt entwickelte sich in Israel eine optimistische Stimmung. Die junge Nation konnte ein fast ununterbrochenes Wachstum in Wirtschaft und Politik verzeichnen. Die Menschen fühlten sich langsam relativ sicher, und die Juden weltweit teilten ihren wachsamen Optimismus.

In den arabischen Hauptstädten jedoch glühte der alte Hass, und neue Feindseligkeiten flackerten auf. Vom Augenblick ihrer Niederlage 1956 an bereiteten sich die gedemütigten arabischen Führer auf Rache vor. Nasser übernahm nochmals die Führung der Arabischen Liga und gelobte, »die früher erlittene Demütigung wieder gutzumachen und nichts weniger als die Annullierung des Staates Israel anzustreben, dessen Existenz sie nicht akzeptierten. Ihr Hauptziel war, diesen Staat von der Landkarte zu streichen.«[227] Für sie gab es kein Zurück mehr.

Nach einer gewaltigen militärischen Aufrüstung durch sowjetische Unterstützung schloss im Frühling 1967 Nasser erneut den Golf von Aqaba für israelische Schiffe und forderte die UN-Beobachter auf, sich aus der entmilitarisierten Zone im Sinai zurückzuziehen. Im Glauben, dass die Welt dazu bereit war, versuchte er erneut, die Kontrolle über den Nahen Osten an sich zu reißen. Währenddessen überfielen die Syrer im Norden israelische Grenzstädte und bombardierten von den Golanhöhen aus israelische Dörfer. Jüdische Landwirte wurden gezwungen, mit Panzern über ihre Felder zu fahren. Natürlich konterte Israel. Der syrische Präsident Nur Al-Din Al-Atassi forderte die Arabische Liga zum Handeln auf und verlangte »für Palästina eine Politik der verbrannten Erde.«[228]

Mit dem Segen Moskaus begannen Syrien und Ägypten an Israels Grenzen Panzerdivisionen aufzustellen. Am 17. Mai hatten Soldaten aus sieben arabischen Nationen an drei Fronten Panzer stationiert und verkündeten ihre Absicht, den jüdischen Staat zu zerstören. Israels Hoffnungen, dass diese Drohungen nur eine Täuschung waren, schwanden schnell. Der israelische Premierminister und der israelische UN-Botschafter Abba Eban versuchten verzweifelt, Washington, London und Paris zu einem Eingreifen zu bewegen, aber ihr Bitten war umsonst. Die westlichen Staaten erwiderten, Israel solle sich der diplomatischen Kanäle der UN bedienen.

So in die Enge getrieben, rief Israel alle Bürger zur totalen Mobilisierung auf. Die Situation sah verzweifelt aus. Nasser rief alle Araber zum *Jihad* (»heiliger Krieg«) gegen Israel auf, in dem kein einziger Feind überleben würde. Sogar der vorsichtige König Hussein von Jordanien wurde überredet, sich ihnen anzuschließen, und kollaborierte mit irakischen Truppen. »Es war eindeutig, dass der kleine Haschemitenkönig sich nicht aus einem Unternehmen herauszuhalten wagte, das die ganze arabische Welt in einen Strudel riss, der letztendlich den zionistischen Feind vernichten würde.[229] Die Araber mobilisierten 547.000 Soldaten, 2.504 Panzer und 957 Kampfflugzeuge. Israel aktivierte 264.000 Soldaten, 800 Panzer und 300 Kampfflugzeuge.

Die israelischen Generäle Yitzhak Rabin und Moshe Dayan entschieden, dass ein Überraschungsangriff ihre einzige Hoffnung war. Obwohl ihre Streitmacht klein war, wurden ihre Offiziere, ihre Piloten und ihr Bodenpersonal weltweit als ebenbürtig betrachtet. Auf dem Höhepunkt der arabischen Propaganda-Blitzaktion sandte Dayan am frühen Morgen des 5. Juni seine Armada in die Luft, die jedes feindliche Ziel genau lokalisierte. Alle Flugzeuge starteten so, dass sie zur selben Zeit über ihren Zielen ankamen. Um 7.45 Uhr entfesselte Israel seine ganze Macht in einem koordinierten Schlag.

Der Präventivschlag war von entscheidender Bedeutung. »Innerhalb von 170 Minuten hatten die israelischen Piloten Ägyptens bestausgerüstete Luftstützpunkte zerschlagen und dreihundert von Nassers Kampfflugzeugen in lodernde Wracks verwandelt... Die ägyptische Luftwaffe, die größte des Nahen Ostens, war ruiniert worden.«[230] Dasselbe Szenario wurde in Syrien, in Jordanien und im Irak wiederholt. »Bei Einbruch der Nacht zum 6. Juni hatte Israel 416 Flugzeuge, davon 393 auf dem Boden, zerstört. 26 israelische Flugzeuge waren dabei der Flugabwehr zum Opfer gefallen.«[231] Durch diese Vernichtung der arabischen Luftwaffe konnten israelische Piloten der gewaltigen Macht feindlicher Panzer und Artillerie einiges entgegensetzen.

In zwei Tagen war die ägyptische Armee auf dem Sinai praktisch zerstört, und Israel konnte den Gazastreifen und die Sinai-Halbinsel einnehmen. Sogar Kairo stand in Gefahr, von den Juden eingenommen zu werden. Nach einem verzweifelten und kostspieligen Panzergefecht im Norden wurden die Syrer besiegt, und die strategisch wichtigen Golanhöhen wurden eingenommen. Auf diese Art endete ein langer Alptraum der syrischen Bombardierung galiläischer Dörfer. Israel hatte jetzt auch im Norden sichere Grenzen.[232]

Ihren größten Zugewinn erzielten die Israelis jedoch beim Kampf gegen Jordanien im Osten. König Hussein, der durch einen Bericht aus Kairo, dass Israels Luftwaffe zerstört worden sei, getäuscht worden war – lehnte die Versöhnungsbemühungen des Premierministers Levi Eshkol ab und entschied sich, ebenfalls gegen Israel zu kämpfen. Israel reagierte daraufhin mit einem Angriff auf die jordanischen Streitkräfte und besetzte das Westjordanland. Es fiel samt der Altstadt von Jerusalem in israelische Hände. Obwohl die Israelis in diesem Kampf um das Westjordanland und Jerusalem viele Opfer zu beklagen hatten, konnten sie viele Orte von großer biblischer und geschichtlicher Bedeutung unter ihre Kontrolle bringen: die alten Städte Bethlehem, Hebron, Jericho und Nablus (Sichem) sowie die historische Altstadt von Jerusalem – und den Tempelberg. Zum ersten Mal seit 1.900 Jahren hatten die Juden die

Kontrolle über die Altstadt von Jerusalem. Die neu komponierte Ballade »Jerusalem, du Goldene« wurde zu Israels beliebter Hymne nach dem Sechstagekrieg.

Der Historiker Cecil Roth beschrieb den Sechstagekrieg als den »vielleicht brillantesten Kampf der Militärgeschichte, der sogar den Kampf um Sinai 1956 übertrifft. Die israelische Armee hatte sich als beste Kampftruppe der Welt gezeigt – umso mehr, da es eine Bürgerarmee war, die nicht erobern wollte, sondern zum Selbstschutz gedacht war.«[233] Wie einseitig dieser Sieg war, spiegelt sich auch in den Opferzahlen wider: »Die Araber hatten etwa 15.000 Todesopfer zu beklagen, Israel verzeichnete 777 Tote und 2.186 Verwundete.«[234]

Wie dem auch sei: Israel besetzte ein großes Gebiet, auf das vorher Ägypten, Syrien und Jordanien (Karte 6) Anspruch erhoben hatten. Vorher gehörten Israel etwa 21.000 km^2. Jetzt kamen etwa 72.500 km^2 vom Sinai, den Golanhöhen und dem Westjordanland dazu.[235] Obwohl dieser zusätzliche Besitz für die kleine Nation ein großer Sieg war, wurde es später zum Klotz am Bein – ein monströses Gewicht, das Israels Feinde gegen es verwenden würden. Die umstrittenen Gebiete wurden für die Araber zum idealen Zankapfel, der weitere Konflikte verursachte und sogar Israels gewaltige Kämpfe der ersten zwanzig Jahre seiner nationalen Einheit in den Schatten stellen würde.

Der Jom-Kippur-Krieg 1973

Während Israel 1967 seine Feinde mit einem Präventivschlag überraschte, feierten die Araber 1973 wiederum ihre Überraschungsparty. Die Juden unterschätzten die Entschlossenheit der Araber und ihren Erfindungsgeist, was das Ausüben von Vergeltung betrifft, sehr. Unerklärlicherweise beachteten sie nicht das enorme militärische Aufrüsten der Araber in jenem Sommer. Schaut man sich Israels Verhalten genau an, dann wundert man sich, wie ein solches Fiasko geschehen konnte.

Mehrere Dinge trugen zu dieser Selbstzufriedenheit bei, die sehr teuer werden sollte. Nach dem Sechstagekrieg 1967 sonnte sich Israel im Ruhm eines Sieges, mit dem keiner gerechnet hatte. Alle Juden in der Welt freuten sich über den Wandel der Ereignisse. Internationale Diplomaten waren sich sicher, dass dieser Sieg die Aussichten auf einen Frieden im Nahen Osten vergrößern würde.[236] Israels Wirtschaft florier-

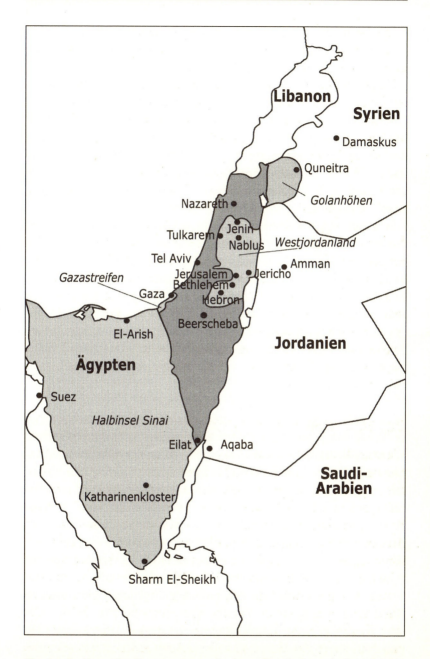

Karte 6: Israels Grenzen nach dem Sechstagekrieg 1967

te, am internationalen Markt stiegen die israelischen Aktien, und die Arbeitslosigkeit nahm ab. Viele Politiker stellten ihre grandiosen Pläne vor, wie man das Westjordanland in ein modernes jüdisches Samaria verwandeln könnte. Die Versuchung war groß, Schwerter in Pflugscharen – und Kühlschränke – zu verwandeln.

In den frühen 70er Jahren gab es in Ägypten einige Veränderungen, die Israel von seiner militärischen Wachsamkeit ablenkten. Im September 1970 starb Nasser an einem Herzinfarkt, und das Ruder übernahm der wenig bekannte Anwar Sadat (der Nasser geholfen hatte, Farouk zu entthronen). Er war ein angenehmerer, gemäßigterer und mehr auf das eigene Land konzentrierter Herrscher als der großspurige Nasser. So schien Sadat friedlichere Beziehungen zu Israel zu verheißen. Als der General jedoch immer mehr Vertrauen gewann, wurde diese Hoffnung zerstört. Anfang 1972 rief Sadat zur Kraftprobe gegen Israel auf und erklärte, dass er darauf vorbereitet sei, in diesem Kampf »eine Million Männer zu opfern.«[237] Um noch mehr Verwirrung in das Szenario zu bringen, wies er in jenem Sommer die sowjetischen Berater aus Ägypten aus. Durch Sadats unkontrollierte und unberechenbare Schwankungen hielt ihn Israel eher für jemanden, der blufft – und diese Naivität erwies sich fast als tödlich.

Der Wunsch der Araber nach Rache wird unterschätzt

Israel hatte den Rachefaktor seiner Feinde bedeutend unterschätzt. Der arabische Stolz war durch wiederholte Niederlagen schwer verletzt worden. Vor allem Ägyptens Nasser musste seine größte Demütigung hinnehmen und weigerte sich sogar, Friedensverhandlungen zu führen. »Wir werden uns nie ergeben oder irgendein Friedensangebot akzeptieren, wenn es bedeutet, dass wir uns ergeben müssen«, sagte er.[238] Als Israel den Suezkanal eroberte, ließ Nasser sogar alle seine Schiffe in der wirtschaftlich lukrativen Wasserstraße versenken – ein Fehler, der die nächsten sechs Jahre die Schifffahrtsstraße blockierte und Ägypten monatlich mehr als 30 Millionen Dollar Verlust einbrachte.

Nach dem Krieg von 1967 gab es auch auf internationaler Bühne einige Veränderungen, die die Beziehungen zwischen Israel und den Arabern verschlechterten. Sowohl in Syrien als auch im Irak kamen 1968 und 1970 durch Staatsstreiche zwei aggressive und blutdürstige Regimes an die Macht. Die Übernahme in Syrien durch General Hafez al-

Assad löste eine starke Guerilla-Aktivität unter den Palästinensern aus. Der Führer der Fatah, Jassir Arafat al-Qudwa al-Husseini, übernahm die Palästinensische Befreiungsorganisation (PLO) und begann die besetzten Gebiete erneut anzugreifen. Diese ursprünglich unterdrückte Guerillabewegung sollte später für die Strategie der Araber eine gewaltige Rolle spielen. Auf Saddam Husseins langsamen Aufstieg im Irak sollte die Welt erst später aufmerksam werden.

Auch die Sowjets wurden nach dem Krieg 1967 im Nahen Osten aktiv – und aggressiv. Die vernichtende Niederlage ihrer Schützlinge, die mit russischen Waffen ausgerüstet worden waren, demütigte sie zutiefst. »Innerhalb von zwei Wochen wurden über zweihundert MiG-Kampfflugzeuge über eine Luftbrücke nach Ägypten und Syrien gebracht. Zwischen Sommer und Herbst legten durchschnittlich zwei bis drei Schiffe pro Woche mit Ersatzwaffen im Hafen von Alexandria an.«[239] Schon bald hatte Ägypten fast 14.000 sowjetische Berater, und sowjetische Piloten starteten ihre Aufklärungsflüge von ägyptischen Stützpunkten aus. Da der Präsident der Vereinigten Staaten, Richard Nixon, eine mögliche sowjetische Invasion befürchtete, schickte er große Lieferungen mit militärischer Ausrüstung nach Israel und entsandte die 6. Flotte der Vereinigten Staaten in das Gebiet.[240] Die Supermächte riskierten so einen ihrer bedrohlichsten Kriege um des hoch geschätzten Nahen Ostens willen.

Im Herbst 1973 hatten die politischen Spannungen ihren Höhepunkt erreicht. Der Kreml schickte fünf Satelliten in die Erdumlaufbahn, um Israels Verteidigungsstellungen auszuspionieren. Diesmal waren Sadat und Assad entschlossen, sich den Vorteil eines Überraschungsangriffs nicht entgehen zu lassen. Sie entschieden, am 6. Oktober anzugreifen – am Jom Kippur, dem jüdischen Versöhnungsfest, an dem viele israelische Soldaten zu Hause waren.

Der Überraschungsangriff der Araber

An diesem heiligen Tag um 14.00 Uhr bluffte die Arabische Liga nicht mehr und begann mit ihrem gut geplanten Angriff. Bei diesem Erstschlag, einem »Angriff wie ein Erdbeben«, wurde Israel sowohl aus dem Norden als auch aus dem Süden angegriffen. Mit 750.000 Soldaten, 3.200 sowjetischen Panzern, 860 Flugzeugen und den neuesten sowjetischen Raketen durchbrachen die arabischen Armeen die Verteidigungsstellungen der israelischen Reservisten am Suezkanal und auf den Golanhöhen.[241]

Dieser Überraschungsangriff veranlasste die Premierministerin Golda Meir und den Verteidigungsminister Dayan dazu, die Nation aus ihren Jom-Kippur-Ritualen herauszurufen. Sie wussten, dass sie in diesem Kampf zwei Nachteile hatten: Ihre Truppen waren nur ein Drittel so groß wie die ihrer Feinde, und sie hatten weniger als halb so viel Waffen. Nachdem die Israelis beschlossen hatten, keinen zweiten Präventivschlag auszuführen, wurden sie von ihren Gegnern völlig überrascht und in ihrem eigenen Land mit einem weiteren Holocaust konfrontiert.

In den ersten gnadenlosen Stunden am Suezkanal wurden die israelischen Reservisten einfach ausgelöscht. Ihre ganze scheinbare Verteidigung bestand aus »genau 436 israelischen Soldaten in einigen Bunkern, die etwa 10 bis 15 Kilometer auseinander lagen, drei Panzern und sieben Artilleriegeschützen.«[242] Ihre Hauptpanzerdivision lag dreißig Kilometer hinter der Front. Ihnen standen »fünf ägyptische Infanteriedivisionen, drei gemischte Infanteriegruppen und Panzerdivisionen sowie 22 unabhängige Infanterie-, Kommando- und Fallschirmjägerbrigaden gegenüber. Mit der Luftwaffe zusammen bestand der Feind aus nicht weniger als 600.000 Mann, 2.000 Panzern, 2.300 Artilleriegeschossen, 160 SAM-Raketen und 550 Kampfflugzeugen.«[243] Die Ägypter besiegten die schwache Verteidigung schnell, überquerten den Suezkanal und drangen tief in den Sinai ein.

Im Norden war die israelische Niederlage sogar noch schlimmer. Mit 800 mit Infrarot ausgerüsteten Panzern übernahmen die Syrer die Golanhöhen und marschierten in Richtung Jordan. Der israelische Geheimdienst hatte Syriens Angriffsplan nicht erkannt, und die jüdischen Vorposten wurden völlig überrascht. Innerhalb von 48 Stunden wurde die 7. Panzerbrigade mit ihrer ganzen Besatzung praktisch ausgelöscht. Obwohl Israel dabei einen Großteil der syrischen Panzer zerstört hatte, wurde immer weiter neues sowjetisches Militärgut nachgeliefert, um das erschöpfte jüdische Militär zu vernichten.[244]

Weit entfernt vom Schlachtfeld beobachteten die diplomatischen Kreise der beiden Supermächte alles mit großer Nervosität. Beide Seiten hatten große Interessen an dem Gebiet, sowohl wirtschaftlich als auch politisch. Der Suezkanal war der Schlüssel für den internationalen Handel. Die Sowjets unterstützten die Araber, die Vereinigten Staaten unterstützten Israel. Beide behaupteten, sie würden nur das Gleichgewicht im Nahen Osten aufrechterhalten. Am 9. Oktober führten die

Sowjets über eine gewaltige Luftbrücke Ersatzwaffen ein. Am 12. Oktober landeten in Kairo stündlich 18 Flugzeuge. Präsident Nixon konterte (auf Drängen seines Außenministers Henry Kissinger) mit einer Notfall-Luftbrücke nach Israel. Innerhalb der folgenden 30 Tage flogen die Piloten der Vereinigten Staaten 566 Ladungen mit Artillerie zu den belagerten israelischen Truppen.[245]

Die Hilfe für Ägypten und Syrien in dieser Operation kostete die Sowjets 3,5 Milliarden Dollar, während die Vereinigten Staaten Israel mit 2,2 Milliarden Dollar unterstützten.[246] Natürlich tat keine Seite dies aus reiner Wohltätigkeit, sondern beide hatten doppelbödige Motive. Anstatt selbst gegeneinander zu kämpfen, führten die beiden Weltmächte einen Krieg durch Stellvertreter, indem sie die Krieg führenden Staaten mit ihren neuesten Militärwaffen ausrüsteten. Der Kampf war kein kleiner Zusammenstoß zwischen streitenden Semiten. Er war eine internationale Angelegenheit.

Das Blatt wendet sich

Am dritten und vierten Tag sollte eine merkwürdige Veränderung auf dem Schlachtfeld zugunsten Israels stattfinden. Indem sich Israel bei seinen Angriffen auf die Golanhöhen konzentrierte, war es in der Lage, syrische Versorgungswege abzuschneiden und seine eigenen zu verstärken. So gewann Israel einen entscheidenden Vorteil. Auch die Luftbrücke der Vereinigten Staaten hatte seine Wirkung. »Bis zum frühen Nachmittag, genau vier Tage nachdem die Syrer ihre Lawine gegen Israel losgelassen hatten, war kein einziger ihrer Panzer mehr kampfbereit... Entlang der Strecke, auf der die Israelis vorrückten, lagen 867 zerstörte feindliche Panzer, über 3.000 Mannschaftstransportwagen, Hunderte von Panzerabwehrwaffen und gewaltige Stapel anderer militärischer Ausrüstung ... Der ganze Stolz der feindlichen Armee lag qualmend und zerstört auf den Golanhöhen.«[247] Am 18. Oktober geriet Syrien in Panik, als israelische Truppen auf Damaskus zusteuerten.

Im Kampf um den Suezkanal entwickelte sich ein ähnliches Wunder. Durch eine unvorhergesehene Wende der Ereignisse konnte die wieder versorgte israelische Panzerdivision zwischen der 2. und 3. ägyptischen Armee eine Schneise bilden, indem sie über den Suezkanal einen Brückenkopf bildete. Nachdem die Hauptdivision der ägyptischen Panzer in die Sinai-Wüste gelockt worden war und somit nicht mehr unter Raketenabwehr stand, waren israelische Panzer in der Lage, die Ägypter einzukesseln und die ägyptischen Versorgungswege abzuschneiden. Während sich Präsident Sadat gerade mit dem sowjetischen Führer Alexej Kossygin unterhielt – der nach Kairo gekommen war, um einen schnellen Sieg der Ägypter beobachten zu können –, nahm der Krieg eine unerwartete Wende. Das israelische Militär nutzte schnell seinen Vorteil aus, indem es im Norden und Süden auf der Kairoer Seite des Suezkanals einfiel. Somit kontrollierte es das gesamte Westufer des Kanals. »Zu diesem Zeitpunkt [23. Oktober] war die ägyptische 3. Armee wirklich hoffnungslos umzingelt, und das israelische Militär hatte seine Stellung am Golf von Suez gefestigt.«[248] Wie Damaskus im Norden war nun auch Kairo gegenüber den erbarmungslosen israelischen Angriffen verwundbar.

Kairo und Moskau gerieten jetzt in Panik. Sie forderten den Sicherheitsrat der Vereinten Nationen auf, Israel in seine Grenzen vor 1967 zurückzuweisen. Auf diese Forderung reagierte die Premierministerin Golda Meir verhöhnend mit den Worten, dass die Ägypter »ihre Niederlage vollständig zu spüren« bekommen werden. Sie hatten wohl kaum das Recht, Friedensbedingungen zu stellen, wenn der größte Teil ihrer Armee immer noch gefangen war und auf Gedeih und Verderb den Israelis ausgeliefert war. Zu guter Letzt verordneten die UN einen Waffenstillstand, der die langen diplomatischen Bemühungen zum Stillstand brachte. Obwohl es kein echtes Friedensabkommen war, beendete dieser den Jom-Kippur-Krieg.

Diese vierte Herausforderung seit Israels Präsenz in Palästina forderte einen hohen Preis. Israels Gesamtkosten beliefen sich auf sieben Milliarden Dollar, und bezüglich seiner Opfer »hatte die Nation in den achtzehn Kriegstagen 2.552 Tote und über 3.000 Verwundete zu beklagen, mit einem sehr hohen Anteil an Offizieren unter den Opfern.«[249] Doch die besiegten Araber schnitten sogar noch schlechter ab. »Auf ägyptischer Seite fielen 7.700 Soldaten, die Syrer hatten 3.500 Tote zu beklagen. Die Israelis hatten 9.000 Kriegsgefangene, von denen über 8.000 Ägypter waren. Die arabischen Armeen verloren insgesamt 2.000 Panzer und über 500 Flugzeuge. Israel dagegen verlor 804 Panzer und 100 Flugzeuge.[250] Aus dem Krieg gingen keine echten Gewinner hervor – abgesehen von der Tatsache, dass beide Seiten überlebt hatten.

Die Folgen der vier Kriege

Nachdem Israel vier große Schläge überlebt hatte, hätte das Land doch den ewigen Respekt der Welt verdient. Die Nation musste die härtesten Schläge hinnehmen, die seine bedrohlichen Nachbarn austeilen konnten, und hatte trotzdem stets gesiegt. Aber es sollte anders kommen. Länder der Dritten Welt hielten Israels militärische Erfolge für imperialistisch. Die militärische Aggressivität im Sechstagekrieg sah eher nach einer Expansionspolitik aus. Ihrer Meinung nach hätte Israel großzügigerweise die besetzten Gebiete zurückgeben müssen, die die Araber als militärische Bühne gegen sie benutzt hatten. In der Resolution 242 forderten die Vereinten Nationen tatsächlich den Rückzug aus dem Westjordanland und dem Gazastreifen. Als Israel ablehnte, dieser Forderung zu entsprechen, wählte der Rat im Sommer 1975 den Staat beinahe aus den Vereinten Nationen heraus.[251]

Die wachsende Bedeutung des Öls für die Weltwirtschaft trug dazu bei, dass Israels Unterstützung und Achtung im Nahen Osten abnahm. Im Kampf gegen Israel und den Westen trafen sich arabische Ölminister während des Jom-Kippur-Kriegs (17. Oktober 1973) und beschlossen, die Ölproduktion und seine Ausfuhr zu drosseln. »Die Araber ergriffen die Gelegenheit, die der Krieg ihnen bot, um den Ölpreis drastisch zu erhöhen. Libyen kündigte am 18. Oktober an, dass die Kosten für sein Öl um 28 Prozent steigen würden – unabhängig vom Krieg und von Israels Missetaten. Daraufhin kündigte der Irak eine 70-prozentige Preiserhöhung an. Kuwait passte sich dieser Zahl an.«[252]

Der Einsatz des Öls als Waffe drohte auf dem Weltmarkt ein Chaos auszulösen, besonders bei den vom Öl abhängigen Staaten Europas. Mitglieder der Europäischen Wirtschaftsgemeinschaft ergriffen sofort Maßnahmen, um die Araber mit ihren Forderungen zu besänftigen, und riefen wiederum Israel auf, die besetzten Gebiete zurückzugeben. Die Araber hielten das Steuer der Weltwirtschaft fest in der Hand und hatten somit eine neue mächtige Waffe, obwohl sie im Jom-Kippur-Krieg verheerende Verluste erlitten hatten. Indem sie einfach nur an den Ölventilen drehten, konnten sie ihre Ziele in Palästina verfolgen.

In den folgenden Jahren jedoch entwickelten die Palästinenser selbst eine neue Art des arabischen Militarismus. Unbemerkt entstand eine Armee aus Frauen und Kindern, die die jüdischen Oberherren frustrierte, wütend machte und Arafats Untergrundkämpfer an Wirksamkeit fast übertraf. Mit Hilfe primitiver Taktiken versetzte diese einheimische Armee das Land in Unruhe und appellierte auch stark an das Mitgefühl der Weltöffentlichkeit. Um das heutige ständige Dilemma im Heiligen Land verstehen zu können, müssen wir kurz etwas über diese ständige Geschichte des Leidens erzählen – des Leidens auf beiden Seiten der Besatzungslinie.

Kapitel 9

Unruhen im eigenen Land: die Intifada

Nach dem Jom-Kippur-Krieg 1973 gab es auf beiden Seiten des Konflikts einige bedeutende Veränderungen. Die israelische Politik machte eine Kehrtwende, und auch die Militärtaktik der Araber änderte sich auf ungewöhnliche Art und Weise. Das war auf diesen schmerzvollen Krieg zurückzuführen, der letztendlich keiner Seite Gewinn eingebracht hatte.

Die Kehrtwende in der israelischen Politik

Man darf nicht vergessen, dass es in Bezug auf die Teilung Palästinas unter den frühen Zionisten zwei Meinungen gab. Die Arbeitspartei von Ben Gurion – die sozialistischen Zionisten – akzeptierten den Gedanken der Teilung, damit ein eigenständiger Staat gegründet werden konnte. Die andere Gruppe, unter der Führung von Zeev Jabotinsky, lehnte diesen Gedanken ab. Sie bestand auf jüdische Souveränität über ganz Palästina, Transjordanien eingeschlossen.[253] Diese Gruppe wurde als Revisionistische Partei bekannt.

In den ersten fünfundzwanzig Jahren des neu gegründeten jüdischen Staates war die Arbeitspartei von Ben Gurion an der Macht. Nach dem Krieg 1973 verlor sie bei der Wahl gewaltig an Stimmen, und die Premierministerin Golda Meir, Ben Gurion treu ergeben, wurde ein Opfer dieser Abstimmung.[254] Ihre Regierung hatte in Zeiten des Aufschwungs zwischen den letzten beiden Kriegen gedient, aber durch die Kriegsfolgen war Meir fast gezwungen, zurückzutreten. Das Volk war wegen der hohen Kriegskosten sehr verärgert über die Araber (und nicht bereit, Land abzutreten). Dadurch verlor die Arbeitspartei, die für diese Politik verantwortlich war, Anhänger. Obwohl die Arbeitspartei auf dem Kampffeld einen mühsam errungenen Sieg davontrug, verlor sie im eigenen Land das Vertrauen ihrer Wähler.

Der Aufstieg Menachem Begins

Mit der Wahl Menachem Begins im Mai 1977 gab es einen Wechsel vom linken Sozialismus der Arbeitspartei zur nüchternen konservativen Likud-Partei. Begin gehörte dem rechten Flügel dieser Partei an. Er war ein scharfer Beobachter mit einer langen Geschichte der Kriegsführung gegen Briten und Araber.[255] Er hatte als begeisterter, militanter Führer der Irgun gedient und übernahm 1944 die Führung von Jabotinskys Revisionistischer Partei des Zionismus. Terroristische Anschläge waren bei der Irgun unter Begin an der Tagesordnung. Er zweifelte nie an den Grundsätzen Jabotinskys. Das Westjordanland war seiner Ansicht nach Judäa und Samaria. Er sagte: »Wir sollten nie unser natürliches und ewiges Recht abgeben.«[256]

Obwohl er jahrzehntelang als Demagoge verachtet wurde, machte er trotzdem beharrlich bei jedem Wahlkampf mit, bis er schließlich 1977 gewählt wurde. Seine Wahl erstaunte die Nation und verwirrte den Rest der Welt.[257] Politisch spiegelte diese Wahl eine Verschiebung der Macht wider – von jenen, die bereit waren, das Land in zwei Staaten (einen jüdischen und einen palästinensischen Staat) zu teilen, zu denen, die das ganze Land als *Eretz Israel* ansahen, das »Land Israels«. Teilweise lässt sich dies auf den wachsenden Einfluss der Sefardim (ursprünglich aus Spanien stammende orientalische Juden, die aus den islamischen Ländern Nordafrikas und des Nahen Ostens kamen) auf die Aschkenasim (die europäischen und amerikanischen Juden) zurückführen. Die ärmeren Einwanderer aus Asien und Afrika hatten politische Schlagkraft gewonnen und machten zu jener Zeit 60 Prozent der Wähler aus.

Begin fand auch Unterstützung durch die religiösen Parteien der Orthodoxen, »die bei Bibelzitaten ein Seidenkäppchen aufsetzten.«[258] Obwohl er politische Motive hatte, gebrauchte er für seine Rhetorik biblische Prophetien, die genau auf seine Wünsche zugeschnitten waren. So wurde der Likudblock merkwürdigerweise eine populistische Partei, die den Zeitgeist widerspiegelte, während die Arbeitspartei eine Partei des Establishments wurde.[259] Diese Likud-Revisionisten waren im Allgemeinen anti-arabisch eingestellt und sehr kompromisslos, was die besetzten Gebiete betraf.

Die Revisionisten schlugen aus den neuen Sorgen um die Sicherheit Israels, die durch den Jom-Kippur-Krieg verursacht wurden, Kapital.

Die Pufferzonen des Sinai, des Westjordanlands und der Golanhöhen wurden für die Sicherheit Israels sehr wichtig.

Trotz Begins harter Linie bezüglich dieser Gebiete stand der Ministerpräsident im Herbst 1977, gerade einmal sechs Monate nach der Machtübernahme seiner Likud-Partei, mit Ägypten in Verhandlungen, bei denen es um »Land für Frieden« ging.

Zwischen Kairo und Jerusalem klangen in jenem Sommer Friedens-Ouvertüren. Zum Erstaunen der Welt umarmte sich in jenem November, bei einer Feier mit rotem Teppich im Ben-Gurion-Flughafen, das merkwürdige Paar, der bedächtige Sadat und der stürmische Begin.[260]

Dieser überraschende Kompromiss war für die arabisch-israelischen Beziehungen ein Präzedenzfall. Für Sadat war es revolutionär und zog den Zorn der anderen arabischen Führer auf sich. Es schien aber, zumindest anfänglich, auch für Begin untypisch gewesen zu sein. Trotzdem erklärte der Ministerpräsident, dass der Sinai nicht Teil des alten Israels sei. Sein pragmatischer Außenminister Moshe Dayan hatte ihn davon überzeugt, und Begin betrachtete den Sinai als nützliches Handelsobjekt. Damit wurde nicht nur Israels südliche Grenze gesichert, sondern das Land wurde auch um die gewaltigen mit dem Sinai verbundenen Militärausgaben erleichtert. Begin und Sadat brauchten diese Grenzregelungen aus wirtschaftlichen Gründen und um der Welt ihre Friedensabsichten zu beweisen.

Durch dieses Grenzabkommen stieg auch ihre Beliebtheit im eigenen Land.[261] Ein Jahr später, kurz nach dem Camp-David-Abkommen im September 1978, erhielten beide Führer für diese überraschende Wende den Friedensnobelpreis.

Der Fehler Scharons im Libanon

Mit seinen im Süden gesicherten Grenzen konzentrierte Israel seine Aufmerksamkeit nun auf Grenzkonflikte im Norden. Nachdem die PLO 1971 Jordanien verlassen musste, plante sie ihre Operationen vom Libanon aus. Von ihrem Hauptquartier in Beirut aus plante sie terroristische Angriffe gegen Israel. Begin, der von seinem Verteidigungsminister Ariel Scharon überzeugt worden war, dass die Grenzkonflikte nur durch entscheidende Militäreinsätze gegen die PLO gelöst werden könnten, führte daraufhin im Libanon militärische Aktionen durch, um das Gebiet zu säubern. Yehoshafat Harkabi bemerkt in seinem Buch *Israel's Fateful Hour* (»Israels Schicksalsstunde«): »Dieser Krieg sollte zu einem Friedensabkommen mit dem Libanon führen und Raketenangriffe auf Kiryat Shmona in Nordgaliläa beenden; die PLO sollte zerstört und die Syrer sollten besiegt werden, um so die politische Struktur im Nahen Osten zu verändern; letztendlich würde es das Trauma des Jom-Kippur-Kriegs beenden.«[262] Das waren tatsächlich lobenswerte Ziele, sowohl für Begins Regierung mit ihrer harten Linie als auch für das Weltjudentum.

Aber es kam anders. Obwohl die israelische Verteidigungstruppe unter Scharon im Libanon einen beachtlichen Sieg davontrug und vom Militär in der ganzen Welt bewundert wurde, hielt man die Armee für extrem aggressiv. Da viele Zivilisten ins Kreuzfeuer geraten waren, bekam sie den Ruf einer boshaften Verbrecherbande. Als die libanesischen christlichen Verbündeten Israels Hunderte von Zivilisten in zwei Flüchtlingslagern massakrierten, wurde Israel von allen Nationen verurteilt. »Israels Image in der ganzen Welt, eine unter Leiden entstandene Mischung aus Heldentum und Humanismus, war bei vielen wohlgesinnten Christen und auch Juden ernsthaft, wenn nicht sogar unwiederbringlich, entstellt worden.«[263] Nach einer offiziellen Untersuchung wurde Ariel Scharon von der direkten Verantwortung für diesen Angriff freigesprochen, jedoch wegen Fahrlässigkeit in dieser Angelegenheit verurteilt. Daraufhin musste Scharon als Verteidigungsminister zurücktreten.

Der Kampf stellte sich als kontraproduktiv heraus. Obwohl Israel die PLO aus dem Libanon vertrieben hatte, füllte sich das Vakuum schnell mit den Syrern und später mit den vom Iran unterstützten Untergrundkämpfern der Hisbollah, die sich sogar als noch schlimmerer Feind entpuppten. Die israelischen Truppen, die zwischen den christlichen Libanesen, der Hisbollah und den Syrern standen, waren in einen endlosen zermürbenden Krieg gegen die Untergrundkämpfer verwickelt, der immer unbeliebter wurde, je mehr Menschen dabei ums Leben kamen und je mehr die finanziellen Ausgaben dafür stiegen. Obwohl mit diesem Kampf eine schnelle Säuberung beabsichtigt war, wurde er sowohl für Israel als auch für die UN-Friedenstruppen zu einem Dilemma. Schließlich wurde der Kampf im Jahre 2000 beendet, als Israel sich zum einseitigen Abzug seiner Truppen aus dem Libanon entschloss.

Die Operation hinterließ außerdem bei den Arabern den Wunsch nach Rache. Die politische Lage im Nahen Osten hatte sich zwar verändert, jedoch nicht nach der Vorstellung Begins und Scharons. Mehr als jedes andere Ereignis löste dieser unter Scharon geführte Krieg im Libanon auf internationaler Ebene eine große Abneigung gegen Israel aus und hinterließ ein geschädigtes Image. Außerdem verschlechterte sich die Moral im eigenen Land drastisch.

Bevor wir über den nachfolgenden Kampf sprechen, dessen Höhepunkt die Intifada war (ein plötzlicher Aufstand des palästinensischen Volkes, der 1987 begann), muss eine andere Seite dieser schmerzvollen Geschichte kurz betrachtet werden. Die Notlage der Flüchtlinge und Palästinenser ist ein schmerzlicher Aspekt dieses Dilemmas im Nahen Osten, aber dieses vielschichtige Problem kann nur verstanden werden, wenn man es aus historischer Perspektive sieht.

Die militärische Wende der Araber

Das Unglück des palästinensischen Volkes war nicht nur auf den Konflikt mit Israel, sondern auch auf die schlechte Behandlung durch die umliegenden arabischen Staaten zurückzuführen, die sie benutzten, um ihre eigenen politischen Ziele zu verfolgen. Beide Seiten nutzten das Volk aus. Harkabi bemerkt dazu: »Ihr Nationalismus entwickelte sich nicht nur als Reaktion auf den Zionismus, sondern auch als Reaktion auf die Versuche der arabischen Staaten, die Palästinenser ihren eigenen Interessen zu unterwerfen.«[264] Als ihr Problem mit Israel entstand, waren die meisten arabischen Staaten gerade neu gegründet worden, und ihre Führer rangen um die Führung der »Arabischen Nation«. Die Palästinenser, als »Außenseiter« ohne eigenen Staat, wurden nicht nur zum Liebling aller, sondern auch zum politischen Spielball. Die arabischen Staaten hielten sich alle für ihre Vettern, aber nur wenige von ihnen waren bereit, ihre Flüchtlinge aufzunehmen.

Das schwierige Erbe der Palästinenser

Das Tauziehen geht bis auf die frühen 1920er Jahre zurück, als die Gebiete im Morgenland nach der Vertreibung der Türken besetzt werden konnten. Als der Kampf begann, erlaubten die Briten und Franzosen die stufenweise Gründung von sieben unabhängigen arabischen Staaten in der Region – Ägypten, Syrien, Libanon, Transjordanien, Irak, Saudi-

Arabien und Jemen – später folgten weitere zehn Staaten. Für Palästina hatten die Briten einen unabhängigen Staat geplant (genannt Südsyrien). Sie machten jedoch den Fehler, zwei verschiedenen Anspruchstellern die Zusage dieses Landes zu geben – den Juden und den Arabern.

Mit der Balfour-Erklärung sollte den Juden in Palästina eine Heimstätte garantiert werden, die zu jenem Zeitpunkt beide Seiten des Jordan umfassen sollte. Aber auch den Arabern hatte man »einen unabhängigen pan-arabischen Staat nach dem Krieg versprochen – einen Staat mit der osmanischen Provinz Syrien [einschließlich Palästina und Transjordanien], Mesopotamien [Irak] und der ganzen arabischen Halbinsel.«[265] Doch hierfür wurden später Einschränkungen vorgenommen. (siehe Anhang B)

Beide Versprechen waren offensichtlich zu großspurig und schlecht definiert, trotzdem nahmen beide Seiten sie sehr wörtlich. Obwohl die Balfour-Erklärung Teil des Versailler Friedensvertrags wurde, war das Versprechen an die Araber hauptsächlich eine informelle Sache. Die Versprechen wurden später von Winston Churchill modifiziert, als er das Gebiet von Transjordanien Abdullah von Arabien übergab. Dies tat er zur Besänftigung des arabischen Führers, dessen Vater, der Scharif von Mekka, den Briten 1917 geholfen hatte, die Türken in Arabien abzulenken.[266] Dieses Geschenk Ostjordaniens (Transjordaniens) an Abdullah stellte drei Viertel des Gebiets dar, das als Palästina bekannt war.

Zwei Familien kämpfen um die Herrschaft in Palästina

Die Araber westlich des Jordan wollten ebenfalls einen unabhängigen Staat und hatten mehrere Kandidaten, die um die Herrschaft kämpften. Viele Jahre lang hatten sich zwei Familien, die Husseinis und die Naschaschibis, abgewechselt, die Führungsrolle des Großmuftis von Jerusalem zu übernehmen.[267] Obwohl dies eine religiöse Rolle war, hatte diese Position in ganz Palästina auch einen starken politischen Einfluss. Beide Familien behaupteten, Nachfahren des Großscharifen von Mekka zu sein, der wiederum behauptete, ein Nachfahre von Mohammed selbst zu sein. Diese zwei Clans übten in der Region großen Einfluss auf das Amt des Bürgermeisters aus, standen jedoch dauernd auf Kriegsfuß miteinander. Aus der Naschaschibi-Familie stammte König Abdullah, dem man Transjordanien gab, und sein Bruder Feisal bekam zuerst Syrien (bis die Franzosen es übernahmen) und wurde später König vom Irak. Nach der Ermordung von Abdullah 1951 wurde Hussein, sein Enkelsohn (nicht aus der Al-Husseini-Linie) König von Jordanien. Diese Familie wurde als Haschemiten bekannt.[268]

Die Al-Husseini-Familie in Jerusalem wurde durch Haj Amin Al-Husseini repräsentiert, der im Alter von nur 21 Jahren 1921 von den Briten zum Großmufti ernannt wurde. Amin Al-Husseini war ein islamischer Extremist, der extrem gegen den Zionismus eingestellt war. Da er unbedingt wollte, dass Palästina ein arabischer Staat wurde, machte er sich jeden Einfluss zunutze, um die jüdische Einwanderung zu stoppen. Am 23. August 1929 stiftete er ein Massaker unter Juden an, die an der Klagemauer beteten. Zuvor hatte »Haj Amin den Plan, die Moscheen wiederherzustellen, um dem Islam die Vorherrschaft in ganz Palästina zu verschaffen und den wachsenden religiösen Ansprüchen der Zionisten auf einen Teil Jerusalems entgegenzutreten.«[269] Der darauf folgende gewalttätige Aufstand in Jerusalem breitete sich im ganzen Land aus. Diese Zusammenstöße mit den Juden bekamen den religiösen Beigeschmack eines heiligen Krieges. Auch Haj Amin wurde als pan-arabischer Held dargestellt. Für die Briten und Zionisten in Jerusalem jedoch war er ein Feind. Schon bald begann er im ganzen Gebiet Guerillagruppen zu organisieren.[270] Jenes Jahr (1920) kennzeichnete offiziell den Anfang des bewaffneten Konflikts zwischen Juden und Arabern in Palästina.

Während Haj Amin in den frühen Zwanzigern und Dreißigern die Briten und Zionisten bekämpfte, war er in Palästina die vorherrschende Stimme der Araber. Als der Zweite Weltkrieg ausbrach, war er jedoch gezwungen zu fliehen, zuerst in den Irak und dann nach Deutschland, wo er von Hitler und Himmler willkommen geheißen wurde. Im festen Glauben an den unvermeidlichen Sieg Hitlers in Palästina, war es sein Ziel, für die arabische Unabhängigkeit im Nahen Osten einzutreten.[271] Über diesen Fehlschlag ist der Mufti nie hinweggekommen.

Diese beiden Familien, die Haschemiten und die Al-Husseinis, repräsentierten die moderaten und extremen Fraktionen der Araber in Palästina.[272] Diese starke gegenseitige Verbitterung war auf die britische Verleihung von Königreichen an die Haschemiten zurückzuführen, was die Al-Husseinis als Ausverkauf an den Feind ansahen. Sie betrachteten das Akzeptieren von separaten Königreichen an Stelle des Ganzen als mögliche Anerkennung des zionistischen Staates. Deswegen betrachteten Haj Amin und seine Anhänger sowohl die Juden als auch die jordanischen Haschemiten als erbitterte Feinde.[273] Auf diese Art verscherzte es sich der Mufti sowohl mit seinen Freunden als auch mit den Feinden und musste notgedrungen mehrere Male ins Exil gehen, zum letzten Mal nach Beirut. In Palästina entwickelte sich ein arabisches Führungsvakuum, wodurch die staatenlosen Palästinenser von anderen arabischen Staaten abhängig wurden. Sie wurden zuerst von Nasser und später von Sadat als Spielball benutzt, um die arabische Welt anzuführen.

Die Entstehung der PLO

Der Hauptarchitekt der Palästinensischen Befreiungsorganisation war Ägyptens Gamal Abdel Nasser. Die Idee bekam ihren ersten Impuls beim ersten arabischen Gipfeltreffen, das Nasser im Januar 1964 in Kairo einberief. Bei dieser Gelegenheit trafen sich dreizehn arabische Führer, um einen Plan als Antwort auf Israels Wasserverteilungsplan zu entwerfen.[274] Israel hatte gerade ein Wasserverteilungssystem fertig gestellt, das Wasser aus dem See Genezareth im Norden absaugen und in verschiedene trockene Gebiete des Landes pumpen würde. Das Endziel war die Negev-Wüste im Süden, der Höhepunkt eines lang ersehnten Traumes, um das Land anbauen und Wohnraum schaffen zu können. Das gewaltige System würde schätzungsweise fünf Millionen Menschen mit Wasser versorgen.[275]

Nasser, der dies nicht verhindern konnte, wollte für das palästinensische Volk eine Organisation gründen. Zuerst nannte man sie Palästinensische Befreiungsarmee und später Palästinensische Befreiungsorganisation (PLO). Ahmad Shuqairi, eine Marionette Nassers, sollte die Organisation leiten und in Kairo ein Hauptquartier einrichten. Das ausdrückliche Ziel dieser Organisation war, dem palästinensischen Volk zu erlauben, »eine Rolle bei der Befreiung ihres Landes und ihrer Selbstbestimmung zu spielen.«[276] Die arabischen Führer jedoch, die diese Organisation einsetzten, hatten andere Ziele. Sie wollten sie als Instrument für den Guerillakrieg gegen Israel – unter ihrer Kontrolle – einsetzen. Sie hatten nicht die Absicht, eine unabhängige palästinensische Bewegung zu schaffen.[277]

Allerdings gab es solch eine unabhängige palästinensische Bewegung schon. Nach dem Sinai-Krieg 1956 war in Syrien eine Organisation gegründet worden, die Fatah. Die Hauptakteure waren zwei eingefleischte Guerillakämpfer, Jassir Arafat und Abu Jihad.[278] Beide entstammten den militanten islamischen Kreisen von Gaza. Arafat wurde 1929 in Kairo geboren und wuchs während der tumultartigen jüdisch-arabischen Konflikte der 30er und 40er Jahre im Gazastreifen auf. Arafat war mütterlicherseits mit Haj Amin Al-Husseini verwandt, dem Großmufti von Jerusalem. Diese Linie ging angeblich bis auf Fatimas Sohn, Husayn ibn Ali, zurück. Fatima war die Tochter Mohammeds.[279]

Obwohl Arafat ein fotografisches Gedächtnis hatte und an der König-Fahd-Universität in Kairo den Abschluss eines Bauingenieurs erwarb, hatte er wenig Interesse an der Schule. Nachdem er einige Jahre in Kuwait als Ingenieur gearbeitet hatte, wurde er später als Bauunternehmer wohlhabend und konnte so seine Operationen finanzieren. Schon als Teenager war Arafat von Befreiungsstrategien gefesselt, engagierte sich bei terroristischen Aktionen gegen die Israeliten, die er als Eindringlinge betrachtete. Als er und seine Landsmänner die Fatah gründeten, sahen sie sich selbst als »Rachegeneration«, die für das verlorene Palästina Vergeltung suchte.[280] Sie hatten die gleiche terroristische Gesinnung wie Haj Amin Al-Husseini und machten zuerst die Briten und dann die Juden für den Fehler des Muftis, das Land verloren zu haben, verantwortlich. Außerdem hielten sie das arabische Regime in seinem Kampf gegen Israel für ineffektiv und unfähig, durch politische Rhetorik oder aber durch militärische Opfer etwas zu gewinnen.

Arafats Streit mit den arabischen Staaten

Die arabischen Regimes hielten Arafats Ziele und die Fatah für arrogant und kurzsichtig und empfanden ihn sogar als Ärgernis. Seine Gunst verlor er in mehreren Phasen. Wir sollten als Erstes erwähnen, dass Arafat vor Jordaniens König Hussein wenig Respekt hatte. Husseins Vater Abdullah hatte 1950 das Westjordanland annektiert und seinen Verwandten Raghib Al-Naschaschibi zum Militärgouverneur über das Gebiet ernannt. Dieses hielt man jedoch für das politische Gebiet des Großmuftis Haj Amin, eines Verwandten Arafats. Ein Jahr später beauftragte der Mufti seine Agenten, König Abdullah bei der Jerusalemer

Moschee zu ermorden. Durch das Attentat wurde der Streit zwischen ihren uralten Familien wieder neu entflammt und beeinflusste all ihre Beziehungen.[281] Auch wenn sie noch so viel lächelten, wurden Arafat und Hussein für alle Zeiten zu Feinden. Außerdem hatte Hussein gelernt, sich vor Israels Politik zu fürchten, die auf Guerillaangriffe mit schnellen, verheerenden Vergeltungsmaßnahmen antwortete. Daher hatte der König für die Untergrundtaktiken von Arafat und der Fatah nichts übrig. Husseins Generäle versuchten sogar einige Male, Arafat zu ermorden.[282]

Arafats Beziehungen zu den ägyptischen Führern waren alles andere als herzlich. Mit der Gründung der PLO durch Nasser 1964 sollten Arafat und seine Fatah zurückgewiesen werden. Nasser, der von Arafat in dem Schreiben *Our Palestine* (»Unser Palästina«) verhöhnt wurde, war so erzürnt, dass er »seinem Geheimdienst den Auftrag gab, Arafat zu vernichten.«[283] Wie Hussein fürchtete auch Nasser am meisten, dass Arafat mit seinen Untergrundangriffen auf Israel Ägypten in einen weiteren katastrophalen Krieg hineinziehen würde. Dies war tatsächlich Arafats Absicht, und zwar aus zwei Gründen: Nassers egoistische Ziele würden zerstört werden, und Arafat könnte die PLO übernehmen. Nasser hatte allen Grund, Angst zu haben, denn genau dies geschah im Sechstagekrieg 1967. Diese Katastrophe machte Arafat mit einem Schlag 1969 zum PLO-Führer und vernichtete Nasser beinahe.[284]

Vor 1968 hatten die Palästinenser gehofft, dass die pan-arabischen Staaten ihr Land befreien würden. Nach dem Krieg von 1967 glaubten sie nicht mehr an die Versprechen der Arabischen Liga und entschieden sich, im Alleingang ihr »Land wiederherzustellen.« Die weitere Entwicklung der arabischen Mächte 1973 machte diese Tatsache deutlich und brachte Arafat über Nacht als Führer der Palästinenserbewegung ins Rampenlicht. Im darauf folgenden arabischen Gipfeltreffen wurde die PLO offiziell als die »einzige legitime Vertretung« des palästinensischen Volkes, mit Arafat als ihrem Führer, anerkannt.[285]

Arafat, der aus seiner neu gewonnenen Autorität Kapital schlug, ließ sich im folgenden Jahr von der UNO-Vollversammlung einladen, um das Palästinaproblem zu erörtern. Vor dieser Versammlung, zu der viele neue Nationen gehörten, die aus Terrorismus und Untergrundkrieg hervorgegangen waren, hielt Arafat eine mitfühlende Rede. Nachdem er sich von seinen Wohltätern gelöst und sein eigener Herr geworden war, hoffte er mit seinem schillernden Image die arabische Welt zum Sieg vereinen zu können.

Arafats Beziehungen zu Syrien waren sogar noch schlechter als die zu Hussein oder Nasser. Als Hafez al-Assad 1970 die Präsidentschaft über Syrien an sich riss, träumte er auch von einer Herrschaft über alle Araber. Um aber Nasser für diese Position wirksam herauszufordern, musste Assad bei der Palästinafrage zwei Gesichter zeigen. Er musste die Palästinenser davon überzeugen, dass er ernsthaft an einer weiteren Konfrontation mit Israel interessiert war, während er seiner zerschlagenen Nation versicherte, dass sein Regime einen weiteren konventionellen Krieg mit Israel vermeiden würde – ein Krieg, der für Damaskus sehr wahrscheinlich katastrophal geworden wäre.

So war Assad gezwungen, einen vorsichtigen Balanceakt auszuführen. Er unterstützte zwar Untergrundkämpfe, aber nur bis zu einem gewissen Grad, so dass Israel nicht zu einem Krieg angestachelt wurde.[286] Um das zu tun, brauchte er einen Guerillaführer, den er kontrollieren konnte. Das war natürlich nicht Arafat, und beide Männer wussten das. Seine Wahl fiel auf den radikalen Ahmed Jabril, der als seine Marionette bei terroristischen Aktivitäten fungierte, während Assad in der Öffentlichkeit alles feierlich verurteilte. Obwohl Arafat seine Fatah in Syrien trainierte, behielt er die Kontrolle über die Gruppe, vorsichtig darauf bedacht, sich von den syrischen Radikalen fernzuhalten. Der PLO-Vorsitzende erkannte frühzeitig, dass Präsident Assad nur an seinen persönlichen Zielen interessiert war. Beide standen sich extrem argwöhnisch gegenüber, denn Arafat war auch das Ziel syrischer Attentatkommandos.

Die Vorgehensweise der PLO

Wie konnte eine so schlecht strukturierte Organisation wie die PLO ohne politische Basis und wirkliche Unterstützung Erfolg haben? Auf welches geheime Programm oder auf welche Mächte verließ sie sich? Was waren die Grundlagen ihrer Handlungen?

Man darf nicht vergessen, dass die PLO eigentlich ein Produkt des Zorns und der Frustration war – frustriert nicht nur wegen Israel, sondern auch wegen der arabischen Mächte. Als Arafat die PLO übernahm, kehrte die Organisation zu kleinen Gruppen zurück, die aus Fatah-Mitgliedern in Syrien bestanden. Obwohl diese sowohl gemäßigte als auch radikale Elemente enthielten, hatte die vereinte Gruppe einige gemeinsame Ziele. In erster Linie war es eine Guerillaorganisation, die unabhängig von der nationalen Armee und von Behörden im Untergrund arbeitete. Ihr einziges Ziel war die Vertreibung der Israelis aus dem Land und die Errichtung eines palästinensischen Staates, der unabhängig von Jordanien und jedem anderen arabischen Staat war.

Zweitens wollte sie ihre Ziele durch einen bewaffneten Konflikt erreichen, um die Besetzer aus dem Westjordanland und dem Gazastreifen zu vertreiben.[287] Der Kampf dieser Organisation war nicht gegen eine Armee, sondern gegen Menschen gerichtet. »Da sie es auf die geistige Haltung der Menschen abgesehen hat, greift sie zu außergewöhnlichen Mitteln. Sie baut auf Dramatik, gedeiht unter der Aufmerksamkeit und führt eine infektiöse Saat mit sich.«[288] Was arabische Regimes und Armeen durch Politik und militärische Operationen nicht erreichen konnten, versuchte die PLO durch Einschüchterung und Terrorismus zu erzielen.

Um ihre Entschlossenheit zu unterstreichen, nannten sich ihre Mitglieder *Fedajin*, was »sich für die Sache opfern« bedeutet.[289] Mit ganzer Hingabe waren sie bereit, jedes Opfer zu bringen, um das Land wiederzugewinnen. Ihr tief sitzender Hass auf Israel war sowohl religiös als auch politisch begründet. Da die Juden die Ersten gewesen waren, die Mohammed abgelehnt hatten, betrachtete man das Judentum als eine Religion der Ungläubigen, die der Islam verachtete. Arafat selbst war nach »dem heiligen Berg nahe Mekka genannt worden, wo Mohammed in den letzten Propheten Gottes verwandelt worden war.« Von Geburt an war er ein Auserwählter Allahs, der in seinem Leben einen besonderen Auftrag ausführen sollte.[290] Er glaubte, dieser Auftrag sei, das Land von den Menschen zu säubern, die Mohammed ablehnten, und betrachtete das Töten der Juden nicht als Mord, sondern als notwendigen Akt der religiösen Rache. Sogar palästinensische Schulbücher rechtfertigen solche Taten mit dem *Jihad*.[291]

Um ihre politischen Ziele verfolgen zu können, war die PLO geschult worden, mit einem Netzwerk aus Zellen und Kadern zu arbeiten. Der komplizierte Geheimdienst und sein Kommunikationssystem im Untergrund waren für die Operationen absolut notwendig. Manches davon lernte die Organisation von »General [Vo Nguyen] Giap, der zuerst für den Sieg Vietnams über Frankreich und dann über die Amerikaner verantwortlich war.«[292] Arafat nahm sowohl Verbindungen und Kontakte mit palästinensischen Aktivisten in allen arabischen Ländern als auch mit solchen in Europa und Amerika auf. Diese weltweite palästinensische Unterstützung wurde umso wichtiger, je offensichtlicher die arabischen Staaten ihre Gleichgültigkeit zeigten. Als sich die PLO daran erinnerte, wie Israel von der Weltgemeinschaft Unterstützung bekam, weil man im Zweiten Weltkrieg auf die Notlage der Juden aufmerksam wurde, begann sie ihren eigenen hervorragenden Gebrauch der Medien. Mit revolutionärer Rhetorik, mit passender Symbolik und Wahlsprüchen gewann sie rasch ideologische Unterstützung, besonders von linksgerichteten Gruppen in Europa, Amerika und der Dritten Welt. Vielleicht war ihr genialer Schachzug, dass sie Israel und den Weltzionismus mit »Imperialismus«, »Kolonialismus« und »Rückschritt« in Verbindung brachte. So verbreitete die PLO das gleiche Image des Benachteiligten, das auch Israel so gut genutzt hatte.[293]

Eine solche psychologische Strategie erforderte jedoch Zeit, und Geduld war glücklicherweise eine sprichwörtliche arabische Stärke. Es sah so aus, als ob die Medien in den späten 60er Jahren anfingen, ihre Gunst den Palästinensern zuzuwenden.

Gleichzeitig begann sich die Zusammensetzung der palästinensischen Bevölkerung zu ändern. Mit einer christlichen Mehrheit war der Libanon von Israel lange Zeit als ein nicht Krieg führender Pufferstaat im Norden betrachtet worden. Um 1970 gab es jedoch eine so starke »Bevölkerungsexplosion, dass die Muslime langsam in der Mehrheit waren, und es wurde offensichtlich, dass der Tag kommen musste, an dem die islamische Mehrheit – entsprechend ihrer Anzahl und dem demokratischen Prinzip – darauf bestehen würde, die politische Macht zu übernehmen.«[294] Leider waren es die radikalen Kräfte, die dieses demographische Prinzip ausbeuteten und danach trachteten, die Nation zu vernichten. Assads radikale Anhänger beobachteten mit Schadenfreude, wie Arafat und seine PLO dafür verantwortlich gemacht wurden und 1982 aus dem Land vertrieben wurden.

Dies war jedoch nicht das Ende von allem. Arafat und seine Landsmänner entdeckten schließlich, dass dieses demographische Prinzip mit der Zeit ihr Verbündeter werden konnte. Die Palästinenser konnten den Kampf in ihren Schlafzimmern gewinnen. Es war nur eine Frage der

Zeit, bis die Juden in den besetzten Gebieten den Arabern zahlenmäßig unterlegen sein würden.

Die Israelis waren sich der wachsenden Dringlichkeit der Situation bewusst und erkannten, dass all ihre militärischen Erfolge in Gefahr standen, verloren zu gehen. Sie merkten, dass sie in die Rolle der ägyptischen Pharaonen gedrängt wurden – und Arafat ergriff die Rolle des Mose! Das Dilemma, dem sie gegenüberstanden, war, wie man das demokratische Prinzip der gleichen Rechte aufrechterhalten konnte, während man sicherstellte, dass die Demographie den jüdischen Staat nicht schwächen würde. Sogar die Knesset stand auf dem Spiel, wenn man hier versagen würde. Diese Zeitbombe verlangte nach einer guten Reaktion.

Die erste *Intifada:* Ein Kampf mit Steinen und Planierraupen

Obwohl die Situation beider Seiten im Westjordanland und im Gazastreifen unentschieden war, schwelte der Zorn der Palästinenser. Ein einzelner Funke konnte ihn entzünden. Dieser Funke wurde im Dezember 1987 entfacht, als die Geduld der Palästinenser zu Ende ging und lang unterdrückte Gefühle sich plötzlich mit Steinen und selbst gebastelten Bomben entluden. Der Rassenkampf brach von innen heraus aus.

Es gibt mehrere Versionen über den Ausbruch, aber folgende Ereignisse scheinen sich zugetragen zu haben. Am 6. Dezember 1987 wurde der israelische Geschäftsmann Shlomo Sakal in Gaza-Stadt erstochen. Zwei Tage später wurde ein israelischer Lastwagenfahrer in einen Verkehrsunfall verwickelt, in dem vier Palästinenser getötet wurden. Da einige palästinensische Jugendliche vor Ort dies als Absicht und Vergeltungsmaßnahme ansahen, griffen sie eine israelische Streife mit Steinen und Molotowcocktails an. Daraufhin eröffneten israelische Truppen das Feuer. Dabei wurde ein Siebzehnjähriger getötet und sechzehn weitere Menschen verletzt.[295] In den nahe gelegenen Städten und auf dem Land entluden sich rassische Spannungen, und der Kampf wurde *Intifada* oder »Aufstand« genannt.

Oft führten frustrierte Frauen die Demonstrationen an, während ihre Kinder jüdische Truppen mit Steinen und anderen Objekten bewarfen. Da palästinensische Männer schneller in Gefangenschaft gerieten, streng bestraft und von ihren Familien getrennt wurden, blieben sie absichtlich im Hintergrund. Auf diese Weise wurde die erste *Intifada* zu einer Art »Kreuzzug der Kinder« – die Schwachen und Verwundbaren gingen auf die Straße. Ihre Waffen der Rache waren Steine oder selbst gebastelte Geschosse.

Auch wenn dieser plötzliche Ausbruch sogar die PLO überraschte, verbreitete sich die *Intifada* schnell im ganzen Gazastreifen und im Westjordanland. Die Städte Nablus, Hebron und Jerusalem im Westjordanland wurden bald zum Zentrum der Gewalt. Es wurde ein Krieg der »Kinder und Großmütter«, die israelische Soldaten bekämpften, die den Frieden bewahren sollten. In den ersten 26 Monaten wurden 700 Palästinenser von israelischen Soldaten getötet – und weitere 182 von Palästinensern, die ihre Landsleute verdächtigten, mit Israel zu kollaborieren. Außerdem gab es ungefähr 37.000 Verletzte, und 40.000 wurden gefangen genommen.[296] Auf israelischer Seite gab es etwa 50 Opfer.

Ein umständlicher Weg zum Frieden

Die erste *Intifada* verlor ihren Schwung und brach schließlich zusammen. Dann folgte der 1. Golfkrieg. Die Unterstützung Saddam Husseins durch Jassir Arafat hatte die Öl produzierenden Länder, die die PLO finanziert hatten, verärgert und dazu veranlasst, ihre Hilfe für die PLO abzubrechen. Da die Vereinigten Staaten jetzt eine Gelegenheit sahen, im Nahen Osten zu einem Durchbruch zu gelangen, beriefen sie im Oktober 1991 in Madrid eine arabisch-israelische Friedenskonferenz ein. Leider kamen die Gespräche zwischen den Palästinensern und der Likud-Regierung unter Yitzhak Shamir schnell zum Stillstand.

Das Oslo-Abkommen

1992 übernahmen bei den israelischen Wahlen Yitzhak Rabin und die Arbeitspartei wieder die Macht in Israel. Unmittelbar danach begann die Regierung geheime Verhandlungen mit der PLO im norwegischen Oslo aufzunehmen. Arafat schien bereit, mit Israel einen Friedensvertrag abzuschließen, und zwar als Gegenleistung für eine palästinensische Autonomie. Im September 1993 unterschrieben Israel und die PLO ein Abkommen über die Voraussetzungen zur Errichtung einer palästinensischen Selbstverwaltung, das erste Abkommen zwischen den beiden Seiten, das später als das Oslo-Abkommen bekannt wurde. Die Erklärung wurde im September 1993 im Garten des Weißen Hauses unterzeichnet, wo Rabin und Arafat, in Anwesenheit von US-Präsident Clinton, sich die Hände schüttelten.

Das Oslo-Abkommen bestand eigentlich aus mehreren Vereinbarungen (siehe Karte 7). Das zweite Abkommen, auch bekannt als das Kairo-Abkommen oder Gaza-Jericho-Abkommen, wurde im Mai 1994 unterzeichnet. Durch dieses Abkommen sollten die Bestimmungen der ursprünglichen Erklärung umgesetzt werden. Es enthielt Abmachungen über eine fünfjährige Interimsperiode für die Selbstverwaltung der Palästinenser, die in zwei Stufen in Kraft treten sollte. Verhandlungen über die definitive Lösung des Konflikts sollten nach drei Jahren beginnen, nach zwei Jahren sollte über die endgültigen Grenzen, das Flüchtlingsproblem und den Status von Jerusalem sowie aller jüdischen Siedler entschieden werden.

Oslo II

Im September 1995 kehrten Rabin und Arafat ins Weiße Haus zurück, um das Interimsabkommen über das Westjordanland und den Gazastreifen zu unterzeichnen, oft Oslo-II-Abkommen genannt. Dieses Abkommen legte einen Plan für den Rückzug der Israelis aus den palästinensischen Ballungsgebieten fest und teilte die besetzten Gebiete in drei Zonen ein: Zone A steht vollständig unter palästinensischer Verwaltung; in Zone B übernehmen die palästinensischen Behörden die Verantwortung über die öffentliche Ordnung, während Israel die militärische Kontrolle behält; und Zone C steht vollständig unter israelischer Kontrolle. Mit der Zeit sollen die israelischen Behörden mehr und mehr Land aus Zone C nach Zone B und Zone A verlagern.

Das Abkommen wurde nicht von allen Juden und Palästinensern akzeptiert. Zwei Monate nach der Zeremonie im Weißen Haus wurde Yitzhak Rabin in Tel Aviv von einem jüdischen Religionsfanatiker ermordet. Auch islamische Fundamentalisten führten eine Reihe von Selbstmordanschlägen gegen israelische Zivilisten durch. Diese Entwicklungen bereiteten den Boden für Zorn und Verrat.

Im Mai 1996 brachten neue Wahlen in Israel Benjamin Netanjahu und die Likud-Partei zurück an die Macht. Netanjahu war ein öffentlicher Kritiker des Oslo-Abkommens gewesen und gab in seinem Wahlkampf

Kapitel 9: Unruhen im eigenen Land: die Intifada

Kairo-Abkommen 1994

Taba-Abkommen 1995

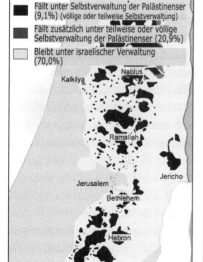

Wye-Abkommen 1998

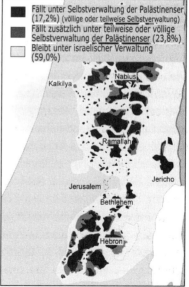

Sharm-el-Sheikh-Abkommen 1999

Karte 7: Abkommen und Landabtretungen (1994-99)

das Versprechen, härter mit Arafat umzugehen. Als er vier Monate lang ein Treffen mit Arafat ablehnte, kam es zu weiteren Spannungen.

Als im September 1996 ein neuer Ausgang für einen archäologischen Tunnel geöffnet wurde, der sich entlang der Westseite des Tempelberges erstreckte, flammten die schwelenden Spannungen wieder auf. Die Palästinenser behaupteten, dass der Tunnel eine Gefahr für den Felsendom sei, und auf bewaffnete Auseinandersetzungen zwischen der palästinensischen Polizei und israelischen Soldaten folgten blutige Aufstände. Bei einem Notfall-Gipfeltreffen im Weißen Haus schüttelte Netanjahu Arafat die Hand und versicherte, ein Abkommen über die Stadt Hebron im Westjordanland auszuhandeln. Dieses Abkommen wurde im Januar 1997 unterzeichnet.

Durch den Bau einer neuen jüdischen Siedlung (*Har Homa* genannt) am südlichen Stadtrand von Jerusalem kam es dann erneut zu arabischen Protesten. Arafat entließ aus palästinensischen Gefängnissen mutmaßliche Terroristen und verweigerte Israel jegliche Zusammenarbeit, um Frieden zu schaffen. So brach der Friedensprozess schnell zusammen.

Das Wye-River-Memorandum

Wegen des eskalierenden Konflikts zwischen Israel und den Palästinensern mussten die Vereinigten Staaten ein weiteres Mal eingreifen. Beide Seiten trafen sich im Oktober 1998 mit US-Präsident Bill Clinton in Maryland, um das Wye-River-Memorandum auszuarbeiten. Mit diesem Abkommen wurden ehemalige Versprechen nochmals bestätigt, und als Vorbedingung für die in Phasen durchgeführten israelischen Rückzüge wurden entsprechende Taten der Palästinenser festgelegt. Außerdem wurde durch das Abkommen die Rolle der Vereinigten Staaten als Wächter über die Einhaltung der vereinbarten Punkte durch beide Parteien bestätigt.

Das Gipfeltreffen von Camp David

1999 kam nach Neuwahlen in Israel die Arbeitspartei unter der Führung von Ehud Barak wieder an die Macht. Barak machte in seinem Wahlkampf das Versprechen, die Friedensverhandlungen weiter voranzutreiben. Nach mehreren vergeblichen Annäherungsversuchen an Syrien konzentrierte sich Barak darauf, einen umfassenden Friedensvertrag mit den Palästinensern auszuhandeln. Mit diesem allerletzten Versuch sollte ein Weg gefunden werden, für zwei ungeduldige Gruppen eine Lösung zu finden. Aber die Ereignisse waren außer Kontrolle geraten.

Die zweite *Intifada*: der Krieg der Steine und Bomben

Die zweite *Intifada* entzündete sich, als im Juli 2000 das Gipfeltreffen auf Camp David ohne Einigung beendet wurde. Israelis und Palästinenser beschuldigten einander der Unnachgiebigkeit und machten sich gegenseitig für den Misserfolg verantwortlich. »Fragt man Barak, so wird er vielleicht zugeben, dass es kein Angebot von israelischer Seite gab und Arafat es außerdem ablehnte. Fragt man Arafat, könnte man die Antwort hören, dass es kein Angebot gab und dass es außerdem inakzeptabel war. Das heißt: Es war überhaupt nichts entschieden worden.«[297]

Die aufgestaute Spannung entlud sich im September, als der Chef der Likud-Partei, Ariel Scharon, den Tempelberg besuchte. Knapp zwei Wochen zuvor hatten die Palästinenser angekündigt, dass sie sich mit Israel auf keinen Handel einlassen würden, wenn nicht das Westjordanland, ganz Ost-Jerusalem und der *Haram al-Sharif* (der Tempelberg) mit eingeschlossen seien. Ariel Scharons Besuch deuteten sie als Israels Ablehnung ihrer Forderungen – daraufhin reagierten sie sofort mit Gewalt. Die Al-Aqsa-Intifada hatte begonnen.

Im Westjordanland und im Gazastreifen kam es zu Aufständen. Jeglicher Versuch, den Frieden wiederherzustellen, wurde durch zwei Ereignisse zunichte gemacht. Es gab eine Videoaufnahme über den Tod eines zwölfjährigen palästinensischen Jungen, der ins Kreuzfeuer israelischer Soldaten und bewaffneter Palästinenser geraten war. Dieses Video wurde immer wieder im palästinensischen Fernsehen gezeigt und hetzte die Leute zu noch größerer Gewalttätigkeit auf, um das Leben des Jungen zu rächen. Daraufhin wurden zwei israelische Soldaten im Westjordanland von einem Mob gelyncht. Bilder von ihrem brutalen Tod – und von Palästinensern, die mit blutigen Händen triumphierten – gingen ebenfalls durch die Abendnachrichten.

Die Palästinenser waren von der Unaufrichtigkeit der israelischen Friedensangebote überzeugt und drohten mit weiteren gewalttätigen Handlungen. Israel war davon überzeugt, dass Arafat die Gewalttätigkeiten spöttisch dirigierte, um zusätzliche Zugeständnisse zu erzwingen, und dass man ihm als Friedenspartner nie trauen könnte. Sogar als Arafat Ende 2002 zum Waffenstillstand aufrief, zweifelten die Israelis an seiner Aufrichtigkeit. Raanan Gissin, ein Berater des israelischen Premierministers Ariel Scharon, brachte mit seiner Antwort auf Arafats Aufruf die Meinung der meisten Israelis auf den Punkt: »Arafat hat in all den Jahren eine Schreckensherrschaft und ein Königreich der Lügen aufgebaut. Er versprach uns den Frieden und brachte uns nur den Tod.«[298]

Obwohl die Palästinenser im Allgemeinen nicht gerade gerne Arafat und seine korrupten Mitstreiter an ihrer Spitze sehen wollten, unterstützten sie in ihrem Kampf gegen Israel Arafat weiterhin in seiner Führungsposition. Doch der islamische Fundamentalismus war für Arafat immer mehr zu einer neuen Bedrohung geworden. Er bot eine Alternative zur Korruption der PLO und der palästinensischen Führung an. Die Hamas und der Islamische Jihad stellten sich als die dynamischeren Anführer der Al-Aqsa-*Intifada* heraus. Ihre Selbstmordattentate gegen israelische Zivilisten hatten Arafat in eine schwierige politische Lage versetzt. Er ist gezwungen worden, die Attentate zu verurteilen, um die westlichen Regierungen zu besänftigen, die ihn noch immer unterstützten, solche terroristischen Handlungen jedoch verabscheuen. Doch er weigerte sich, etwas gegen die islamischen Fundamentalisten zu tun, aus Furcht, unter den konkurrierenden palästinensischen Gruppen einen Bürgerkrieg zu entfachen.

Arafats Unfähigkeit, den Terrorismus zu stoppen, verringerte seine Fähigkeit, die Palästinenser zu führen, sehr. Nach den Terrorangriffen auf das World Trade Center und das Pentagon am 11. September 2001 sind die Vereinigten Staaten und andere größere Nationen jeglichem Terrorismus gegenüber sehr viel intoleranter geworden.

Israel nutzte den Vorteil dieser neuen politischen Realität aus, indem es die terroristische Infrastruktur im ganzen Westjordanland und im Gazastreifen aggressiv angriff. Tausende verdächtige Terroristen wurden festgenommen, viele wurden durch gezielte Attentate getötet. Israel besetzte auch wieder große Teile des Landes, die unter palästinensischer Kontrolle standen, und nahm so den Palästinensern große Zugewinne weg, die sie in den letzten Jahrzehnten gemacht hatten. Die einst so vielversprechenden Aussichten auf Frieden zwischen Israelis und Palästinensern erscheinen jetzt nur noch schemenhaft im Dunkel.

Kosten abwägen und Lösungen suchen

Gibt es überhaupt Hoffnung auf Frieden, oder ist das Heilige Land zu ewigem Hass und Zwietracht verdammt? Das ist schwer zu sagen.

Die Taten der Palästinenser

Dieses Dilemma kann nur gelöst werden, wenn die Hauptursachen für diesen Streit erkannt werden. Erstens hat das Selbstvertrauen der Palästinenser einen verheerenden Schlag erlitten. Die großen kulturell bedingten Hoffnungen der Palästinenser auf ein eigenes Land sind immer wieder geweckt und dann begraben worden und führten letztendlich zum Zusammenbruch ihrer Moral. Auf der Suche nach Befreiung erlag das Volk einer neuen Art von Sklaverei, die sich durch korrupte Moral und korruptes Verhalten auszeichnete.

Dieser Zusammenbruch ist von dem Reporter David Shipler, der fünf Jahre unter den Palästinensern lebte, sorgfältig aufgezeichnet worden.[299] Er beschreibt, wie die Geschichte und die Schulung der Menschen unter der Führung der PLO den Terrorismus tief in ihre nationale Seele eingegraben haben. Terrorismus – sowohl gegenüber unschuldigen Zivilisten als auch gegenüber dem Militär – zu leugnen, bedeutet, ihr rassisches Erbe zu leugnen. Terrorismus wird auf dieselbe Weise gerechtfertigt wie die Reaktion eines Mannes, der jemanden abwehrt, der in sein Haus einbricht. Da sie keine andere Zuflucht haben, fühlen sie sich genötigt, Terrorismus in jeder Form anzuwenden, obwohl sie selbst es nicht so bezeichnen würden. Die PLO hat »Terrorismus« umdefiniert und erklärt, dass »Angriffe gegen Israelis kein Terrorismus sind.«[300] Gewalttätige Handlungen in den umkämpften Gebieten werden nicht als Terrorismus betrachtet, sondern als Teil des »nationalistischen Kampfes«.[301] So ist es unvermeidbar, dass der Verfall ihres Verhaltens auch den Verfall ihrer ganzen moralischen Gesinnung mit sich bringt.

Ein weiterer Reibungspunkt ist die Behauptung, dass Israel, eine Demokratie, die Palästinenser menschenunwürdig behandelt. Die Palästinenser aus dem Westjordanland und dem Gazastreifen können nicht israelische Staatsbürger werden, und sie haben keinen Zugang zu den Grundrechten, die den Staatsbürgern gewährt werden. Diese Ungerechtigkeit wurde besonders während der beiden *Intifadas* deutlich, als Israel arabische Verdächtige nach nur wenigen oder gar keinen Verhandlungen verurteilte.[302] Wenn Einsprüchen stattgegeben wird, werden sie oft für lange Zeit aufgeschoben. Verdächtige können ohne Verhandlung für unbestimmte Zeit festgehalten werden.

Am stärksten wurden die Palästinenser jedoch provoziert, als sich jüdische Gemeinschaften im Westjordanland und im Gazastreifen ansiedelten. Seit 1977, als Menachem Begin zu diesem Siedlungsprogramm ermutigte, wird darüber fast ununterbrochen berichtet.[303] Es gibt verschiedene Gründe für diese Kolonisation. Einige Juden ließen sich dort aus religiösen Gründen nieder, auf der Suche nach ihrem biblischen Erbe. Andere suchten einfach einen Wohnsitz, von dem aus sie zu den großen Städten Tel Aviv und Jerusalem pendeln konnten.[304] Viele sowjetische Juden, die nach Israel einwanderten, um einer aufkommenden Welle des Antisemitismus in Russland zu entkommen, sorgten für einen größeren Bedarf an Wohnungen, den diese Siedlungen zu befriedigen halfen. Obwohl die meisten Siedlungen in unfruchtbaren und unbesetzten Gebieten errichtet werden, sind die ansässigen Araber dadurch in Unruhe versetzt worden. Sie glauben, dass mit diesen Siedlungen das Land ohne Schwert erobert werden soll.

Die Palästinenser haben deshalb die Medien benutzt, um ihre Notlage zu dramatisieren.[305] Mona Charen, eine Politikjournalistin aus Washington, erklärt, dass »die Fernsehanstalten in den Vereinigten Staaten davon besessen« sind, über dieses »minderwertige Israel« jeden Abend zu berichten.[306] Öffentliche Fernsehsender haben einige Filme wie *Arafat* und *Days of Rage: The Young Palestinians* (»Tage der Wut: Die jungen Palästinenser«) ausgestrahlt, welche die arabische Sichtweise hervorheben. Die Palästinenser betrachten die Juden, die sich im Westjordanland niederlassen, als »Verbrecher« und Rassisten und definieren Rassismus wie folgt: »wenn man eine andere Person nicht als Mensch ansieht.«[307] In ihrer Frustration übertreiben sie ihre Notlage und »bauschen sie auf, indem sie ihre Situation mit den Leiden der Juden in den Händen der Nazis vergleichen.«[308]

Israels Reaktionen

Israel antwortete auf die *Intifada* zunächst zurückhaltend und mit Geduld, doch schon bald kam es zu heftigen Vergeltungsmaßnahmen. Darauf trainiert, mächtige Armeen mit hoch entwickelten Waffen zu schlagen, schien Israels Verteidigung weniger darauf vorbereitet zu sein, mit dieser Art des Konflikts fertig zu werden. Beamte versuchten zunächst,

Schulen und Universitäten zu schließen. Später wurden die Häuser von Terroristen und Selbstmordattentätern zerstört. Dann bombardierten die Israelis palästinensische Regierungsgebäude, zerstörten den größten Teil von Arafats Amtssitz in Ramallah und hielten ihn in den wenigen dann noch intakten Zimmern gefangen.

Israel rechtfertigte seine Taten mit einer militärischen Anordnung aus dem Jahre 1945, in der es hieß: »Ein militärischer Befehlshaber kann die Beschlagnahmung ... eines jeden Hauses, Gebäudes oder Gebietes anordnen, wenn der Verdacht besteht, dass irgendeine Schusswaffe illegal davon abgefeuert wurde oder eine Bombe, Handgranate oder irgendein anderer Sprengstoff oder entflammbares Material von dort geworfen wurde, detonierte oder explodierte ... Mit der Beschlagnahmung ... kann der Befehlshaber das Haus zerstören.«[309] Unfähig, die Kinder zu bestrafen, die mit Steinen und Bomben warfen, blieb den Israelis nur noch die Möglichkeit, die Häuser ihrer Eltern zu vernichten. Genauso bestraft man auch jetzt noch die Familien der Selbstmordattentäter.

Aus der Sicht der Palästinenser scheint dieses rechtsgültige Prinzip offensichtlich einseitig zu sein, nach dem Motto »ein Auge für einen Kratzer« oder »ein zerstörtes Haus für den Verdacht auf Terrorismus«. »Die Ungerechtigkeit ... macht normale Menschen zu Verbrechern.«[310]

Die bisher extremste Reaktion in Israel ging von einer radikalen Minderheit aus, die die Ansichten des verstorbenen Rabbiners Meir Kahane übernahm, der die Ausweisung der Araber aus dem Land befürwortete. Der Rabbiner warnte besonders jüdische Mädchen davor, sich mit Arabern in hebräischen Universitäten und anderen Schulen zu treffen, und betonte, dass dies ein weiterer Plan der Araber sei, junge Israelis für die palästinensische Sichtweise zu gewinnen. Er betonte, dass die »sexuell aggressiven Araber so stark sind, dass den jungen jüdischen Frauen oft abgeraten wird, zu ihren arabischen Nachbarn und in deren Dörfer zu gehen.«[311] Seine Ansichten waren so beliebt, dass der radikale Rabbiner 1985 in die Knesset gewählt wurde und bei einer Umfrage unter Jugendlichen 42,1 Prozent der Befragten erklärten, mit ihm einer Meinung zu sein.[312] Die Knesset jedoch verurteilte den Fanatismus und Rassismus Kahanes.

Die Auswirkungen der Intifada

In gewisser Weise ist das harte Leben für die Palästinenser ein Segen gewesen: Es hat sie stärker zusammengeschweißt. Ihr Kampf gab ihnen einen »Bandeninstinkt«, sorgte für eine Einheit der Unterdrückten, die Opfer und sogar den Tod der Unterwerfung vorziehen. Viele Beobachter haben diese Tatsache im Westjordanland im Gazastreifen beobachtet. Sie berichten über eine Gleichgültigkeit der Palästinenser gegenüber ihren erbärmlichen Lebensverhältnissen und der öffentlichen Ordnung, während sie darauf warten, dass ihre radikalen Ziele erreicht werden.

Durch den Aufstand wurden weitere Tatsachen offenbar. Erstens verursacht Rassismus zwangsläufig den Verfall der Moral und verschlechtert die Lebensqualität. Das betrifft sowohl den intellektuellen Bereich als auch die innenpolitischen Angelegenheiten und wird sowohl an Universitäten als auch in Städten und Dörfern deutlich. Sogar Studierende machen ihre Ausbildung nur mit dem Ziel, sich später aktiv an Vergeltungsschlägen zu beteiligen.[313] In dieser feindlich gesinnten Atmosphäre hat man die wirklichen Ziele beider Völker aus den Augen verloren oder verdrängt. Beide Seiten bestätigen den moralischen Verfall. Bei einem früheren Kampf sagte Golda Meir unverblümt: Sie »könne den Arabern für das, was sie den Juden angetan haben, verzeihen. Aber sie könne ihnen nie verzeihen, dass sie die Juden dazu gebracht haben, was sie den Arabern antun.«[314]

Zweitens haben der Konflikt und die Armut auch zur Entstehung des islamischen Fundamentalismus beigetragen. Jene Abschnitte des Koran, die zur Tötung der Juden aufrufen, werden jetzt dafür benutzt, um die hässlichen Verbrechen an unschuldigen Zivilisten zu rechtfertigen. Die Hamas und der Islamische Jihad haben herausgefunden, dass die schmutzigen Elendsviertel in Gaza, Nablus oder Jenin ein fruchtbarer Boden für die Rekrutierung von Selbstmordattentätern sind, die unmittelbar ins Paradies wollen.

Der Rassenkampf der *Intifada* hat auf mancherlei Art und Weise das echte Leben auf beiden Seiten zum Stillstand gebracht. Und solange der Krieg anhält, werden persönliche Erwartungen nicht erfüllt werden können.

Die Notwendigkeit eines Kompromisses

Die *Intifada* hat Israel auch gezwungen, seine Annexionspolitik zu überdenken. Obwohl manche innerhalb der Likud-Partei darauf bestanden haben, das ganze biblische Judäa und Samaria zu behalten, damit die Grenzen gesichert sind, wird immer klarer, dass ein Kompromiss geschlossen werden muss. Natürlich gibt es in beiden Lagern starke Stimmen, die immer noch darauf bestehen, dass das ganze Land ihnen gehört. Sie weigern sich, Kompromisse überhaupt in Betracht zu ziehen. Aber die meisten Israelis erkennen, dass die Grundziele der Palästinenser bis zu einem gewissen Grad erfüllt werden müssen. Die entscheidende Frage ist, wie weit dieser Kompromiss geht. Der Gedanke, dass dies bis zu einem gewissen Grad auch eine unabhängige Regierung der Palästinenser unter Israel bedeuten könnte, wird immer mehr akzeptiert. Diese Tatsache und die Garantie für sichere israelische Grenzen sind die wesentlichen Voraussetzungen für eine Lösung.

Arafat selbst verteidigte jedoch bis zu seinem Tod seine Position als rechtmäßiger Führer und Stimme der Palästinenser. Israel sah ihn als inakzeptabel an, weil er sein Versprechen gebrochen hatte, auf Gewalt zu verzichten, und die palästinensische Führung heimlich benutzte, um gegen Israel terroristische Anschläge zu verüben. Seit Juli 2000 ist keine Seite von ihren Standpunkten abgewichen, und die Stimmen, die nach Frieden rufen, sind fast verstummt. Jede Vereinbarung zwischen Israel und den Palästinensern sieht weniger wie ein Friedensvertrag aus, sondern mehr wie eine weitere Abmachung in einem verbittert geführten Scheidungskrieg.

Der Stillstand

Die *Intifada* ist in mancherlei Hinsicht kennzeichnend für den Morast, in dem Israel steckt. Obwohl die Nation viele seiner zionistischen Ziele erreicht hat, sind Israels hoch angesetzte Idealvorstellungen weit davon entfernt, verwirklicht zu werden. Viele von ihnen verändern sich ständig.

Obwohl Israel wieder große Teile seines früheres Besitzes zurückbekommen hat, gibt es mit den Palästinensern, die das Land ebenso beanspruchen, ein Tauziehen. Ironischerweise sind die Gebiete von Judäa und Samaria, über die man sich hauptsächlich streitet, von den Arabern besetzt. Und in der Küstenebene, einst »Land der Philister« genannt, leben die meisten Israelis (abgesehen vom Gazastreifen). Natürlich ist das nicht schlecht, was Landwirtschaft, Schifffahrt und materiellen Wohlstand betrifft. Trotzdem ist dieser Wohlstand weit von den traditionellen Zielen des Zionismus entfernt.

Dasselbe gilt für Jerusalem, Israels lange verehrte Heilige Stadt. Obwohl die Nation ihre Hauptstadt von Tel Aviv dorthin verlegte, sind die Juden im Wesentlichen auf die neuere Westseite beschränkt. In der Altstadt (außer im Judenviertel) und in Ost-Jerusalem leben 200.000 Palästinenser. Dort steht der Tempelberg, einst religiöses und soziales Zentrum des jüdischen Volkes, jetzt aber Standort eines internationalen islamischen Heiligtums. Der Felsendom gehört wie die Al-Aqsa-Moschee zu den hoch angesehenen Heiligtümern der Muslime. Obwohl die meisten Eroberer Jerusalems die ganze Geschichte hindurch keine Bedenken hatten, den Tempelberg fortan für die Aufbewahrung ihrer eigenen religiösen Reliquien zu nutzen, tat Israel dies 1967 nicht. Israel ließ alle religiösen Heiligtümer intakt.[315]

Dass die Araber sich auf dem Berg festgesetzt haben, ist praktisch ein Bestandteil des islamischen Glaubens. Denn nach Mekka und Medina ist der Tempelberg die drittheiligste Stätte des Islam. Aber dieser Ort ist auch das Herz des religiösen und sozialen Systems Israels, der Mittelpunkt für alle traditionellen jüdischen Rituale. Ohne diesen Ort bleiben die alten Opferriten und Feste nur eine liebevolle Erinnerung.

In dieser gegenwärtigen Kriegsatmosphäre scheinen die Tatsachen, die Juden und Araber trennen, wirklich unglaublich. Manche befürchten, dass der Konflikt eskalieren könnte und letztendlich den Rest der Welt verschlingen wird, wenn die gegenseitige Blockade nicht bald beendet wird. Das Gebiet könnte leicht zur Brutstätte endloser Streitigkeiten und des Rassenhasses werden, der immer mehr Generationen von Terroristen hervorbringt.

Dieses hartnäckige Dilemma im Land der Bibel fordert Gläubige heraus, über die Frage des Geburtsrechts nachzudenken. Wem gehört das »Heilige Land« nun wirklich? Obwohl dies eine politische Frage ist, müssen bibeltreue Christen zwischen moralischen und biblischen Tatsachen unterscheiden. Jesus ermahnte die Menschen seiner Generation unverblümt, dass sie versäumt hatten, die geistliche Bedeutung der Ereignisse zu erkennen. Wir sind heute nicht weniger verantwortlich – in einer Zeit, in der Gott erneut ganze Imperien in Bewegung setzt, um Israel ins Blickfeld der Weltgeschichte zu rücken.

Nachdem wir die politischen und sozialen Kräfte betrachtet haben, die diese gegenseitige Blockade verursachen, sollten wir jetzt die jeweiligen Ansprüche beurteilen. Doch wie entknotet man einen Gordischen Knoten?

Kapitel 10

Wem gehört das Land wirklich?

Wem gehört das Land nun wirklich? Diese Frage ist wohl eine der explosivsten unserer Zeit. Wenn es eine einfache Antwort gibt, dann nur die, dass das Land dem Herrn gehört. Schon vor langer Zeit erhob er Anspruch auf das Land und reservierte es sich für seine ganz besonderen Absichten.

Noch komplizierter wird es jedoch, wenn wir weiter fragen, warum er zugelassen hat, dass das Land jahrzehntelang überrannt wurde und jetzt zum Streitobjekt der ganzen Welt wird. Da sowohl die Juden als auch die Araber das Land energisch beanspruchen: Welche wesentlichen Faktoren entscheiden über eine gerechte Regelung?

Da Gott der Architekt der ganzen Geschichte ist und sogar in die schwierigsten internationalen Angelegenheiten eingegriffen hat, können wir sicher sein, dass der gegenwärtige Konflikt kein bloßer Zufall ist. Der Herr hat diese Konfrontation zwischen Juden und Arabern zugelassen, um sich mit beiden Gruppen zu befassen. Er wird sich darin noch verherrlichen.

Das gegenwärtige Dilemma ist keineswegs auf die Juden und Araber, die im Land leben, beschränkt – es beeinflusst die ganze Welt. Jede Aktion der *Intifada* wird sofort von den Weltmedien in allen grausamen Einzelheiten verbreitet. Ereignisse aus einem Teil der Region hallen in jedem jüdischen Kibbuz und in jedem arabischen Dorf des Nahen Ostens wider. Die Juden haben eine lebendige Erinnerung an den immer wiederkehrenden Antisemitismus, der sich regelmäßig weltweit auszubreiten scheint. Und unter den Arabern ist der Wunsch neu entflammt, die Welt dem Islam zu unterwerfen. Belebt wurde dieser Wunsch durch die enorm großen Schätze, die durch den weltweiten Verkauf von Öl zustande kamen. Diese ernsten Tatsachen veranlassen beide Gruppen, sich intensiv mit dem Land auseinander zu setzen.

Auch evangelikale Christen haben ein persönliches Interesse an den Angelegenheiten dieses Landes. Neben dem Respekt vor seiner historischen Vergangenheit und einer moralischen Sorge um seine Gegenwart haben sie ein theologisches Interesse an der Zukunft des Landes. Viele betrachten Israels Rückkehr in sein Land als einen grundlegenden Teil der biblischen Voraussagen und halten die Rolle Israels in der Welt für einen wesentlichen Bestandteil der Endzeit. Dieser prophetische Aspekt war auch eine Hauptantriebskraft der zionistischen Bewegung. Die Wiedergeburt des jüdischen Staates hat eine zweifache Bedeutung: Die Genauigkeit der Heiligen Schrift wird bestätigt, und die Gemeinde wird auf dramatische Art darauf aufmerksam gemacht, dass der Herr in allen internationalen Angelegenheiten souverän wirkt, um sein Programm bis zum Ende auszuführen.

Bevor wir uns der prophetischen Bedeutung zuwenden, sollten wir uns jedoch kurz mit den schwierigen Tatsachen der moralischen und internationalen Ansprüche auf das Land befassen. Beide Seiten bezichtigen sich gegenseitig der groben Verletzung dieser Ansprüche. Und ehrlich gesagt: Beide scheinen mit ihren Forderungen Recht zu haben. Wem gehört das Land wirklich?

Die palästinensischen Ansprüche auf das Land

Die Ansprüche der Juden und der Palästinenser basieren auf mehreren Faktoren – auf historischen und religiösen. Die religiösen Faktoren müssen berücksichtigt werden, da sie für beide Seiten die Grundlage ihrer historischen und internationalen Ansprüche auf das Land darstellen. Die palästinensischen Ansprüche können in fünf Grundaussagen zusammengefasst werden, drei historische und zwei religiöse:

1. *Ihr langjähriger Wohnsitz in dem Land.* Im Jahre 638 n.Chr. wurde Palästina von dem Muslim Kalif Omar erobert. Seit dieser Zeit leben dort arabische Gruppen. Als die Briten den Türken das Land 1917 wegnahmen, machten Araber die überwältigende Mehrheit der Bevölkerung aus. Die Wilson-Doktrin (»Selbstbestimmungsrecht der Völker«) wurde von den Briten im Allgemeinen als Grundlage für jedes nach dem Ersten Weltkrieg eingenommene Land akzeptiert. Ihr langjähriger Wohnsitz stellt den Schwerpunkt des palästinensischen Anspruchs auf das Land dar.
2. *Das britische McMahon-Hussein-Abkommen.* Während des Ersten Weltkrieges sicherte die britische Regierung verschiedenen arabischen Führern zu (hauptsächlich den Scharifen von Hedjaz durch

Sir Henry McMahon und Winston Churchill), dass alle Länder des östlichen Mittelmeerraumes zu einem pan-arabischen Staat zusammengeschlossen würden. Obwohl dies hauptsächlich persönliche Mitteilungen waren, die durch »Mehrdeutigkeit verschleiert, vage und bewusst unklar abgefasst« waren, wurden sie von den Arabern als Versprechen Großbritanniens aufgefasst, dass ganz Palästina unter arabischer Herrschaft stehen würde.[316] Unter dieser Voraussetzung erhoben sie Anspruch auf das Land, das Teil der Kriegsbeute aus dem Ersten Weltkrieg sein sollte. (siehe Anhang B)

3. *Ihr Anspruch auf Wiedergutmachung aufgrund eines Mini-Holocaust.* Viele Palästinenser, die ihre Häuser während des Krieges 1948 verließen, sind der Ansicht, dass auch sie in den Flüchtlingslagern einen Holocaust erlitten haben. Hunderttausende von ihnen lebten in »einem erbärmlichen Zustand, wie in einem Gefängnis« und hatten ihr Heimatland verloren.[317] »Es ist bekannt, dass die Palästinenser eine alte jüdische Exilstrategie benutzen«, indem sie in den Flüchtlingslagern die Befreiung von ihren Unterdrückern verlangen.[318] Sie behaupten, dass mehr als fünfzig Jahre der Verwüstung durch die Hand der Juden und ohne Unterstützung ihrer arabischen Nachbarvölker, genug sind, um dasselbe Mitgefühl verdient zu haben, welches den Juden wegen des Holocaust entgegengebracht wurde. Die Palästinenser sind davon überzeugt, dass »der Diebstahl und die Vergewaltigung« ihres Landes durch die Juden Wiedergutmachung und Wiederherstellung ihres Volkes in ihrem Heimatland notwendig mache.

Manche glauben jedoch, dass ihre beklagenswerten Lebensbedingungen auf die arabische Politik zurückzuführen sind.[319] Als die arabischen Nationen ihre politischen Ziele nicht durch militärische Macht erreichen konnten, versuchten sie es auf andere Weise. Palästinensern, die aus Israel flüchteten, verweigerte man, sich in arabischen Ländern niederzulassen (außer in den überfüllten Flüchtlingslagern). Auch Reisen und Wanderungen wurden ihnen verboten. Statt den Flüchtlingen zu erlauben, sich in arabischen Gebieten niederzulassen, hielten diese Regimes die Palästinenser in Flüchtlingslagern als »Ausstellungsstück« gefangen, das die israelische Ungerechtigkeit beweisen sollte. In 61 Lagern im Westjordanland, in Gaza, Jordanien, Syrien und im Libanon ermutigten die Araber die Palästinenser dazu, zu Märtyrern zu werden, zu »Soldaten des Leidens«.[320] Israels Angebot, die Bedingungen in diesen Konzentrationslagern zu lindern, wurde von den arabischen Führern strikt abgelehnt. Vorschläge, moderne Unterkünfte außerhalb der Lager zu bauen, wurden verächtlich zurückgewiesen. Stattdessen wurden die Palästinenser weiterhin in ihrem Elend gelassen, um die Erbärmlichkeit ihrer Notlage zu steigern.

4. *Sie berufen sich auf ihre Abstammung von Abraham.* Die Araber untermauern ihren Anspruch auf Palästina mit einer religiösen Aussage aus dem Koran. Sie behaupten, von Ismael, dem Erstgeborenen Abrahams, abzustammen, dem Gott das Land Kanaan versprach. Obwohl dieser Bezug zu Ismael im Allgemeinen sowohl von Juden als auch von Arabern akzeptiert wird, »steht in der Bibel nicht, dass Ismael der Vorfahre der Araber ist, und auch die Araber jener Zeit vertraten diese Ansicht nicht.«[321] Diese Herkunft wurde jedoch von Mohammed beansprucht und im Koran vertreten. »Abraham war weder Jude noch Christ, sondern er war Muslim.«[322] »Und wir geboten Abraham und Ismael: ›Reinigt mein Haus für die, die es umwandeln, und die in Andacht verweilen und die sich beugen und niederfallen im Gebet.‹«[323] Ismael wird als erwählter, rechtschaffener Führer dargestellt, der jeden Makel wegnimmt.[324]

Um dies noch mehr zu bekräftigen, haben arabische Kommentatoren erklärt, dass die Juden, obwohl sie ein auserwähltes Volk sind, »ihre Rechte auf das Land verloren haben, weil sie den Bund mit Gott gebrochen haben.«[325] Auch in jordanischen Schulbüchern wird gelehrt, dass die Juden »ihre Religion und diese Welt verloren haben ... durch die Hand der rechtschaffenen Muslime.«[326] Diese Rekonstruktion der Geschehnisse durch den Koran verleiht ihrem Anspruch auf das Land eine starke religiöse Grundlage und erklärt ihren Aufruf zum Jihad.

5. *Die arabischen Ansprüche auf Jerusalem als Al-Quds,* »die Heilige«. Die Stadt Jerusalem wird von den Arabern als eine der drei heiligen Städte des Islam angesehen (die dritte nach Mekka und Medina). Das beruht auf der Hadith-Tradition, dass Mohammed auf einem Pferd vom Tempelberg aus in den Himmel entrückt wurde. Der Felsendom, das arabische Heiligtum, das auf den Ruinen des alten israelischen Tempels gebaut wurde, ist so heilig, dass er von Muslimen aus aller Welt verehrt wird. Vor 1967 besuchten jedes Jahr »Hunderttausende islamische Pilger die Stätte.«[327] Obwohl der Koran Jerusalem nicht namentlich erwähnt und Mohammed nie wirklich die Stadt besucht

hat, forderte er seine Anhänger ursprünglich auf, in Richtung Jerusalem zu beten, bevor er später befahl, in Richtung Mekka zu beten. Aus diesem Grund haben die Araber die Stadt Jerusalem Al-Quds genannt, »die Heilige«. Kein Thema ist in Bezug auf die palästinensischen Ansprüche auf das Land so brisant und so zentral wie der Erhalt Jerusalems als Heilige Stadt des Islam.

Die jüdischen Ansprüche auf das Land

Der Anspruch der Juden auf *Eretz Israel*, das Land Israel, kann ebenfalls mit fünf historischen und religiösen Aussagen zusammengefasst werden. Obwohl sie miteinander in Zusammenhang stehen, können sie getrennt voneinander genannt werden.

1. *Ihr langjähriger und ständiger Wohnsitz in dem Land.* Das Land Kanaan war (wie von Gott befohlen) von Josua ungefähr zweitausend Jahre vor der Einnahme durch die Araber erobert worden. Danach hielt Israel diese Region für beinahe fünfzehn Jahrhunderte besetzt. Obwohl viele Ausländer Teile des Landes eroberten und viele der dort ansässigen Juden töteten oder vertrieben, blieb ein kleiner Rest, der sich um das Land kümmerte. Das blieb bis in unsere moderne Zeit hinein so. Als die Briten das Gebiet 1917 eroberten, wurde es von den osmanischen Türken, nicht von den Arabern, beherrscht. Das Land war etwa vierhundert Jahre lang unter türkischer Kontrolle gewesen. Dennoch sahen die Juden Palästina als ihr Heimatland an und gaben ihren Anspruch die ganze Zeit ihrer Zerstreuung hindurch nicht auf. Sie sehnten sich immer danach, wieder in ihr Heimatland, aus dem sie vertrieben worden waren, zurückkehren zu können.
2. *Die Balfour-Erklärung.* Ein wesentlicher Teil des Versailler Friedensvertrags nach dem Ersten Weltkrieg war die Balfour-Erklärung, die dem jüdischen Volk eine nationale Heimstätte in Palästina garantierte. Dem Völkerbund wurde genehmigt, unter dem britischen Mandat diese jüdische Heimstätte zu errichten. Mit diesem Plan wollte man Chaim Weizmann Anerkennung schenken, der seinen Beitrag im Krieg geleistet hatte.[328] Die Tatsache, dass die Briten diesen Teil des Mandats nicht erfüllten, wird von vielen als bedeutender Faktor für den Ausbruch des Zweiten Weltkriegs angesehen.

3. *Die Notwendigkeit eines sicheren Hafens als Schutz vor dem Holocaust.* Der Holocaust ermahnte immer wieder den Rest der Welt, wie sehr das Weltjudentum ein Heimatland brauchte. Ohne eigenes Land waren die Juden jedem Völker mordenden Irren auf Gedeih und Verderb ausgeliefert, und es gab keine nationale Regierung, die sie um Gerechtigkeit bitten konnten.[329] Während den Arabern sieben nationale Heimstätten versprochen und dann auch aus dem zerstörten Osmanischen Reich zugeteilt wurden, wurde den Juden bis 1948 jeglicher Ort für die Errichtung eines Heimatlandes verweigert. Ihre Einreise nach Palästina war keine fixe Idee; sie hatten weder ein Heimatland noch eine gleich gesinnte Nation, an die sie sich wenden konnten.

4. *Ihre Berufung auf den Bund mit Abraham.* Wie die Araber, so haben auch die Juden eine starke religiöse Bindung und einen religiösen Anspruch auf das Land. Das Land Kanaan wurde Abraham und seinen Nachkommen versprochen (1. Mose 12,7; 13,15). Dieser Bund stellt den Kern ihres Anspruchs auf das Land dar, sowohl aus religiöser als auch aus historischer Sicht. Obwohl Ismael gewisse göttliche Segnungen versprochen wurden, war es Isaak, den der Herr zum Erben der Bundesverheißungen auserwählte (1. Mose 17,19-21). Dies bestätigte er auch später vor Isaak, Jakob und den Kindern Israels (1. Mose 12,7; 13,15; 15,18; 26,3; 28,13; 5. Mose 1,8).

Obwohl das Vorrecht, das Land einzunehmen, an den Gehorsam der Juden gebunden war, war die endgültige Erfüllung dieses Versprechens unwiderruflich (5. Mose 28-30). Der Bund war durch den obersten Eid des Herrn und nicht durch Israels Verhalten garantiert. Das Land nannte man »Land, das der Herr euch und euren Vätern gegeben hat« (Jeremia 25,5; Amos 9,15). Dieser Bund war die alttestamentliche Grundlage für das Recht der Juden auf das Land, und er wird auch im Neuen Testament bestätigt (Lukas 1,32-33.72-74; Römer 11).

5. *Die religiöse Verbundenheit der Juden mit Jerusalem.* Wie die Araber, so lassen auch die Juden keine Verhandlungen über den Anspruch auf die Stadt Jerusalem zu. Diese gebirgige Zitadelle ist eine »dreimal heilige« Stadt, denn sie ist für drei Weltreligionen heilig – für Judentum, Christentum und Islam. Für die historischen und religiösen Traditionen der Juden spielt die Stadt eine zentrale Rolle. Aus diesem Grund verlegte der neu gegründete Staat Israel seine Regierung nach Jerusalem und erklärte am 23. Januar 1950 diese Stadt zur Hauptstadt.

Die Zerstörung Jerusalems im Jahre 70 n.Chr. traumatisierte die Nation auf zweifache Art. Israels politisches Leben hörte auf, und die meisten religiösen Riten wurden nicht mehr ausgeübt. Ohne den Tempel konnte nicht mehr geopfert werden. Für eine Nation, die ihre Lebenskraft schon immer aus den traditionellen religiösen Riten schöpfte, war der Verlust Jerusalems und des Tempels katastrophal. Für diese heilige Stätte gab es in dem von Gott gegebenen System keinen Ersatz. So lautete der Klageruf des jüdischen Volkes während ihrer jahrhundertelangen Zerstreuung immer: »Nächstes Jahr in Jerusalem.« Die »Stadt Zion« ist für die zionistische Bewegung ein wesentlicher Bestandteil und war für die ganze Nation schon immer von großer Bedeutung. Jerusalem ist für das jüdische Volk unentbehrlich.

Die Ansprüche auf das Land beurteilen

Nachdem wir die Besitzansprüche betrachtet haben, müssen wir zur Frage zurückkommen, wer denn nun der rechtmäßige Eigentümer des Landes ist. Wem gehört das Land wirklich? Sowohl Araber als auch Juden legen überzeugende Argumente für ihre Ansprüche dar. Beide haben eine Vorgeschichte der Unterdrückung und Entbehrung, die Ansprüche auf ein Vaterland rechtfertigen. Jede Seite scheint diesen Preis verdient zu haben, wenn auch nur als Trost und Wiedergutmachung für frühere Misshandlungen. Leider versuchen beide Seiten, dasselbe Stückchen Land zurückzuerobern.

Bei der Beurteilung der Ansprüche könnten einige Hauptgesichtspunkte zu einer Kompromisslösung führen. Betrachten wir noch einmal die Hauptursachen ihrer Forderungen, zuerst die historischen und dann die religiösen.

Langer Wohnsitz

Über diesen Punkt haben beide Seiten lange gestritten. Das Argument, seit uralter Zeit dort zu leben, können eindeutig die Juden in Anspruch nehmen, da Kanaan schon vor langer Zeit ihr Heimatland war. Sie sind den Arabern in diesem Punkt fast zweitausend Jahre voraus. Lange bevor die Römer es »Palästina« nannten, war es als »das Land Israel« bekannt.

Andererseits trifft das Argument, in dem Land schon seit vielen Jahren zu leben, eindeutig auf die Araber zu, die den größten Teil der letzten dreizehn Jahrhunderte dort wohnten. Sie eroberten das Land, während Israel in alle Länder zerstreut war. Trotzdem regierten die Araber in dieser Zeit nicht über Palästina, da es nie einen politisch organisierten palästinensischen Staat gab. Das Land wurde von 1516 bis 1917 von den osmanischen Türken beherrscht und als kleinerer Teil Syriens lose regiert. Der größte Teil des Landes gehörte einer kleinen Gruppe von Adligen, von denen viele in Syrien lebten und das Land an Bauern bzw. *Fellachen* verteilten. 1922 gab es außerdem etwa 100.000 Wüstenbeduinen, die in diesem Gebiet herumwanderten.[330] Obwohl die Araber zu jener Zeit die Mehrheit der Bevölkerung ausmachten, wurden sie von Fremden regiert.

Es stellt sich die Frage, wie lange ein Volk nicht in seinem Land sein darf, bis andere Völker dieses Land übernehmen dürfen. »Gibt es ein besonderes Gesetz, das dem Dieb erlaubt, sein Diebesgut als Eigentum zu deklarieren?«[331] Moderne Gerichte würden zweifellos positiv entscheiden, besonders, wenn viele Jahrhunderte vergangen sind. Die Welt von heute ist ein Produkt der Vergangenheit, kann aber kaum für die Taten ihrer Ahnen verantwortlich gemacht werden. Obwohl also die Frage nach dem Aufenthalt zum Vorteil der Palästinenser beantwortet zu sein scheint, sagt dies wenig über eine politische Herrschaft aus. Sie lebten vierhundert Jahre lang unter türkischer Herrschaft. Eine politische Selbstbestimmung der Palästinenser unter dem Staat Israel zu akzeptieren, wäre daher, verglichen mit ihrer jüngsten Vergangenheit, nichts Außergewöhnliches.

Garantien der britischen Mandatsmacht

Britische Versprechen, sowohl Juden als auch Arabern gegenüber, waren viel zu umfangreich und unrealistisch. Die einzelnen Auslegungen brachten beide Völker zwangsläufig auf Kollisionskurs. Beide gingen mit ihren Ansprüchen zu weit. Die Juden verstanden unter dem Versprechen »Heimstätte in Palästina« die Errichtung eines jüdischen Staates im ganzen früheren Judäa, Samaria, Galiläa und Transjordanien. Die Araber nahmen an, dass ihr Staat das ganze östliche Morgenland mit einschloss.

Nach dem Ersten Weltkrieg wurden die Juden durch Ereignisse desillusioniert, als die Briten – als Trostpreis für den Verlust von Syrien – Abdullah Transjordanien (drei Viertel des ganzen Landes) gaben. Die Araber träumten von einem pan-arabischen Staat im ganzen Morgenland. Dies stand im Gegensatz zur Aussage der britischen Königlichen

Kommission von 1927: »Wenn König Hussein und Emir Feisal ihren großarabischen Staat aufrichten ... würden sie den Juden das kleine Palästina zubilligen.«[332] Als das Gebiet später aufgeteilt wurde und sieben arabische Staaten entstanden, bestanden die Araber jedoch auch auf einen Staat in Palästina.

Es wird oft angemerkt, dass die Balfour-Erklärung nicht nur »die Schaffung einer nationalen Heimstätte für das jüdische Volk in Palästina« garantierte, sondern auch, dass »nichts getan werden soll, was die bürgerlichen und religiösen Rechte bestehender nichtjüdischer Gemeinschaften in Palästina« beeinträchtigen könnte.[333] Die Erklärung wies ausdrücklich darauf hin, dass die Bürgerrechte und Eigentumsrechte der Palästinenser geschützt werden und geachtet werden sollten (z.B. durch Ausgleichsregelungen in Bezug auf ihr Eigentum). Diese Verantwortung wurde von der UN-Vollversammlung noch einmal bekräftigt, als sie am 11. Dezember 1948 eine weitere Resolution verabschiedete. Darin hieß es, dass »Flüchtlinge, die in ihre Häuser zurückkehren wollen und in Frieden mit ihren Nachbarn leben möchten«, die Erlaubnis dazu bekommen sollten und dass für das »Eigentum ein Ausgleich bezahlt werden soll ... von den Regierungen oder verantwortlichen Behörden.«[334] Aus diesem Grund behaupten viele, dass die Juden die Hauptschuldigen bei der Übertretung des Mandats seien, denn sie haben die ansässigen Palästinenser weder geschützt noch dafür gesorgt, dass die Flüchtlinge nach dem Krieg wieder in ihre Häuser in Israel zurückkehren konnten.

Diese Behauptung stellt eine ernste und offensichtlich unvermeidliche Anklage gegen Israel dar. Man schätzt, dass »mehr als 60 Prozent des ganzen israelischen Landes aus Gebieten bestand, die ehemalige arabische Eigentümer oder illegale Siedler verließen«, auch wenn der größte Teil Ödland war.[335] »Mehr als ein Drittel der jüdischen Bevölkerung Israels lebte 1954 auf von Arabern verlassenem Besitz.«[336] Diese Enteignung arabischen Eigentums sollte nur temporär sein, doch die Knesset legalisierte sie 1951.

Für die meisten Beobachter ist diese Beschlagnahmung wie ein Großhandel mit Diebesgut. Genau dies ist der Hauptanklagepunkt der Palästinenser und die gewaltigste arabische Anklage moralischer Art gegen Israel.

Es gibt natürlich auch eine andere Seite der Geschichte. Als die Vereinten Nationen das Land 1947 aufteilten und sich beide Seiten auf den

Krieg vorbereiteten, flüchteten viele Araber unter dem Druck der Juden und aufgrund von Warnungen arabischer Führer aus ihren Häusern in Israel. Diese Vertreibung, ausgelöst durch eine Atmosphäre des Krieges und durch Drohungen der Araber, war wirklich ein dunkles Kapitel in der Geschichte Israels.[337] Die Ersten, die gehen mussten, waren die beiden miteinander im Streit liegenden Familien, die Husseinis und die Naschaschibis.

Als die UN-Vollversammlung nach dem Krieg zu Friedensverhandlungen aufrief, wurde das Thema der Repatriierung durch die Forderung, friedliche Beziehungen einzugehen, lahm gelegt. »Die Araber bestanden darauf, ... dass die Flüchtlingsfrage erst vollständig gelöst werden sollte, bevor sie überhaupt an friedliche Verhandlungen denken würden.«[338] Das Ben-Gurion-Kabinett andererseits »nahm die Position ein, dass die Rückkehr der Flüchtlinge von der Errichtung eines formalen Friedens abhängig war; ansonsten würden die repatriierten Araber eine Bedrohung für Israels Sicherheit sein.«[339] Die einen forderten zuerst die Rückführung ins Heimatland, die anderen wollten zuerst die Zusicherung des Friedens. So kam der Prozess zum Stillstand, und Maßnahmen, um das Flüchtlingsproblem zu lösen, wurden blockiert.

Viele dieser obdachlosen Familien wurden von ihren arabischen Führern dazu gezwungen, im Schmutz der Lager zu bleiben. Nur 35.000 kehrten zurück, und die übrig Gebliebenen wurden zu Schachfiguren in einem Spiel mit dem Feuer im Nahen Osten. Das machte es enorm kompliziert und fast unmöglich, die Regelungen der Balfour-Erklärung in Bezug auf die Rückführung der Menschen ins Heimatland umzusetzen. Die Friedensbedingungen sollten aus den Verhandlungen heraus entstehen, doch die arabischen Führer weigerten sich zu verhandeln.

Ein weiterer Teil der Balfour-Vereinbarung ist oft übersehen worden. Obwohl Israel versäumte, die geflüchteten Palästinenser ins Heimatland zurückzuführen, versäumten auch die Araber, ihren Teil der Vereinbarung zu erfüllen. Die Balfour-Erklärung sagt abschließend: »Nichts soll geschehen, was die bürgerlichen und religiösen Rechte der bestehenden nichtjüdischen Gemeinschaften in Palästina oder die Rechte und den politischen Status der Juden in anderen Ländern in Frage stellen könnte.«[340] Diese Bestimmung wurde offenkundig verletzt. Tatsache ist, dass die meisten Juden in arabischen Ländern schnell deportiert wurden, viele nur mit dem, was sie am Körper trugen. Während 1948 fast

800.000 Araber aus Israel flüchteten, flüchtete die gleiche Anzahl Juden aus islamischen Ländern (siehe Karte 8). Ohne eine Zuflucht zu haben, flohen alle Juden aus Ost-Jerusalem und dem Westjordanland nach Israel. Viele wurden »von den arabischen Regierungen ihres Besitzes beraubt und in eine vollständige Abhängigkeit von jüdischen Wohlfahrtsorganisationen in Israel gestoßen.«[341] Diese jüdischen Flüchtlinge wurden aufgenommen und in Israel integriert, während den meisten arabischen Flüchtlingen aus Israel verweigert wurde, sich in arabischen Ländern niederzulassen. Die »arabischen Regierungen weigerten sich, die Verwandten, deren Notlage ein direktes Ergebnis ihrer Politik war, als gleichwertige Bürger zu akzeptieren. Sie legten die ganze Verantwortung, sie zu unterstützen, auf die Schultern anderer Nationen.«[342]

Dieses beiderseitige Versagen bringt etwas Licht in das heutige Flüchtlingsproblem. Während jüdische Flüchtlinge aus arabischen Ländern schnell in das Leben und die Arbeitswelt Israels integriert wurden, wurden arabische Flüchtlinge außerhalb Israels aufgegeben, um in isolierten Lagern dahinzusiechen. Obwohl die Absichten der Briten für diese Gegend zweifellos edel waren, endeten sie im Chaos.

Die Tatsache der jüdischen und arabischen Flüchtlinge, die aus diesem Unglück entstanden ist, kann an dieser Stelle nur als vollendete Tatsache angesehen werden. Die Dokumente, die dafür verantwortlich waren, sind heute nur noch unbrauchbares Papier.

Religiöse Gründe für die Ansprüche auf das Land

Beide Streitparteien zeigen klar und offen ihren religiösen Standpunkt und rechtfertigen ihre Ansprüche teilweise durch ihren Glauben (obwohl sich z.B. nur 10 Prozent der Israelis für streng religiös halten). Beide leben in Ländern, in denen Staat und Religion eng miteinander verflochten sind. Führer der israelischen Knesset zum Beispiel sind oft gezwungen, sich in wichtigen Angelegenheiten gewissen orthodoxen Gruppen zu fügen, um an der Macht zu bleiben. Die militanten Besiedlungen im Westjordanland wurden größtenteils von solchen Fanatikern durchgeführt. Das gilt auch für die arabischen Staaten, wo islamische Fundamentalisten weiterhin eine mächtige, treibende Kraft darstellen.[343]

Das erklärt einige der starken Unterschiede zwischen Juden und Arabern in dem Land. Religiöser Separatismus ist eine Eigenschaft der Rassen und fast schon Teil des Patriotismus. Beide Gruppen weigerten sich mehr als vierzig Jahre lang, sich zusammenzusetzen und einen Friedensvertrag auszuhandeln. Als Israel und die Palästinenser schließlich versuchten, eine Vereinbarung auszuhandeln, scheiterte dies an der Flüchtlingsfrage, dem Status über Jerusalem und der Kontrolle über den Tempelberg. Sie können heute einfach nicht mehr miteinander sprechen. Beunruhigend ist, dass der größte Teil dieser Verachtung dem religiösen Hintergrund beider Seiten entstammt. Jede Seite trachtet danach, zivile und religiöse Ideale miteinander zu vereinen, die sich in den Ansprüchen auf das Land widerspiegeln. Da sie es als ihr göttliches Erbe ansehen, haben beide eine Leidenschaft für das Land.

Die weitere Bedeutung dieses religiösen Anspruchs wird unter dem fünften Anspruch, der den Bund mit Abraham betrifft, ausführlich beschrieben werden.

Ansprüche auf Jerusalem

Die Stadt Jerusalem steht für beide Gruppen im Mittelpunkt ihrer Liebe und ihrer Bestrebungen. Die ganze Geschichte hindurch waren beide Seiten in leidenschaftlicher Liebe mit dieser gebirgigen Metropole verbunden. Obwohl auch als königliche Stadt geehrt, wird sie zutiefst vor allem als religiöse und heilige Stätte verehrt. Die heiligen Stätten auf dem Berg Moria (dem Tempelberg) haben bei beiden Gruppen ihre Wurzeln in der frühesten Geschichte. Diese Heiligtümer befinden sich an genau derselben Stelle. Das eine ist auf den Ruinen des anderen gebaut.[344] Die islamischen Heiligtümer, der Felsendom und die Al-Aqsa-Moschee stehen heute auf dem Tempelberg, dem Standort der jüdischen Tempel Salomos, Serubbabels und Herodes'.

Wenn man sich mit der Geschichte dieser Heiligtümer befasst und mit den Gründen, warum sie gebaut wurden, erkennt man einige deutliche Unterschiede. Der Bau des jüdischen Tempels wurde vom Herrn angeordnet und zum Mittelpunkt israelischer Rituale. Durch zahlreiche göttliche Erscheinungen und der Gegenwart des Herrn anlässlich vieler Wunder wurde er geheiligt. Der Tempel war nicht nur ein Heiligtum unter vielen, sondern Israels einziger von Gott gegebener Ort der Anbetung, ein besonderer, von Gott selbst gewählter Ort (5. Mose 12,4-14). Dieses Tempels beraubt, bleibt Israel ein politischer Staat ohne religiöses System, das einst den Staat zusammenhielt.

Für die islamische Welt sind Jerusalems Heiligtümer jedoch zweitrangig und fast nebensächlich. Jerusalem ist nach Mekka und Medina die drittwichtigste Stätte. Mohammed war nicht ein einziges Mal in der Stadt gewesen, sondern hatte sie nur als eine Stätte verehrt, in deren Richtung Muslime beten sollten, während er in Medina um jüdische Unterstützung bat. Das änderte sich völlig, nachdem er Mekka erobert hatte.[345] Die Vorstellung, dass er auf einem geflügelten Pferd in den Himmel aufstieg, kam erst später auf. Trotzdem haben Muslime eifrig versucht, das Judentum und seine religiösen Reliquien in Jerusalem zu verbergen oder zu verdrängen. Sie mauerten sehr früh das Osttor zu, durch das der Messias kommen sollte, und errichteten auf dem Tempelberg zwei große islamische Heiligtümer, die sie *Haram al-Sharif* (wörtlich: »Edles Heiligtum«) nannten.[346] Die Bestrebung des Islam war schon immer, Judentum und Christentum abzulösen, weil Mohammed als der letzte Prophet angesehen wird, der in ihren Augen wichtiger als Mose und Jesus ist.

Diese Tatsachen zeigen, dass die verschiedenen Appelle in Bezug auf die religiösen Heiligtümer in Jerusalem eher einen politischen als einen religiösen Hintergrund haben. Die islamische Welt reagiert so empfindlich auf die Heiligtümer in Jerusalem, dass es mit einem islamischen Heiligen Krieg droht, wenn diese heiligen Stätten bedroht werden. Nichts entflammt die arabische Welt schneller als diese religiöse Angelegenheit.

Das gilt auch für die Juden. Die westliche Mauer, und letztendlich der gesamte Tempelberg, bilden das Zentrum ihres ganzen Ritualsystems. Dieser Standort, ursprünglich von David erworben, wurde zum unersetzbaren religiösen Mittelpunkt Israels. Obwohl der islamische Anspruch auf Jerusalem mit einer größeren politischen Leidenschaft geführt wird, hat der jüdische Anspruch einen überzeugenderen historischen Hintergrund.

Berufung auf Abraham

Diesen Kampf um das Land hat man oft als Krieg zwischen zwei Büchern, dem Koran und dem Talmud, bezeichnet.[347] In vielerlei Hinsicht ist er ein Konflikt zwischen dem Koran und der Bibel. Zwei große Religionen treffen aufeinander und berufen sich darauf, von Abraham abzustammen. Die Juden berufen sich auf die ausführliche Erzählung über Abraham im Alten Testament. Die Muslime beziehen sich auf eine neu erfundene Erzählung über Abraham, die Mohammed ihnen durch den Koran gab. Der Koran ist eine Überarbeitung der Bibel mit arabischen Untertönen, der alttestamentliche Geschichten über Abraham und Ismael sowie Erzählungen über Jesus aus dem Neuen Testament neu auslegt und überarbeitet. Abraham wird in einen arabischen Scheich verwandelt; Jesu Geburt und Tod haben einen vollständig neuen beduinischen Anstrich bekommen, und die Betonung des Neuen Testaments auf seinem Tod, seine Auferstehung und seinem rechtmäßigen Anspruch, Gottes Sohn zu sein, wird verleugnet.

In dieser Neudeutung der Geschichte kommt das Versprechen des Herrn an Abraham, Isaak und Jakob bezüglich der Erfüllung seines Bundes nicht vor. Man versucht auch den Bund mit David totzuschweigen, von dem gesagt wird, dass er wie der Mond ewig feststehen wird (Psalm 89,34-38). Letztlich zerstört diese Darstellung die Abfolge der verschiedenen Bünde der Bibel.

Der Koran hält den einfachsten Prüfungen für Authentizität nicht stand. Er erhebt für sich den Anspruch, sich durch sein eigenes Wort zu bestätigen, und kann seine göttliche Autorität durch kein einziges Wunder und keine einzige erfüllte Prophetie beweisen. Sowohl das Alte als auch das Neue Testament warnen vor solchen Verzerrungen des Gotteswortes, besonders wenn behauptet wird, dass es durch einen Boten oder einen »Engel vom Himmel« verkündet wurde, wie der Koran es tut (5. Mose 18,18-22; Galater 1,8; Koran: Sure 98,2).

Wenn man beide Darstellungen des Bundes mit Abraham auswertet, erkennt man zweifellos, wen der Herr als Erbe eingesetzt hat. Die Bibel betont, dass Gott Isaak und nicht Ismael erwählt hat, sogar zum Ärger Abrahams (1. Mose 17,18-19). Obwohl auch Ismael ein besonderer Segen verheißen wurde, galten die Verheißungen des »ewig währenden« Bundes ausdrücklich Isaak und seinen Nachkommen. Muslime erwidern, dass die Kinder Israels die Verheißungen dieses Bundes wegen ihrer Sündhaftigkeit verloren haben. Der Koran erklärt, dass sie durch ihre Sünde und ihren Götzendienst die Segnungen des Bundes verwirkten (z.B. Sure 59).

Diese Behauptung wird nicht nur vom Islam vertreten. Diese Vorstellung gab es schon in der frühen Kirchengeschichte und ist auch heute noch in vielen Kirchen und Gemeinden verbreitet. Sowohl Vertreter der West- als auch der Ostkirche haben die Juden denunziert. An erster Stelle dieses theologischen Fauxpas standen Chrysostomus und Augustinus, später gefolgt von den Reformatoren Luther und Calvin. Chapman

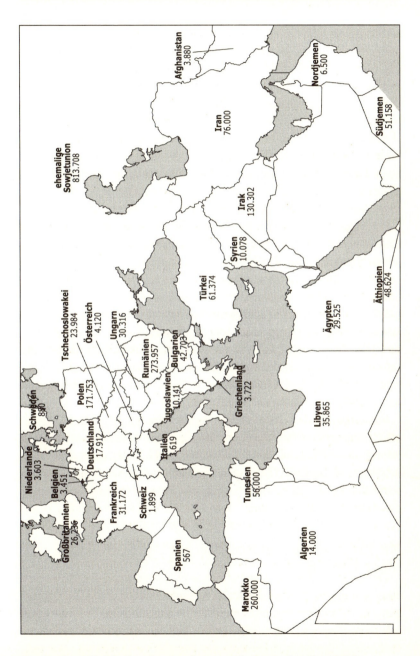

Karte 8: Rückkehr der Juden nach Israel seit 1948

erklärt: »Die Kreuzigung des Juden Jesus auf Anordnung der ganzen jüdischen Gemeinde ist zu einem Grundstein der christlichen Theologie geworden und wird von der Behauptung untermauert, dass die Juden in den Augen Gottes für immer verflucht sind.«[348]

Die frühe Kirche macht sich mit Hilfe der Aussagen von Paulus in Römer 2,29 und Galater 3,7 zum Erben aller Segnungen Abrahams, die eigentlich Israel verheißen waren. Sogar heute sehen viele die Gemeinde als neutestamentliche Erfüllung der Verheißungen Israels an.[349] Der Apostel hat diese Vorstellung in Römer 9,11 jedoch vehement abgelehnt und erklärt, dass der Herr eines Tages Israel wiederherstellen und die Verheißungen für Abraham aus dem Alten Testament erfüllen wird.

Für Muslime sind Gottes Fluch über die Juden und ihre Vernichtung eine Standardlehre. Sie glauben, dass es heute ihr Auftrag sei, das Land, das ursprünglich Kalif Omar 638 einnahm, zu erobern und die Heiligtümer des Islam in Jerusalem zu schützen.[350]

Religiöse Juden lehnen diese Einstellung als Blasphemie ab und sehen den Koran als »eine zusammenhanglose Rhapsodie von Märchen, Lehre und Dichtung« an, der so sehr die Geschichte verzerrt, dass sogar Moses Schwester mit Maria, der Mutter Jesu, verwechselt wird.[351] Die orthodoxen Juden bestehen beharrlich auf ihrem Anspruch auf *Eretz Israel* als ihrem Land, das Gott durch Abraham, durch die Linie Isaak und Jakob, ihnen zum ewigen Erbe gegeben hat.

Aus dieser Perspektive kann die Kontroverse über das Land letztlich als Zusammenstoß zwischen zwei Büchern, der Bibel und dem Koran betrachtet werden. Zwei Glaubensmächte stoßen im Kampf aufeinander, um das Land zu ihrem Eigentum zu machen. Für bibeltreue Christen wäre somit die Angelegenheit erledigt – wenn der religiöse Anspruch die einzige Überlegung wäre.

Mit aktuellen Erkenntnissen auf der Suche nach einer Lösung

Jede Lösung für dieses vielschichtige Problem wird einem Balanceakt gleichen. Obwohl die historischen Ansprüche der Juden auf das Land unwiderlegbar sind, versteifen sich die Palästinenser auf ihr langes Wohnrecht. Sie leben dort, trotz des Bundes mit Abraham, und werden sowohl in Israel als auch in den umkämpften Gebieten zu einer wachsenden Macht. Ebenso sind die Einsprüche gegen die britischen Mandatsvereinbarungen fraglich, was auch immer deren ursprüngliche Absichten waren. Tatsache ist, dass sowohl Juden als auch Araber versäumt haben, sich an jene Vereinbarungen zu halten. Während die Juden die Eigentumsrechte der Palästinenser verletzten, verletzten die Araber die Rechte der Juden in arabischen Ländern. Trotzdem schreien heute die Palästinenser im Nahen Osten am lautesten nach Gerechtigkeit und Repatriierung. Dies steht ihnen auch zu, jedoch nur, wenn alle Seiten gleiches Recht bekommen.

Experten zerbrechen sich schon seit langem den Kopf, um eine realistische Lösung für dieses festgefahrene Problem zu finden, und es scheint einen Hoffnungsschimmer zu geben. Viele Journalisten, Geistliche, Psychiater, Politiker und Armeeangehörige vor Ort haben alle möglichen Lösungen vorgeschlagen. Obwohl die Likud-Regierung in Israel weiterhin im Westjordanland Siedlungen bauen lässt, scheinen andere in Israel versöhnlicher gestimmt zu sein und wären auch zu einem Abkommen bereit, das den Palästinensern Teile des Westjordanlands und des Gazastreifens auf Dauer abtreten würde. Alle Israelis stimmen darin überein, dass die Sicherheit der israelischen Grenzen die Vorbedingung dafür ist, aber viele geben auch zu, dass es genauso wichtig ist, den Palästinensern einige Zugeständnisse zu machen. Ohne einen Kompromiss droht der Aufstand in einen regionalen Krieg auszuarten.

Mit diesem Wissen sollten wir die Möglichkeiten bedenken, die diesem Gebiet einen gewissen Frieden bringen könnten. Obwohl es auf beiden Seiten weiterhin extremistische Ansichten gibt, muss eine gemeinsame Grundlage gefunden werden.

Ein völlig unabhängiger palästinensischer Staat

Die palästinensische Führung fordert für die Palästinenser sowohl die Unabhängigkeit als auch einen eigenen Staat. Es ist wichtig, sich daran zu erinnern, dass die gegenwärtige palästinensische Bevölkerung im Nahen Osten aus zwei Gruppen besteht – jene in den umkämpften Gebieten des Westjordanlands und des Gazastreifens (etwa 3,6 Millionen) und jene außerhalb des Landes in den umliegenden arabischen Ländern (etwa 4,2 Millionen).[352] Beide Gruppen haben eine bedeutende Rolle im Konflikt gespielt. Es war die Bevölkerungsgruppe außerhalb des Landes, welche die PLO entstehen ließ und Untergrundkämpfer mobilisierte, um sich für die Repatriierung des Volkes stark zu machen. Aber seit Dezember 1987 ist die Bevölkerungsgruppe innerhalb des Landes am aktivsten gewesen. Beide Gruppen fordern heute von Israel, die Grenzen von vor 1967 wiederherzustellen (auf der Grundlage der UN-Resolution 242).

In Israel erwidern viele, dass eine Form der Unabhängigkeit realisierbar, ja sogar notwendig sei, dass aber so ein Gebilde kein völlig unabhängiger Staat sein darf. Solch ein souveräner Staat ist aus mehreren Gründen für Israel nicht akzeptabel. Erstens würde ein solcher arabischer Staat die Sicherheit Israels sehr gefährden. Er wäre eine potenzielle militärische Bedrohung, da Waffen und Artillerie innerhalb der Schussweite zu Israels Kernland positioniert werden könnten.

Zweitens bezweifelt Israel die Fähigkeit der Palästinenser, mit einer Eigenstaatlichkeit umzugehen. Die Palästinenser haben sich noch nie zu einem unabhängigen Staat zusammengeschlossen. Viele kamen erst vor kurzem aus anderen arabischen Regionen ins Land und haben sich dort niedergelassen. Dieses Gebiet, ursprünglich ein Teil Südsyriens, ist von Menschen bevölkert, die man nur im entferntesten Sinne als Nation verstehen kann. Obwohl Jassir Arafat als Kopf der palästinensischen Bewegung angesehen wurde, konnte er als ziviler und politischer Führer nicht gerade glänzen. Milliarden Dollar, die in den letzten Jahrzehnten der palästinensischen Führung als Hilfsmittel gegeben wurden, gingen durch Korruption und Misswirtschaft verloren.

Die palästinensische Führung besteht aus vielen Splittergruppen, deren Philosophien sich sehr voneinander unterscheiden. Nur in ihrem Kampf gegen Israel wahren sie den Schein der Einheit. Harkabi sagt, dass vergangene arabische Kriege gegen Israel »eigentlich eine Vertuschung ihrer eigenen internen Uneinigkeit und ihrer Probleme« waren.[353] David Grossman zitiert einen Palästinenser, der zu Arafats Lebzeiten meinte: »Arafat ist spießig. Er fährt einen Mercedes. Er kann das Leiden der Flüchtlinge nicht nachvollziehen. Alle Fatah-Kommandanten haben Häuser in Syrien und den Golfstaaten. Arafat hat hier keine Unterstützung mehr.«[354]

Im Nahen Osten, wo jeder gegen jeden kämpft, kann ein solcher neuer Staat kaum bestehen – sei es politisch, militärisch oder wirtschaftlich. Umgeben von gierigen Nachbarn, könnte es schon bald ein weiteres Libanon werden, mit vielen gewalttätigen Splittergruppen, die an die Macht kommen möchten. Die Anforderungen eines unabhängigen Staates würden das Volk, dem von seiner seiner Geschichte her für eine Souveränität die wesentlichen Voraussetzungen fehlen, wahrscheinlich überfordern.

Diese Überlegungen zeigen auch, wie vergeblich die Vorschläge der westlichen Welt sind, eine demokratisch gewählte Regierung im Westjordanland und im Gazastreifen einzuführen. Obwohl dies ein nobler Vorschlag ist, bleibt es in der realistischen Welt des arabischen Ostens reine Fantasie. Wie Walter Reich geschrieben hat: »Ihr Amerikaner versucht, dem Nahen Osten europäische Vorstellungen aufzuzwingen, und ihr werdet genauso erfolgreich sein wie bei dem Diem-Regime in Südvietnam, das ihr versucht habt, zu demokratisieren. Es ist dumm, diese Ideen hier zu verwirklichen. Gibt es unter den arabischen Staaten irgendwelche demokratischen Länder? Wurde irgendjemand in diesen Ländern gewählt? Sadat? Mubarak? Assad? Die Vorstellung einer Demokratie ist für diesen Teil der Welt einfach irrelevant.«[355] Selbst innerhalb der palästinensischen Führung ist Widerstand gegen die Führungsspitze ungesund. Der innere Führungskreis regiert mit eiserner Hand. Jeder, der von der Parteilinie abweicht und vorschlägt, Israel entgegenzukommen, wird als Verräter angesehen.

So gesehen ist es absurd, einen völlig unabhängigen palästinensischen Staat mit einer demokratisch gewählten Regierung vorzuschlagen. Die Palästinenser sind für demokratische Prinzipien nicht bereit. Die verschiedenen Splittergruppen, egal von wem sie unterstützt werden, könnten Wahlen leicht manipulieren. Und die palästinensische Führung betrachtet jeden, der eigene Schritte unternimmt, mit Argwohn. Und wenn ein unabhängiger arabischer Staat errichtet werden würde, wäre er wahrscheinlich genauso totalitär wie die anderen arabischen Staaten. Wenn seine Führer das einzige Ziel verfolgen würden, »den Rest Palästinas zu befreien«, würde ein Krieg mit Israel, der noch mehr Elend und Zerstörung für das palästinensische Volk mit sich bringen würde, nicht zu vermeiden sein.

Autonomie oder begrenzte Eigenstaatlichkeit

Zweckmäßiger und einleuchtender scheint zu sein, eine palästinensische Autonomie unter israelischer Souveränität zu errichten oder eine begrenzte palästinensische Eigenstaatlichkeit zuzulassen.[356] Dieser Plan würde den ansässigen Palästinensern eine gewisse Selbstbestimmung geben und auch ein gewisses Maß an Wohlstand schaffen, den viele vor der

Intifada besaßen. Mit diesem Plan könnten die Palästinenser sich selbst regieren und kontrollieren und eine eigene einzigartige Gesellschaft aufbauen. Indem ihnen aber nicht erlaubt würde, eine eigene Armee zu haben, könnte Israel sichere Grenzen aufrechterhalten, und der Weltfrieden könnte gestärkt werden. Es sind schon viele Variationen dieses Plans vorgeschlagen worden. Da die Palästinenser in ihrer Geschichte schon immer eine lokale politische Selbstbestimmung unter einer höheren Souveränität genossen haben, wäre dieser Plan auch durchführbar.

Dieser Entwurf hat nur einen Haken: Um erfolgreich zu sein, müssen beide Regierungen schmerzliche Zugeständnisse machen und Kompromisse eingehen, zu denen sie bisher nicht bereit waren. Solch ein Plan setzt eine Regierung voraus, die bereit ist, islamische Fundamentalisten und deren Ziel, Palästina von den Juden zu »säubern«, zu bekämpfen. Solch ein Plan würde von der palästinensischen Regierung verlangen, die Ziele vieler Palästinenser außerhalb Israels zu unterdrücken, die nicht eine Wiedergutmachung und Kompromisslösung suchen, sondern lieber Repatriierung fordern. Außerdem müssten die Palästinenser viel weniger Land akzeptieren, als ihnen ursprünglich im Teilungsplan der Vereinten Nationen aus dem Jahr 1947 angeboten wurde. Weiterhin würde der Plan verlangen, dass sich die palästinensische Regierung gegen andere arabische Staaten stellt, die sich immer noch weigern, endlich die Existenz des israelischen Staates anzuerkennen. Außer Ägypten und Jordanien halten die meisten arabischen Staaten immer noch unnachgiebig an der Khartoum-Resolution von 1967 fest, in der erklärt wurde: »Kein Frieden mit Israel, keine Anerkennung Israels, keine Verhandlungen mit Israel.«[357] Es gibt praktisch keinen Plan, mit dem diejenigen zufrieden gestellt werden könnten, die der Meinung sind, dass Israel ausgelöscht werden müsse.

Ein zweites Problem ist die Tatsache, dass die palästinensische Führung – die Gruppe, mit der Israel in Verhandlungen steht – Israel mit Terrorismus unter Druck setzt. Das ist eine direkte Verletzung ihrer Zusicherung, auf Terrorismus zu verzichten und in einer Atmosphäre des Vertrauens Verhandlungen zu führen. Trotzdem wird Israel vom US-Außenministerium und von großen Teilen der Welt dazu gedrängt, mit der palästinensischen Führung zu verhandeln und bei der Schaffung eines palästinensischen Staates mitzuwirken.[358] Die Öffentlichkeit, verblendet durch die verzerrte Darstellung durch die Medien, schreit nach irgendeiner kurzfristigen Lösung. Israels langfristige Prinzipien werden einfach zugunsten einer kurzfristigen Entlastung zurückgewiesen. Das ist natürlich das wirkliche Ziel der *Intifada*, die von der palästinensischen Führung dirigiert wird, und ihre Ausdauer zahlte sich aus, bis durch die Ereignisse vom 11. September 2001 alle Formen des Terrorismus vom größten Teil der Welt verabscheut wurden.

Wenn wir hören, wie oft und wiederholt Israel von der westlichen Welt verurteilt wird, dann fragen wir uns natürlich, welche Alternativen es hat. Wie sollte Israel auf Selbstmordattentäter oder Führer der Palästinenser reagieren, die mit Bomben und anderen Grausamkeiten ihre politischen Ziele verfolgen? Versetzen wir uns in die Lage der anderen: Wie reagieren die Ägypter oder Syrer auf einen Volksaufstand oder auf Terroranschläge? Kennen diejenigen in Amerika oder Europa, die Israel verurteilen, einen annehmbareren Weg, wie man Terroristen behandeln sollte? Am 11. September 2001 erlebten die Vereinigten Staaten unmittelbar, was Israel mehr als fünfzig Jahre lang erdulden musste. Die Reaktion war, dass diejenigen gejagt wurden, die diese Attentate geplant hatten. Die Amerikaner sind in Länder eingefallen, haben Menschen in anderen Ländern gefangen genommen und sogar Raketen gegen einzelne Terroristen eingesetzt. Während gewalttätige Vergeltungsmaßnahmen, die unschuldige Zivilisten treffen, mit Sicherheit verurteilt werden sollten, müssen wir darauf achten, dass wir nicht zwei Maßstäbe anlegen, wenn es um die Rechte einer Nation geht, die ihre Bürger beschützen will.

Die Eigentumsrechte, zusammengefasst in zwei Grundsätzen

Wem gehört das Land wirklich? Die Beweise scheinen in zwei Richtungen zu gehen. Es gehört sowohl den Arabern als auch den Juden. Persönliches Eigentum gehört zu Recht demjenigen, der es rechtmäßig gekauft oder erworben hat. Abraham ist der einzige Mann – darin würden sowohl Juden als auch Araber übereinstimmen –, dem das Land als Eigentum gegeben wurde. Aber das einzige Stück Land, das Abraham tatsächlich kaufte, war das Grab für seine Ehefrau – für das er dem Eigentümer den vollen geforderten Preis zahlte (1. Mose 23).

Auch wenn viele frühere Generationen das Land gestohlen haben oder unrechtmäßig besaßen, können die Kinder kaum für die Sünden ihrer Väter (Hesekiel 18,20) verantwortlich gemacht werden. Der erste Grundsatz ist, dass eine verstrickte Geschichte nicht ungeschehen gemacht oder aufgelöst werden kann. Jedes Abkommen muss auf der Grundlage der bestehenden Tatsachen getroffen werden, und das ist der Ausgangspunkt für vernünftige Entschädigungen. Von diesem Grundsatz her haben sowohl Araber als auch Juden ein Recht auf Eigentum und auf Gemeinschaft dort, wo sie wohnen, und dieses Vorrecht sollte ihnen mit all seinen Vorteilen gewährt werden.

Man muss zugeben, dass dieser Grundsatz die Menschen in den Flüchtlingslagern wegen der Politik der streitenden Regierungen in eine Notlage bringt. Diese Regierungen schulden ihnen mit Hilfe der Weltgemeinschaft eine vernünftige Entschädigung. Sowohl Juden als auch Araber sind vom Flüchtlingsstatus betroffen. Während die jüdische Gemeinschaft jüdische Flüchtlinge aus arabischen Ländern aufgenommen hat, sind die arabischen Länder dafür verantwortlich, die palästinensischen Flüchtlinge aus Israel aufzunehmen.

Die arabischen Länder sind flächenmäßig wesentlich größer als Israel. Eine friedliche Lösung muss von der gegenwärtigen Situation ausgehen und die langwierigen gegenseitigen Beschuldigungen der Vergangenheit außer Acht lassen. Die Gerechtigkeit fordert, dass die gegenwärtigen Eigentumsrechte beider Gemeinschaften anerkannt und respektiert werden.

Der zweite Grundsatz ist das Recht auf Souveränität. Obwohl die Palästinenser in Israel viel Eigentum und große Gebiete des Landes besitzen, gehört Israel die Souveränität in diesem Land. Die Nation erwarb diese Souveränität auf dieselbe Weise, wie es Großbritannien und die islamischen Türken vorher taten. Obwohl große Gebiete des Landes nicht gekauft wurden, war Israel gezwungen, es für sein nationales Überleben in Besitz zu nehmen, als sich die Weltgemeinschaft weigerte, die zugesagte Aufteilung des Landes zu verteidigen. Israel wurde gezwungen, sichere Grenzen zu schaffen, als es von feindlichen Nachbarn bedroht wurde. Welche Nation hat sich bei seiner Gründung nicht ähnlich verhalten? Welche arabische Nation hat es nicht ebenso gemacht?

Dieser Grundsatz der Souveränität gefällt jedoch jenen nicht, die sich jeweils unter der Herrschaft der anderen befinden. Dies trifft besonders auf die arabische Bevölkerung in Israel zu. Es passt jedoch zum Verlauf der Geschichte. Die Muslime eroberten zum Beispiel viele Länder und herrschten über viele Staaten. Oft machten sie sogar kurzen Prozess mit denen, die ihre Herrschaft ablehnten. Wenn der Grundsatz der Souveränität jedoch akzeptiert und auf alle angewandt wird, dann profitieren auch alle davon.

Die Ausarbeitung dieser zwei Grundsätze ist unentbehrlich, um in Israel dauerhaft Frieden zu schaffen. Israel, als herrschende Nation, ist dafür verantwortlich, die Eigentumsrechte und die Kultur der dort lebenden Palästinenser und auch der Juden zu schützen. Ebenso sind die arabischen Palästinenser in Israel dafür verantwortlich, die Souveränität Israels zu respektieren, welches das Land zum Guten regiert und auf Wohlstand für alle bedacht ist. Niemand ist gezwungen, sich anzupassen, denn Auswanderung ist immer eine Möglichkeit. Andererseits sollte niemand versuchen, die herrschende Regierung zu zwingen, auf ihre Vorrechte und ihre Verantwortung zu verzichten.

Diese Grundsätze lassen sich am besten durch einen demokratischen Prozess durchführen. Obwohl Demokratie im Nahen Osten zugegebenermaßen schwer vorstellbar ist, hat Israel dieses Modell für seine Regierung gewählt. Es ist ein langsamer politischer Prozess, bis sich dieses Modell durchgesetzt hat, und es muss durch Aufklärungsmaßnahmen beider Gruppen, die in Israel leben, verbreitet werden. Demokratie will nicht für ewig die Launen aller Beteiligten befriedigen, sondern hat das Wohl aller zum Ziel. Dies war auch die Absicht der Balfour-Erklärung, die der internationale Kongress genehmigte.

Das Dilemma im Nahen Osten erinnert uns wieder einmal daran, dass Politik die Kunst des Möglichen und nicht die Kunst des Idealen ist. So wie die großartige Idealvorstellung von einer einzigen arabischen Nation immer noch eine leise Hoffnung der Araber ist, ist auch Israels Traum, ein neues Königreich Davids zu errichten, weiterhin unerfüllt. Diese messianische Vision hat Juden in ihr altes Heimatland getrieben, um einen politischen Staat zu schaffen, doch die endgültige Wiederherstellung des Zionismus kann nur mit Hilfe der Seele der Nation geschehen. Diese geistliche Dimension ist eine andere Geschichte, das letzte Drama, dem wir im folgenden Kapitel Aufmerksamkeit schenken werden.

Kapitel 11

Göttliche Beurteilung und verheißene Wiederherstellung

Heutzutage sieht die ganze Welt den Nahen Osten als ein Zentrum militärischer Operationen an. Aber das ist noch nicht alles. Es entwickelt sich auch ein gewaltiger übernatürlicher Kampf. Gott ist nicht unbedingt auf der einen oder der anderen Seite, aber er benutzt beide Seiten, um seine Ziele zu verwirklichen. Diese Ziele sind weder zunichte gemacht noch gescheitert, sondern kommen in dem sich entfaltenden Drama immer mehr zur Geltung. Die unsichtbaren Armeen des Herrn stehen nicht still, sondern durchstreifen immer noch die Erde (Sacharja 1,10-17).

Um die Bedeutung dieser geistlichen Dimension zu verstehen, müssen wir einige bestimmte biblische Verheißungen berücksichtigen – und welche Bedeutung sie für den gegenwärtigen Konflikt haben. Ohne den Hinweis auf die göttliche Perspektive wäre dieses Buch über Israels gefährliche Reise durch die Kirchengeschichte unvollständig.

Eine biblische Einschätzung
Der neue Staat und die Prophetie

Bei bibeltreuen Christen weckt Israels Rückkehr in das Land oft bestimmte Hoffnungen und eine Erwartungshaltung. Das sollte auch so sein. Seitdem aber die Zionisten ihr Ziel, eine Heimstätte, erreicht haben, tauchen natürlich einige Fragen auf. Ist dies wirklich die Rückkehr, von der die Propheten sprachen? Die Propheten des Alten Testaments sprachen viel über die endzeitliche Rückkehr Israels in sein Land. Es war der Höhepunkt der meisten Prophetien. Auch Jesus und die Schreiber des Neuen Testaments wiesen auf diese Rückkehr hin. Sollen wir annehmen, dass sich diese Voraussagen jetzt erfüllen? Oder werden wir von prophetischen Hochstaplern hereingelegt?

Der Prophet Hesekiel beschreibt diese zukünftige Rückkehr Israels in sein Land (Hesekiel 36-39) klar. Nach der Beschreibung über Judas Verwüstung und Zerstreuung aufgrund ihres Götzendienstes und ihres

Starrsinns erzählt der Prophet auch vom Schwur des Herrn, ganz Israel wieder in das Land zurückzubringen (Hesekiel 36,5-8.17-24). Es sollte eine physische Wiederherstellung sein, die mit einer geistlichen Erneuerung enden würde. Die »vertrockneten Gebeine« aus Hesekiel 37 beschreiben die geistliche Taubheit des »ganzen Hauses Israel« sowohl in der Zerstreuung als auch bei der Sammlung im Land am Ende der Zeit. Nach dieser Rückkehr wird eine große Invasion durch »Gog« aus dem »äußersten Norden« mit seinen Verbündeten (Hesekiel 38,2-13) stattfinden. Der Kampf endet mit der Zerstörung der Feinde Israels, woraufhin Israel selbst geistlich erneuert wird (Hesekiel 39,25-29).

Der Prophet Sacharja sagte voraus, dass Juda in der Endzeit »in Bedrängnis geraten wird zusammen mit Jerusalem« (Sacharja 12,2), und gab einen Hinweis darauf, dass die Rückkehr der Juden in das Land ein Vorbote der Endzeitereignisse sei. Das »Haus Juda« nimmt das Land ein, und diese physische Wiederherstellung geht der geistlichen Wiederherstellung der Nation (12,10-13,1) voraus. Jesus kündigte auch an, dass das zurückgekehrte Volk wieder einen Tempel haben wird und die Zeit zu einem entscheidenden Ende kommt. Er sagt besonders denjenigen »in Judäa«, was sie tun sollen, wenn sie »den Gräuel der Verwüstung an heiliger Stätte« sehen werden (Matthäus 24,15-16).

Das zeigt uns, dass die endgültige Wiederherstellung Israels noch in der Zukunft liegt und von Gott vollständig ausgeführt werden wird. Die jetzt herrschenden Gegensätze von Optimismus und Verzweiflung könnten sehr gut Teil dieses beginnenden Prozesses sein, wenn Israel im Unglauben wiederkehrt. Einer Geburt gehen immer Wehen voraus.

Wir sollten auch daran denken, wie schnell die Ereignisse seit dem Ersten Weltkrieg im Nahen Osten voranschreiten. Ägypten zum Beispiel wurde 1922 als erste moderne arabische Nation gegründet. Im selben Jahr genehmigte der Völkerbund die Errichtung einer jüdischen Heimstätte in Palästina. Drei Jahre später wurden die ersten arabischen und jüdischen Universitäten in Kairo und Jerusalem gegründet.[359]

Auf der Bühne stehen zwei uralte Völker mit einer jeweils sagenhaften Geschichte und einer eigenen kulturellen Last, die unter den Nationen ihren Platz beanspruchen. Wie wir gesehen haben, beanspruchen aber beide dasselbe Land und berufen sich beide auf ihre Verbindung mit Abraham, um ihre Rechte zu untermauern. Da die Frage der gottgegebenen Rechte im Bund mit Abraham von entscheidender Bedeutung ist, wollen wir zunächst untersuchen, wie diese Verheißungen einerseits enteignet und andererseits widerrechtlich angeeignet werden.

Das besondere Problem, über das wir uns hier Gedanken machen, sind die Verheißungen der Bibel an Abraham, dass seine Kinder das Land Kanaan erben würden. Sowohl Juden als auch Araber glauben, dass ihre verwandtschaftliche Beziehung zu Abraham die einzig legitime ist, die von einem heiligen Buch bestätigt wird. Das Kernfrage in diesem Konflikt ist, ob die Bibel oder der Koran göttliche Autorität besitzt. Die Frage nach dem Land und seinen Heiligtümern ist hinsichtlich dieser geistlichen Kernfrage fast nebensächlich.

Das Enteignen der Bundesrechte durch die Muslime

Das Hauptproblem dieses Religionsstreits wird deutlich am Kampf um die Heiligtümer in Jerusalem. Als Kalif Omar 638 Jerusalem eroberte, baute er sofort eine einfache Moschee auf den Tempelruinen, die Angehörige der byzantinischen Kirche als Müllkippe benutzt hatten. Abd Al-Malik, Kalif der Umayyaden, vollendete 691 diesen Felsendom, der ein Heiligtum voller Eleganz und Pracht war. Er hatte es nicht nur zur Ehre Mohammeds getan, sondern um »den Muslimen, die von den majestätischen Kirchen der Christenheit eingeschüchtert waren, ein Gefühl des Stolzes zu geben.« Es sollte sowohl für die Juden als auch für die Christen – in den Augen des Islam zwei unvollkommene Religionen – ein aussagekräftiges Symbol darstellen.[360] Indem man ihn auf Salomos Tempel erbaute, zeigte man den Juden, dass der Islam ihre Religion abgelöst hatte. Israels religiöse Mitte wurde mit den religiösen Heiligtümern der Muslime zugedeckt.

Die Botschaft an die Christen war sogar noch bedrohlicher und deutlicher. Um die siegreiche Beute zu präsentieren, wurde der Innenraum der Kuppel mit Ornamenten christlicher byzantinischer Herrscher dekoriert. Nachfolgende Inschrift betont die Tatsache, dass der Islam das Christentum abgelöst hatte: »O Volk der Schrift, übertreibt nicht in eurem Glauben und saget von Allah nichts als die Wahrheit. Der Messias, Jesus, Sohn der Maria, war nur ein Gesandter Allahs und eine frohe Botschaft von Ihm, die Er niedersandte zu Maria, und eine Gnade von Ihm. Glaubet also an Allah und Seine Gesandten, und saget nicht: ›Drei‹. Lasset ab – ist besser für euch. Allah ist nur ein Einiger Gott. Fern ist es von Seiner Heiligkeit, dass Er einen Sohn haben sollte.«[361]

Es gibt kaum eine Abfuhr, die offensichtlicher ist. Der schöne Felsendom, mit seinem goldenen Glanz und seiner mathematischen Gleichmäßigkeit wurde zu einem spektakulären Symbol islamischer Herausforderung für das Judentum und das Christentum. In seiner unwahrscheinlichen Pracht zeigt er, dass er die christliche Lehre von der Dreieinigkeit und der Göttlichkeit Jesu ablehnt. Hier spiegeln sich lediglich die Lehren des Koran wider, die unverhohlen die biblischen Verheißungen des Bundes an das »Volk des Buches« ablehnen.

Mit dieser Verfälschung überträgt der Koran – durch Abraham und Ismael – den islamischen Arabern ein göttliches Recht auf das Land. Mohammed machte dies sogar zum Grundpfeiler des Islam.[362] Diese Behauptung über Abrahams Erbschaft zwingt die Araber zu einer aggressiven Vorgehensweise. »Der Islam ist eine militante Religion, die die islamische Gesellschaft dazu verpflichtet, so lange Krieg zu führen, bis die ganze Welt den Gesetzen dieser Religion unterworfen ist.«[363] Dies wird natürlich nicht laut verkündet, außer wenn Muslime in der Mehrheit sind. Teile des Korans ermutigen zu einer Philosophie der Vergeltung und rechtfertigen den *Jihad* gegen Ungläubige, die sich gegen den Glauben stellen.[364]

Die widerrechtliche Aneignung durch die Israelis

So wie die islamischen Araber die biblischen Verheißungen über das Land sich zu Eigen gemacht haben, neigten auch die Juden dazu, sie sich widerrechtlich anzueignen. Einige israelische Führer haben sich auf die biblischen Bünde berufen, um politischen Anspruch auf das Land zu erheben. Andere haben auf ähnliche Weise den Bund mit Abraham für ihre Politik verwendet und ihn sich somit widerrechtlich angeeignet, nur um ihre Forderungen zu rechtfertigen. Dabei haben sie vergessen, das Kleingedruckte zu lesen. Damit wir nicht denselben Fehler machen, müssen wir diesen Bund mit seinen einzelnen Forderungen näher betrachten.

Israels göttliches Recht auf das Land beruht auf zwei alttestamentlichen Bünden, wie bereits in Kapitel 2 erörtert wurde. Der erste wurde Abraham gegeben und später vor Isaak und Jakob bestätigt (1. Mose 12,7; 13,15; 17,8; 26,3; 28,13). Auf diesen Bund hat man sich auch später berufen, um die Überquerung des Jordan und die Einnahme Kanaans zu bestätigen (5. Mose 1,8). Der zweite Bund, oft palästinischer Bund genannt, wurde Mose gegeben, bevor das Volk in das verheißene Land kam (5. Mose 28-30).[365] Dieser zweite Bund legte den Bund mit Abraham näher aus. In dieser langen Abhandlung spezifizierte der Herr die Bedingungen, unter denen Israel das Land einnehmen konnte. Er erinnerte sie daran, dass er der Herr des Bundes war und das Volk seine Mieter oder Gäste sein würden.

Gegründet auf den Bund mit Abraham, war die Verheißung dieses Landes nicht an Bedingungen geknüpft; er garantierte, dass das Land Kanaan letztendlich für immer Israel gehören würde (Psalm 105,9-11). Betrachtet man jedoch den palästinischen Bund, so waren die Vorteile dieses Landes an Bedingungen geknüpft. Das Land würde letztendlich ihnen gehören, aber für den Segen der nachfolgenden Generationen mussten bestimmte Voraussetzungen erfüllt werden. Diejenigen, die das Land eroberten, mussten gehorsam sein.

Immer wieder demonstrierte das alte Israel, wie sich dieses Versprechen mit seinen Bedingungen erfüllte, wenn die Nation Zeiten des Segens, des Ungehorsams, der Verurteilung, der Buße und der Wiederherstellung durchlebte. Es schien fast so, als ob die Menschen nach diesem Modell süchtig wurden. Es ging um den Charakter des Herrn, der den Bund aufrechterhalten sollte. Um die Ernsthaftigkeit seines Wortes zu unterstreichen, erlaubte der Herr zwei Mal die Zerstörung des Tempels und die Zerstreuung des Volkes. Seit der letzten Katastrophe im Jahre 70 n.Chr. wartet man noch auf die vollständige Wiederherstellung.

Die Grundlage für die göttliche Wiedereinsetzung Israels in das Land

Dieser Bund betonte auch die besonderen Bedingungen für Israels Wiederherstellung und seine Rückkehr in das Land. Gottes Volk musste bestimmte menschliche Bedingungen erfüllen, bevor Gott handeln würde. Wir wollen diese Bedingungen aus dem Alten Testament kurz betrachten. Diese Voraussetzungen wurden erstmals in 5. Mose 30,1-3 dargelegt:

> Und es wird geschehen, wenn all diese Worte über dich kommen, der Segen und der Fluch, die ich dir vorgelegt habe, und du es dir zu Herzen nimmst unter all den Nationen, wohin der HERR, dein

Gott, dich verstoßen hat, und du umkehrst zum HERRN, deinem Gott, und seiner Stimme gehorchst nach allem, was ich dir heute befehle, du und deine Kinder, mit deinem ganzen Herzen und mit deiner ganzen Seele, dann wird der HERR, dein Gott, dein Geschick wenden und sich über dich erbarmen. Und er wird dich wieder sammeln aus all den Völkern, wohin der HERR, dein Gott, dich zerstreut hat.

Diese Bedingungen wurden später in vielen Abschnitten des Alten Testaments wiederholt. Dabei wurde betont, dass Israels Rückkehr ins Land von seiner »Rückkehr zum Herrn« abhängig war. Sogar die irdischen Segnungen des Bundes waren von der geistlichen Einstellung abhängig. Salomo betonte dies in seinem Gebet zur Einweihung des Tempels. Salomo, der sich Israels zukünftige Zerstreuung vorstellen konnte, wenn das Volk sich vom Herrn abwenden würde, bat den Herrn »vom Himmel zu hören«, wenn das Volk beten würde (1. Könige 8; 2. Chronik 6). Der Herr antwortete: »Wenn mein Volk, über dem mein Name ausgerufen ist, sich demütigt, und sie beten und suchen mein Angesicht und kehren um von ihren bösen Wegen, dann werde ich vom Himmel her hören und ihre Sünden vergeben und ihr Land heilen« (2. Chronik 7,14).

Dieselben Bedingungen wurden von den schreibenden Propheten betont. Einer der frühesten Propheten, Joel, beschreibt die Wiederherstellung anhand eines Paradigmas sowohl historisch als auch prophetisch. Sein Hauptgedanke war, dass dem Segen der Wiederherstellung echte Buße vorausgehen muss (Joel 2,12-19). Erlösung von Heuschrecken und feindlichen Armeen hing von der echten Rückkehr des Volkes zum Herrn (2,12) ab.

Am Ende des Alten Testaments beschreibt Sacharja ausführlicher, was die endgültige Rückkehr zum Herrn bedeutet. Von allen Propheten war er der messianischste. Er beschreibt sowohl das Erste Kommen des Herrn und wie Israel ihn ablehnte (9-11) als auch sein Zweites Kommen und wie er empfangen werden wird (12-14). Nach seiner Beschreibung, wie der Herr die übrig Gebliebenen vor den angreifenden heidnischen Armeen rettet, zitiert der Prophet den Herrn: »Sie werden auf mich blicken, den sie durchbohrt haben, und werden über ihn wehklagen, wie man über den einzigen Sohn wehklagt, und werden bitter über ihn weinen, wie man bitter über den Erstgeborenen weint« (Sacharja 12,10). Er erklärt seine durchbohrten Wunden mit den Worten: »Sie entstanden, als ich im Haus meiner Freunde geschlagen wurde«(13,6). Dies alles bezieht sich auf eine frühere Beschreibung des stellvertretenden Angebots des Messias, der »wie das Lamm ist, das zur Schlachtung geführt wird« (Jesaja 53,5-7).

Als Jesus bei seinem Ersten Kommen von den Pharisäern dafür zurechtgewiesen wurde, dass er die Verehrung als Messias akzeptierte, erinnerte er sie daran, was der Prophet Daniel über diese »Wunden« gesagt hatte. Daniel hatte die »Ausrottung« des Gesalbten mit der Zerstörung Jerusalems und des Tempels in Verbindung gebracht (Daniel 9,25-26). In Lukas 19,44 verknüpfte Jesus die beiden Aussagen, als er sagte, dass in der Stadt nicht »ein Stein auf dem anderen« bleiben würde, weil »du die Zeit deiner Heimsuchung nicht erkannt hast.« Weil sie ihren messianischen Besucher nicht erkannt und angenommen hatten, würde Gott die Stadt richten. Und mit diesem Urteil würde auch ihre Zerstreuung bis an die Enden der Erde geschehen.

Das war Sacharjas Hauptanliegen, als er Israels zukünftige Buße oder »Rückkehr zum Herrn« beschrieb. Mittelpunkt dieser nationalen Trauer würde die Erkenntnis sein, dass sie den Messias in ihrem eigenen Haus verwundet hätten. Diese tiefe Trauer und die Aufnahme des Messias würden in allen israelischen Familien eine geistliche Revolution auslösen, die letztendlich in einer realen Wiederherstellung Israels in dem Land enden würde.

Gottes Maßstab für das moderne Israel

Was geschieht, wenn wir den göttlichen Maßstab an das Haus Israel legen, das heute Anspruch auf das Land erhebt? Hat es den biblischen Bedingungen für eine Wiederherstellung entsprochen? Nach den Wertvorstellungen unserer Gesellschaft hat das jüdische Volk einen hohen moralischen Standard. Sie scheinen einen Überschuss an Intelligenz, Fleiß, Selbstaufopferung, hoher Moral und religiöser Aufrichtigkeit zu genießen. Außerdem überlebten sie den Holocaust. Aus diesem Schmelztiegel sind sie aufgetaucht, um die internationale Aufmerksamkeit auf sich zu ziehen – unter der ständigen Bedrohung, vernichtet zu werden. Auf dramatische Weise haben sie die Wahrheit des Ausspruchs »Wachstum kommt durch Kampf« bewiesen.

Legt man jedoch den göttlichen Maßstab an, so taucht ein anderes Bild auf. Obwohl das moderne Israel ein menschliches und internationales Recht auf das Land hat, ist das Volk weit davon entfernt, die Bedingungen des Bundes erfüllt zu haben. Um ganz offen zu sein: Die gegenwärtige Generation hat kein biblisches Anrecht, das Land des Bundes zu besitzen. Die Nation hat nie den von Gott gesandten Messias anerkannt, geschweige denn über seine Wunden getrauert. Obwohl in Israel viele zugeben, dass Jesus ein großartiger jüdischer Lehrer war, lehnen ihn die meisten als Messias vehement ab. Sie halten ihn nur für einen von mehreren herausragenden falschen Messiassen.

Der Staat Israel erlaubt mit seiner toleranten und pluralistischen Politik beinahe jede Abweichung vom orthodoxen Judentum. Sogar jüdische Atheisten sind als Staatsbürger willkommen, jedoch nicht Menschen, die an Jesus glauben. Obwohl das Rückkehrgesetz von 1950 jedem gebürtigen Juden die Staatsbürgerschaft gewährte, schloss der israelische Oberste Gerichtshof 1962 dies im Falle eines Mannes aus, der zwar von Geburt Jude war, aber zum Christentum übergetreten war. Sie entschieden, dass »die allgemeine Vorstellung, dass der Ausdruck ›Jude‹ und ›Christ‹ ein Widerspruch ist, von allen uneingeschränkt akzeptiert wird.«[366] Am 25. Dezember 1989 entschied das israelische Oberste Gericht, dass messianische Juden »keinen Anspruch auf das Recht haben, in dieses Land als Immigranten aufgrund des Rückkehrgesetzes zu kommen«, weil diese Juden, »die an Jesus glauben, ›Angehörige eines anderen Glaubens sind.‹«[367]

Nach biblischen Grundsätzen entspricht die Nation heute nicht den göttlichen Anforderungen, da sie nicht im vereinbarten Gehorsam gegenüber Gott lebt. Das Versprechen, das Land zu besitzen, ist unmittelbar daran gebunden, wie die Nation auf den Messias reagiert. Israels internationales Recht auf das Land kann gut begründet werden, aber sein göttliches Recht auf das Land aufgrund des Bundes ist nur eine persönliche Überzeugung.

Die heutige Verantwortung der christlichen Gemeinde für Israel

An dieser Stelle müssen wir vorsichtig sein, um nicht eine falsche Vorstellung davon zu bekommen, welches Verhalten der Gemeinde gegenüber Israel richtig ist. Wie wir schon gezeigt haben, wurden die Beziehungen zwischen Juden und Christen fast die ganze Kirchengeschichte hindurch durch eine feindselige Gesinnung betrübt. Die Kirche vergaß zu oft den Vers: »Nicht durch Macht und nicht durch Kraft, sondern durch meinen Geist, spricht der HERR der Heerscharen« (Sacharja 4,6). Obwohl die Gemeinde diesen Schaden heute nicht mehr reparieren kann, so kann sie doch das Zerwürfnis mildern, wenn sie einige Probleme im Geist der Versöhnung überdenkt. In dem Versuch, eine gemeinsame Basis der Annäherung zu finden, haben viele jüdisch-christliche Schriftsteller das Problem angesprochen. Sowohl Katholiken als auch Protestanten haben sich darüber Sorgen gemacht und den gemeinsamen Dialog mit jüdischen Führen gesucht. Wir wollen einige der großen Probleme ansprechen, die die beiden Lager trennen und die besonders geklärt werden müssen, damit eine gemeinsame Grundlage für den Dialog gefunden werden kann.

Israels Recht auf das Land sollte unterstützt werden

Historisch gesehen ist Israels Recht auf das Land in jeder Generation an die Bedingung gebunden, gegenüber Gott gehorsam zu sein. Die meisten Bewohner des Staates Israel sind heutzutage ungläubig. Heißt das, dass die christliche Gemeinde Israel in keiner Weise bei seinen Ansprüchen auf das Land unterstützen soll? Aus zwei Gründen müssen wir dies verneinen.

Erstens wird Gott, wie bereits erwähnt, sein Volk vor dem Kommen des Messias im Unglauben im Land sammeln (Hesekiel 37,1-14; Sacharja 12,1-13,1). Die gegenwärtige Wiederherstellung des israelischen Staates scheint ein Vorbote von Gottes Endzeitprogramm zu sein. Und wenn dies der Fall ist, dann hält Gott seine Hand über die Wiederherstellung Israels.

Zweitens wurde der palästinische Bund zwischen Gott und Israel geschlossen. Gott, und nur Gott allein, hat das Recht zu entscheiden, wie viel Segen oder Fluch er über sein Volk verteilt. Doch der Bund mit Abraham hat eine Komponente, die für alle Nationen gilt. Gott sagte: »Und ich will segnen, die dich segnen, und wer dir flucht, den werde ich verfluchen« (1. Mose 12,3). Sogar als Israel unter Gottes Gericht stand, machte Gott immer noch Nationen dafür verantwortlich, wie sie das jüdische Volk behandelten. Gott richtete die Assyrer und die Babylonier für ihre Misshandlung seines Volkes (Jeremia 50,17-19). Ferner kündigte Gott an, dass er die Nationen richten würde, weil sie sein auserwähltes Volk schlecht behandelt hatten (Jeremia 30,16; Obadja 15-17). Der Bund Abrahams ist immer noch gültig, und Gott macht immer noch Nationen dafür verantwortlich, Wege zu finden, damit sein jüdisches Volk gesegnet wird. Heute kann man das tun, indem man Israel in seinem Anspruch auf das Land unterstützt.

Die Schuld an der Kreuzigung klarstellen

Eine bittere Angelegenheit, die Juden und Christen voneinander trennt, ist seit langer Zeit die Frage gewesen, wer die Verantwortung für Jesu Tod hatte. Viele Theologen aus früheren Zeiten haben die Juden aufs Bösartigste dafür verleumdet, dass sie dieses Verbrechen begangen haben. Rabbi Eckstein erklärt dazu: »Die Anklage, dass Juden Christus getötet haben, zeigt eigentlich, wie antijüdisch Christen in ihrem Herzen sind.«[368] Angehörige der Kirchen stempelten Juden als »Christusmörder« ab und trugen somit zum Antisemitismus in der Kirche und in der Gesellschaft bei. Ironischerweise wurde das Kreuz, das ursprünglich «die beiden in einem Leib mit Gott versöhnen« sollte (Epheser 2,16), benutzt, um zwischen ihnen einen tiefen Riss zu schaffen, und die wahre Botschaft verlor ihren Glanz. Das traurige, aber unvermeidliche Ergebnis war, dass die Juden anfingen, die Person Jesu zu verachten.

Die Katholische Kirche beendete erst am 28. Oktober 1965 auf dem Zweiten Vatikanischen Konzil diese Tragödie offiziell. Sie erklärte in *Nostra Aetate*, dass man die Juden »nicht als von Gott verworfen oder verflucht darstellen darf« und dass Christi Leiden »weder den damals lebenden Juden noch den heutigen Juden zur Last gelegt werden können.«[369]

Obwohl dies eine dramatische Wende darstellte, war es eigentlich nur eine negative, keine positive Wende. Die Kirche gab nicht zu, Fehler begangen zu haben. Das Stigma des Gottesmörders besteht immer noch, und der Vatikan lehnt es weiterhin ab, Israel diplomatisch anzuerkennen.[370] Obwohl die protestantische Kirche geteilter Meinung ist, sind sich die meisten Gemeinderichtungen darin einig, dass sie Antisemitismus aufs Schärfste verurteilen, besonders seit dem Holocaust.

Wenn wir die Anklage, Gott ermordet zu haben, richtig beurteilen wollen, dann müssen wir als Erstes erkennen, dass Jesus nicht durch die Hand der Juden, sondern der Römer gestorben ist. Er wurde sowohl von einem jüdischen Gerichtshof als auch von einem römischen Gericht verurteilt. Sowohl Juden als auch Heiden verurteilten ihn zum Tod und teilen sich somit die Schuld. Der römische Herrscher Pilatus tat es, nachdem er wiederholt Jesu Unschuld erklärt hatte, und somit zog er noch größere Schuld auf sich. Außerdem starb Christus nicht durch die jüdische Methode der Steinigung, sondern durch die römische Methode der Kreuzigung. Obwohl von den Juden veranlasst, wurde sie von Nichtjuden ausgeführt.

Der biblische Impuls für die Anklage, Gott ermordet zu haben, entsteht aus einem falschen Verständnis der frühen Predigten von Petrus (Apostelgeschichte 2,23; 3,15; 4,10; 5,30). Als er genau denjenigen Juden gegenüberstand, die Jesus verurteilt hatten, rief Petrus sie zur persönlichen Buße auf, denn sie waren persönlich an der gottlosen Tat beteiligt gewesen. Er tat dies mit Blick auf die Erfüllung der alttestamentlichen Verheißung eines nationalen Segens für Israel, der nur auf eine nationale Buße folgen konnte (Apostelgeschichte 4,19-21).

Jesus selbst sagte voraus, dass sein Tod durch die Hände der Juden und der Nationen geschehen würde (Markus 10,33). Die Hohenpriester und Schriftgelehrten würden ihn an die Nationen überliefern, und diese würden ihn verspotten, anspucken, geißeln und töten. Diese zweifache Verantwortung wird später immer wieder in der Heiligen Schrift betont. Johannes zum Beispiel brachte das Durchbohren durch einen römischen Soldaten mit der Prophetie in Verbindung, dass Israel eines Tages »den anschauen wird, den sie durchstochen haben« (Johannes 19,34-37; Sacharja 12,10). Auch Paulus erwähnte nicht die Männer, die seinen Tod veranlasst hatten, sondern erklärte lieber, dass er »unserer Übertretungen wegen dahingegeben« worden ist (Römer 4,25). »Christus starb für unsere Sünden«, sagte er (1. Korinther 15,3). Er erklärte, dass es Gott war, der »seinen eigenen Sohn nicht verschont, sondern ihn für uns alle hingegeben hat« (Römer 8,32). Jesus sagte auch, dass niemand sein Leben nehmen könnte, sondern, wie er sagte: »Ich lasse es von mir selbst« (Johannes 10,18). Beim Tod Jesu ging es nicht um diejenigen, die an seinem Urteil schuld waren und es vollstreckten (obwohl sicher alle schuldig waren), sondern in seinem Tod ließ Gott »ihn treffen unser aller Schuld« (Jesaja 53,6). In dieser Angelegenheit ist die Bibel ein strenger Wächter des souveränen Willens Gottes.

Es geht hier nicht darum, die Schuldigen an der Kreuzigung ausfindig zu machen. Jesus selbst betete zum Vater für die Vollstrecker um Vergebung (Lukas 23,34). Sollen wir glauben, dass er von der Kirche etwas anderes erwartete? Er hatte die Jünger oft vor einem unversöhnlichen Geist gewarnt und dies mit einem ungewöhnlich langen Gleichnis unterstrichen (Matthäus 18,23-35). Ein unversöhnlicher Geist deutet darauf hin, dass man selbst keine Vergebung erfahren hat. Dass die Kirche die Rolle der Rächerin eingenommen hat, zeigt, wie weit sie vom Weg abgekommen ist.

Etwas wieder gutzumachen, bedeutet jedoch nicht, die Juden von ihrer Mitverantwortung für die Kreuzigung freizusprechen. Es bedeutet einfach, zuzugeben, dass beide am Verbrechen schuld sind. Es bedeutet ebenso, dass die Kirche zugeben muss, dass sie die Juden zweitausend Jahre lang diffamiert hat. Während wir auf das von Sacharja vorhergesagte Ereignis der Endzeit warten, an dem das Volk Israel über den Tod des Messias weinen wird (Sacharja 12,10), würde eine bußfertige Gemeinde einen guten Auftakt machen. Es wäre gut, wenn die christliche Gemeinde über ihren Anteil am Mord an Millionen Brüdern Jesu Buße tun und aufrichtig darüber trauern würde. Dieses Eingeständnis könnte dabei helfen, etwas von dem Stigma wegzunehmen und den Dialog mit denen zu fördern, die aufgeschlossen und auf der Suche sind.

Der Monotheismus und die Person Jesu

Ein weiterer wesentlicher Punkt, der Juden und Christen voneinander trennt, ist die Identität Jesu. War er der Sohn Gottes, wie das Neue Testament es verkündet? Alles andere ist nebensächlich.[371] Die Spaltung begann, als Jesus sich das Vorrecht Gottes zu Eigen machte, Sünden zu vergeben. Auf diese Aussage müssen wir uns konzentrieren. Jeder Dialog über ethische, philosophische oder rassische Unterschiede ist im Vergleich zu dieser uralten Frage völlig nebensächlich. Diese Frage ist unvermeidlich und wird auch nie verschwinden. Ist ein echter Dialog angesichts der Voreingenommenheit und der starken Gefühle in dieser Angelegenheit überhaupt möglich? Gibt es irgendwelche Anzeichen von Versöhnung und Raum für Kompromisse? Welche Einstellung haben die Juden, nach ihrer langen Zerstreuung und teilweisen Wiederherstellung, heute zu Jesus?

Der Name Jesus wurde im Talmud oder in der Mischna selten ausdrücklich erwähnt, obwohl in späteren Schriften der Mischna auf ihn hingewiesen wurde. Doch dabei handelte es sich um ziemlich abfällige und skandalöse Bemerkungen.[372] Oft wurden diese Aussagen gemacht, um sich gegen die feindliche christliche Gemeinschaft zu verteidigen. In den letzten zwei Jahrhunderten (besonders seit der jüdischen Befreiung aus dem Leben im Ghetto) hat sich viel verändert, doch die Bitterkeit ist geblieben. Auf beiden Seiten der Kontroverse gab es Veränderungen. Herbert Danby hat die auffallende Beobachtung gemacht, dass sich die »Einstellung der Juden mit fast mathematischer Genauigkeit geändert hat – und zwar genau entsprechend dem Grad, in dem Christen sich als echte Nachfolger ihres Heilands gezeigt haben, sowohl im Geist als auch in der Tat.«[373]

In den letzten Jahren hat man in Israel mit bemerkenswerter Offenheit über den historischen Jesus gesprochen und geschrieben. Man hat in der modernen jüdischen Literatur geradezu eine »Jesus-Welle« beobachtet.[374] Über diesen Propheten aus Nazareth ist in Israel seit 1948 mehr geschrieben worden, als in allen vorherigen Jahrhunderten zusammengenommen. Pinchas Lapide, ein orthodoxer jüdischer Professor, gehört zu dieser Gruppe von Schriftstellern, wenn er schreibt: »Jeder jüdische Gelehrte, der das Neue Testament prüft, findet heraus, dass Jesus zweifellos Jude war – nicht nur irgendein oberflächlicher *Pro-forma*-Jude, sondern ein echter Jude, dessen geistliche Wurzeln dem prophetischen Kern des jüdischen Glaubens entsprangen.«[375] Viele Juden haben angefangen, Jesus als eine der größten jüdischen Persönlichkeiten anzuerkennen.

Dieses Interesse bezieht sich jedoch auf den Mensch Jesus, wie er den liberalen Denkern bekannt ist, und nicht auf den Sohn Gottes, wie er in den Evangelien dargestellt wird.[376] Manche haben die Charakterisierung »Sohn Gottes« im Sinne von »Bote« oder »Prophet Gottes« oder aber »herausragender Mann Gottes« akzeptiert, aber nicht als Fleisch gewordenen Gott des Neuen Testaments. Eckstein bemerkt dazu: »Jesus wird mit überwältigender Mehrheit von den Juden als Vorbote der Endzeit, als Prophet, als Messias und erst recht als Sohn Gottes abgelehnt.«[377] Der hebräische Gelehrte Samuel Sandmel erklärt, dass diejenigen, die »Jesus für mehr als einen Menschen halten, dem Judentum widersprechen und den Juden unsympathisch sind.«[378] Das Judentum hält die christliche Lehre von der Dreieinigkeit für ein spätes Gebräu der frühen Kirche, ebenso das Johannesevangelium und die Paulusbriefe.

Diese kompromisslose Ablehnung Jesu als Mensch gewordener Gott ist für das rabbinische Judentum fast ein Glaubensgrundsatz, der auf das bekannte *Schema* aus 5. Mose 6,4 zurückgeht, welches oft auch »jüdisches Glaubensbekenntnis« genannt wird. Obwohl das vollständige *Schema* aus einer Reihe von Abschnitten besteht (5. Mose 6,4-9; 11,13-21; 4. Mose 15,37-41), liegt das Kernstück doch in diesem ersten Vers: »Höre, Israel: Der HERR ist unser Gott, der HERR allein.« Diese Erklärung wird täglich, mindestens einmal jeden Morgen und jeden Abend, vom gläubigen Juden ausgesprochen. Dr. K. Kohler bezeichnet sie als ihren »Schlachtruf der Jahrhunderte«.[379] Obwohl das Judentum nur einen kleinen aktiven und eindeutigen Glauben an Dogmen verlangt[380], so unterscheidet es sich von anderen Religionen besonders durch diese wesentliche traditionelle Aussage über den Monotheismus.

Diese Lehre über ein einziges göttliches Wesen, über die mindestens seit den Schulen Hillels und Schammais diskutiert wird, entstand »hauptsächlich als Antwort auf die christliche Theologie und Verfolgung.«[381] Mit dieser Lehre bekräftigten die Juden ihre negative Einstellung zu Polytheismus und Götzendienst und behaupteten, dass die Trinität ein Kompromiss mit dem Heidentum war.[382] Die babylonische Gefangenschaft hinterließ bei ihnen ein tiefes Empfinden für die Gefahren des Götzendienstes. Diese Anklage des Götzendienstes gegen die frühe römische Kirche war in der Tat nicht ohne Grund, denn »die Jungfrau Maria mit ihrem göttlichen Kind wurde wie die Königin des Himmels aus heidnischer Zeit verehrt.« Und »heidnische Gottheiten verschiedener Länder wurden von der Kirche in Heilige verwandelt, um die heidnischen Massen für den christlichen Glauben zu gewinnen.«[383] Die Juden wurden durch diese Götzenpraktiken der abtrünnigen Kirche abgestoßen und nahmen sie zum Anlass, die Lehre von der Dreieinigkeit noch unerbittlicher zu kritisieren und abzulehnen.

So wurde das *Schema* zur theologischen Verteidigung der Juden, um Jesus abzulehnen, der Einssein und Gleichheit mit Gott für sich beanspruchte. Oberflächlich sieht es so aus, als ob dieser mosaische Befehl diesen Anspruch klar ablehnt. Maimonides, dessen Ansicht von der jüdischen Liturgie übernommen wurde, dachte, dass diese Verse die absolute Einheit und Unteilbarkeit Gottes ausdrückten, die er unwiderruflich für »nicht definierbar« hielt.[384]

Was können wir darauf antworten? Da das *Schema* Teil der christlichen Bibel ist, ist es wichtig, dass wir die Aussage des Abschnitts verstehen und mit der neutestamentlichen Offenbarung über Jesu Göttlichkeit in Zusammenhang bringen. Schließt es die Fleischwerdung und Dreieinigkeit wirklich aus?

Zuerst sollten wir beachten, dass die Bezeichnung »Einer« (hebr. *echad*; »ein Herr«) im *Schema* nicht unbedingt die Vielfalt in der Gottheit ausschließt. Die Grundbedeutung von *echad* ist »einzig« oder »Einheit«. Im Alten Testament wird dieser Ausdruck oft und mit verschiedenen Bedeutungen gebraucht.[385] In 1. Mose 1,5 wird der Ausdruck zum Beispiel für die Zusammenlegung des ersten Abends und Morgens der Schöpfung gebraucht, wo es heißt: »ein Tag«. Und in 1. Mose 2,24 wird das Wort gebraucht, um die Einheit von Adam und Eva zu beschreiben, die »ein Fleisch« wurden. In 2. Mose 36,18 wird das Wort gebraucht, als Teile des Zeltdachs der Stiftshütte zusammengefügt werden, damit es »ein Ganzes« ist. Das zeigt, dass der Ausdruck eine vielseitige Bedeutung hat.

So kann dieser Ausdruck wohl kaum dazu benutzt werden, Gottes absolute Unteilbarkeit oder sein Alleinsein zu beweisen, was die Möglichkeit der Dreieinigkeit ausschließen würde. Im Gegenteil: Seine eigentliche Bedeutung ergänzt sogar die vielen Aussagen des Alten Testaments über die Vielfalt der Personen in der Gottheit. Der Plural *Elohim* drückt dies sogar noch mehr aus als die unpersönliche Vorstellung von »göttlichen Mächten«.[386] Die vielen Gespräche innerhalb der Gottheit, die in der Mehrzahl geführt wurden, schließen diese Vorstellung von der Vielfalt ebenfalls mit ein (z.B. 1. Mose 1,26; 3,22; 11,7). In Psalm 110,1 spricht der Herr Jahwe mit dem Herrn Adonai, und in Psalm 2,7.12 spricht er mit seinem Sohn, dem Messias. Später werden bei den Propheten die drei Personen der Gottheit voneinander unterschieden und von Jahwe selbst (Jesaja 48,16) erklärt.

Mit der Menschwerdung Jesu können die drei Personen der Gottheit leicht identifiziert werden, und es wird erklärt, dass sie im Wesen und in ihrer Absicht eins sind (Lukas 3,22; Johannes 10,30). Die Aussage über ihre Gleichheit (Johannes 5,18) verleugnet nicht ihre Individualität, sondern bestätigt ihre einzigartige Vielfalt in perfekter Einheit. Obwohl Jesus immer wieder behauptete, er und der Vater seien eins, stellte er sich auch immer unter die zentrale Autorität des Vaters, der ihn gesandt hatte (Johannes 5,19-30). Das stimmt vollständig mit der »Einheit« Gottes überein, wie sie von Mose im *Schema* verkündet wird.

Daher gibt es keinen theologischen oder logischen Grund, die Menschwerdung und ewige Göttlichkeit Jesu zu verleugnen. Diese Lehre zieht sich durchs ganze Alte und Neue Testament hindurch. Der christliche Glaube steht und fällt mit diesem Glaubensbekenntnis. Obwohl ein Dialog in Bezug auf diese Angelegenheit sicher angemessen ist, sollte er nicht auf der Grundlage rabbinischer Meinungen oder der Schriften und Lehren früher Kirchenväter geführt werden, sondern sich nur auf die Aussagen der Bibel stützen. So wie die Juden keinen Kompromiss eingehen können, wenn es um ihr Jüdischsein geht, können auch die Christen nicht über die Kernaussage ihres christlichen Glaubens verhandeln.

Das Missionieren

Ein weiterer uralter Streitpunkt zwischen Juden und Christen war das Bestreben der Kirche, Juden zu bekehren. Dies ist tatsächlich ein Problem, weil Evangelisation einen zentralen Punkt des Missionsauftrags der Gemeinde darstellt und ein wesentlicher Grund dafür ist, warum die christliche Gemeinde überhaupt besteht. Jesus selbst gab den Missionsbefehl, und die Jünger führten ihn sofort aus. Da die ersten Christen allesamt Juden waren, standen Juden für die Gemeinde natürlich auf der Liste derjenigen, die man evangelisieren musste, an erster Stelle.

Dieser Auftrag, Juden zu Jesus zu bringen, hat man »Proselytisieren« genannt, und dies wurde schon ziemlich früh zu einem widerlichen Streitobjekt. Das ganze Mittelalter hindurch und sogar bis in die Renaissance hinein machte die Kirche Jagd auf Juden, die auf das Evangelium reagieren und sich vom Judentum bekehren sollten. Das Problem war, dass die Kirche auf jüdische Ablehnung oft mit militanten Missionsoperationen reagierte. Mit allen Mitteln wurden die Juden verfolgt, um aus ihnen ein Glaubensbekenntnis herauszuquetschen.

Diese kriegerische Art der »Evangelisation« verursachte natürlich großes Leiden. Es wurden verschiedene Formen der Einschüchterung benutzt, um Bekehrungen zu erzwingen, und die daraus entstandenen »Erweckungen« führten zu einer Ernte voller Scheinbekehrter, die sich aus Überlebensgründen an ihre Umgebung anpassten. Diese Bekehrungstaktiken schwächten das echte geistliche Leben der Kirche, und der Groll der Juden wuchs noch mehr. Christliche Bekehrung wurde zu einer Sache des Überlebens der zur Zielscheibe gewordenen Juden, die mit dem übermächtigen System ihr Spiel spielten. Auf beiden Seiten wuchs der Ärger, und die Kluft zwischen ihnen wurde immer größer. Juden wollten von christlicher Mission nichts mehr hören.

Obwohl sich die Juden auch heute noch über die Evangelisationsversuche der christlichen Gemeinde ärgert, darf man auch nicht den Missionsauftrag der Religion Israels vergessen (1. Könige 8,43.60; Jesaja 49,6; 60,3; Matthäus 23,15). Die Bekehrung anderer hat die Kirche mit Sicherheit nicht erfunden. Der missionarische Impuls lässt sich bei den Juden bis auf Abraham, ihre Leitfigur, zurückführen, und Josephus bemerkt, dass das Judentum diese Missionsarbeit später sogar mit dem Schwert durchführte.[387] Über den erwähnten Hillel wird auch gesagt, dass er als eifernder Pharisäer sein Leben der missionarischen Arbeit gewidmet hätte.[388] Bekehrung ist in der Tat Bestandteil einer Religion, die Menschen retten will, und sowohl Israel als auch die christliche Gemeinde wurden vom Herrn beauftragt, diese Arbeit zu tun.

Der Hauptfehler bei der Mission ist nicht die Evangelisation selbst, sondern der Einsatz von Druck.[389] Die Einschüchterungstaktiken der Kirche im Mittelalter bis zur Reformationszeit sind zu Recht verurteilt und größtenteils aufgegeben worden. Bei der Evangelisation liegt die Betonung auf der Souveränität Gottes und wie wichtig die eigene Überzeugung und geistliche Wiedergeburt sind. Dass der offene Dialog an die Stelle des aggressiven Missionierens getreten ist, ist als Fortschritt anzusehen. Jede Art von Zwang bewirkt nur das Gegenteil und ist für eine echte geistliche Beziehung sogar zerstörerisch. Glücklicherweise scheint es Anzeichen für einen offenen Dialog zu geben.

Auch wenn dieser Dialog gut ist, sollte er nicht missverstanden werden. Es bedeutet nicht, dass wir als Evangelikale bei unserer Bekehrungstheologie Kompromisse schließen sollten. Es gibt viele Stimmen in liberalen und katholischen Kreisen, die darüber lange diskutiert haben und eine Art »Theorie des ›doppelten Bundes‹« vorschlugen[390], die erklärt, dass sich die Juden Gott durch den Alten Bund nähern können und die Gemeinde durch den Neuen Bund. Eine Gruppe wird angeblich durch die mosaischen Gesetze gerettet – und die andere durch Jesus Christus.

Auch wenn diese Vorstellung attraktiv zu sein scheint, wird die Botschaft des Alten und Neuen Testaments völlig missverstanden. Die messianischen Prophezeiungen des Alten Testaments werden einfach geleugnet, und das »eine Evangelium« aus den Paulusbriefen (Galater 1,6-9) wird untergraben. Das ganze Neue Testament wird unterminiert, indem Christus zu einem Heiland degradiert wird, der auf Wunsch erhältlich ist. Die Botschaft vom Evangelium ist, dass Christus der einzige Retter der Welt ist, der für unsere Sünden gestorben ist. »Ich mache die Gnade Gottes nicht ungültig; denn wenn Gerechtigkeit durch Gesetz kommt, dann ist Christus umsonst gestorben« (Galater 2,21). Er allein wurde durch den Vater von den Toten auferweckt, damit wir gerechtfertigt sind (Römer 3,20-26; 4,25). Eine neue Auslegung der Bünde zugunsten der Beziehungen zwischen Juden und Christen würde daher eine inakzeptable Missdeutung sein.

Die Bünde wurden nicht zwischen den Juden und den Nationen aufgeteilt, damit man auf zweierlei Art gerettet werden kann, sondern als fortschreitende Entwicklung eines Programms zur Rettung gegeben. Paulus behauptet, dass der in ihrem *Schema* erklärte »eine Gott« der Juden den Juden und Nichtjuden gleichermaßen nur einen Weg zur Rettung gegeben hat, und zwar durch den Glauben an seinen Sohn Jesus Christus (Römer 3,29-30). Der häufige Vorwurf der Intoleranz ist auf die Absolutheit dieser Aussage zurückzuführen. Aber solche Anklagen erkennen nicht das Debakel der Sünde. Das Evangelium ist Gottes einzige Vorkehrung zur Rettung. Es gibt nichts anderes, was die vernichtende Kraft der Sünde umkehren könnte. Das Evangelium ist kein Vorschlag, über den man durch Dialog und Kompromisse verhandeln kann, sondern Gottes gute Nachricht für alle, um daran zu glauben und danach zu handeln.

Wirklich unerfreulich ist die Art, wie militante Anhänger der christlichen Gemeinde das Evangelium weitergeben. Oft vermisst man hier gegenseitigen Respekt. Viele Juden sind auch heute noch gegenüber den evangelikalen Christen so misstrauisch, dass sie sogar an deren guten Willen für das moderne Israel zweifeln. Sie sind sich sicher, dass jede offen gezeigte Großherzigkeit hintergründige Motive hat.[391] Sie haben nicht vergessen, wie Martin Luthers ursprünglich guter Wille für die Juden sich in einen widerwärtigen, Druck ausübenden Eifer verwandelte, als die Juden sich weigerten, seine Botschaft anzunehmen. Ausschlaggebend ist: Nur durch gegenseitigen Respekt und Vergebung kann ein gesunder Dialog gedeihen.

Um einen guten jüdisch-christlichen Dialog zu führen, rät Rabbi Yechiel Eckstein:

> Die Juden fordern, dass die Evangelikalen den Dialog als die geeignete Form ansehen, in der das »Evangelium den Juden

> gepredigt« werden kann, und dass sie ihre ehrgeizigen und fast schon »kultischen« Methoden, die man oft bei den Bekehrungsversuchen eingesetzt hat, aufgeben. Denn haben Christen nicht den Auftrag, einfach nur durch das Wort und ihre Taten die Wahrheit der christlichen Botschaft zu bezeugen, während der Herr das Vorrecht hat, den Einzelnen durch den Heiligen Geist anzusprechen und möglicherweise eine Bekehrung zu bewirken? Wenn das der Fall ist, ist es dann nicht vernünftig, wenn Juden Evangelikale darum bitten, ihren missionarischen Auftrag durch einen Dialog auszuführen, der anständig und höflich, vorbildlich und lehrreich ist und in gegenseitigem Einvernehmen geschieht, ohne die Absicht, sie zu bekehren? Natürlich werden Juden verantwortliche Evangelikale darum bitten, besonders darauf zu achten, dass bei der Evangelisation keine Art von Manipulation oder Täuschung oder übertriebene aggressive Taktiken angewandt werden...[392]

Natürlich ist es das Ziel der christlichen Mission, dass Menschen sich bekehren, jedoch nicht durch Zwang. Wenn man derartige Methoden ausrottet, scheint ein Dialog mit Juden wenigstens näher gerückt zu sein. Samuel Sandmel schließt seine Abhandlung über »Antisemitismus im Neuen Testament« mit der optimistischen Bemerkung: »Ist es möglich, dass die Tragödie des Holocaust den Berg alter, falscher Vorstellungen in Bewegung gebracht hat? Diese Generation von Juden und Christen ist füreinander empfänglich und hat eine Möglichkeit zur Versöhnung, die bisher nie da gewesen ist.«[393]

Obwohl Sandmel hauptsächlich von liberalen Katholiken und Protestanten spricht, die seine Theorie akzeptieren, können seine Schlussfolgerungen auch auf andere Bereiche angewandt werden. Nachdem sie erkannt haben, dass die von der Kirche unterstützten Einschüchterungspraktiken ein Fehler waren, begrüßen viele Evangelikale heute einen höflichen, aber offenen Dialog.

Beten für den »Frieden von Jerusalem«

Eine weitere Verantwortung der christlichen Gemeinde ist, sich Davids Ermahnung, um »Heil für Jerusalem« zu bitten (Psalm 122,6), zu Herzen zu nehmen. Dieser Vers wurde lange Zeit als Aufgabe der Christen betrachtet, um den Juden mit dieser geringsten Versöhnungsgeste ihren guten Willen zu zeigen. Mit diesem Vers ist ein persönlicher Segen verbunden, der sich auf den Bund Abrahams bezieht, in dem verheißen wird: »Ich will segnen, die dich segnen« (1. Mose 12,3).

Diese Aufforderung, für Jerusalems Frieden zu beten, ist jedoch so umfassend und allgemein, dass es alle Wege öffnet, dem jüdischen Volk gegenüber freundliche Gesten zu zeigen. Die ersten britischen und amerikanischen Freunde des Zionismus dachten zum Beispiel, dass sie damit der zionistischen Bewegung den Rücken stärken konnten.[394] Da der Name *Jerusalem* für viele Dinge stehen kann, kann diese Fürbitte auf vielerlei Art geschehen.

Um das Gebet nach dem Willen Gottes mit Verstand zu beten, ist es wichtig, dass man erkennt, was der Psalmist unter dem Ausdruck »Frieden« verstand. Sprach er vom militärischen Sieg des Volkes? Sollen wir für die politische Herrschaft des modernen Israels über die Araber beten? Sollten wir zur Besitzergreifung des Westjordanlands und des Gazastreifens ermutigen? Wie wäre es mit dem Gebet, dass der islamische Felsendom durch einen jüdischen Tempel ersetzt wird? Oder sollten wir einfach für Israels internationale Beliebtheit und für friedliche Beziehungen mit seinen Nachbarn im Nahen Osten beten?

Der Kontext dieses Psalms scheint ein ganz anderer zu sein. David machte sich Sorgen um das Haus des Herrn – das war der Tempel in Jerusalem. Wenn hebräische Pilger die felsigen Hügel zur Stadt hinaufstiegen, taten sie dies in der Erwartung, mit dem Herrn des Bundes zusammen Zeit verbringen zu können, und brachten ihm verschiedene Opfer. Sie kamen, um »den Namen des Herrn zu preisen« (V. 4). Ein Krieg würde dieses Vorrecht begrenzen oder gar zerstören, doch dies war nicht seine Hauptsorge. Der Frieden, von dem er sprach, ist nicht in erster Linie der äußere, sondern der innere Frieden – nicht der politische, sondern der geistliche Frieden. »Frieden [Heil] sei in dir«, betont er. Seine Sorge im Psalm bezieht sich auf »das Haus des Herrn« und auf den geistlichen Frieden, den man nur durch eine richtige Beziehung zu Gott bekommt.

Dieser geistliche Frieden mit dem Herrn war oft der Schlüssel zu Jerusalems militärischem Erfolg und zu Frieden mit seinen Nachbarn. Selten war es anders. Immer wenn Israel sich vom Herrn abwandte, wurden die alten Feinde Israels fast ausnahmslos immer mächtiger, und wenn das Volk gehorchte, wurden die Feinde schwächer. Daher sollten wir uns die Ermahnung, für Frieden zu beten, zu Herzen nehmen – das heißt, wir sollten für eine harmonische Beziehung zum Herrn beten.

Dieses Prinzip wird anhand der Geschichte Jakobs anschaulich erklärt, als er aus Paddan-Aram zurückkehrte (1. Mose 32-33). Seine Erfahrung stellt einen Modellfall für Israels heutiges Problem dar. Jakob war gerade dem Zorn seines Onkels Laban im entfernten Haran entkommen, als er bei seiner Heimkehr nach Kanaan plötzlich dem Zorn seines Bruders Esaus gegenüberstand. Weil er seinen Bruder lange Zeit getäuscht hatte, fürchtete sich Jakob sehr vor Esau und dessen Armee von vierhundert Männern. Dies trieb ihn ins Gebet, und er entwickelte einen Plan.

Nachdem er seine Familie und seine Diener vorausschickte, blieb Jakob nördlich des Flusses Jabbok. In jener Nacht hatte er mit dem Herrn ein entscheidendes Treffen, er hatte einen Ringkampf mit einem »Mann« oder mit einer Gotteserscheinung. Nachdem er »mit Gott gerungen« hatte und dabei am Hüftgelenk verletzt wurde, erhielt Jakob einen neuen Namen (1. Mose 32,28). Dieser Name »Israel« bedeutet »Kämpfer Gottes« und charakterisiert seine neue Beziehung zum Herrn.

Diese Begegnung hatte jedoch noch eine weitere Bedeutung. Es veränderte auch die Art der Begegnung mit Esau am nächsten Tag. Anstatt eines zornigen Bruders, der sich rächen wollte, traf Jakob einen versöhnungsbereiten Bruder, der ihn und seine Familie mit offenen Armen begrüßte. »Esau aber lief ihm entgegen, umarmte ihn und fiel ihm um den Hals und küsste ihn; und sie weinten« (1. Mose 33,4). Seine wiederhergestellte Beziehung zu Gott veränderte seine Beziehung mit seinem Bruder völlig.

Die Analogie spricht für sich. Was Israel am nötigsten braucht, ist nicht Frieden mit den Arabern, sondern Frieden mit Gott. Der nationale Aufruhr und das Leiden beider Gruppen ist eher geistlicher Natur als lediglich ein Rassenkonflikt. Israels größte Not liegt nicht im wirtschaftlichen, politischen oder militärischen Bereich, sondern ist eine Begegnung, der es noch kräftig widersteht – nämlich eine historische Begegnung mit dem Herrn des Bundes, ähnlich wie die von Jakob, als er aus dem Exil kam. Diese Begegnung wird etwas erreichen, was kein militärischer Sieg jemals schaffen könnte – einen dauerhaften Frieden und Wohlwollen gegenüber allen Menschen.

Der Prophet Sacharja stellt eine solche Begegnung ausdrucksvoll dar, als er darüber schreibt, wie Israel den Messias anerkennt und annimmt

(12,10). Nachdem alle Familien Israels Wehklage gehalten haben, wird es keine Feindseligkeit im Volk mehr geben (Sacharja 12,11-14). Zu dieser Zeit wird der Herr der Nation »Frieden wie einen Strom« geben, wenn er es nach seinem göttlichen Gefallen wiederherstellt und dem Volk internationale Überlegenheit verschafft (Jesaja 66,12; Römer 11,25-27).

Um dieses »Friedens von Jerusalem« willen seufzt die ganze Schöpfung, und alle Menschen, die zu Gott gehören, sind ermahnt, inbrünstig dafür zu beten. Das ist der großartige Höhepunkt des biblischen Dramas mit Israel, durch das Gott der ganzen Welt den vollen Segen Abrahams zuteil werden lassen wird.

Die Weiterentwicklung dieses Dramas ist jedoch nicht allein für Israel bestimmt. Es zeigt der ganzen Welt zwei wesentliche Wahrheiten über unseren Gott und sein prophetisches Programm. Die erste Wahrheit ist, dass er ein Gott ist, der seinen Bund hält. Was er versprochen hat, das wird er auch halten, ob es nun mit Israel in der Endzeit ist oder mit seiner Gemeinde im gegenwärtigen Zeitalter. Die zweite Wahrheit ist, dass der Herr schon bald zurückkommen könnte. Der Aufstieg Israels in der Welt ist ein entscheidendes Ereignis und lässt uns an das Gleichnis des Herrn über den Feigenbaum denken: »Wenn aber diese Dinge anfangen zu geschehen, so blickt auf und hebt eure Häupter empor, weil eure Erlösung naht« (Lukas 21,28).

Anhang A: Chronologie

Das alte Israel

2090 v.Chr. Abraham empfängt den Bund.
1445 v.Chr. Auszug des jüdischen Volkes aus Ägypten unter der Führung Moses
1010 v.Chr. David wird König.
930 v.Chr. Königreich wird nach Salomos Tod in Israel und Juda geteilt.
722 v.Chr. Nordreich wird von den Assyrern zerstört.
586 v.Chr. Südreich, Jerusalem und der Tempel werden von den Babyloniern zerstört.
537 v.Chr. Einige Juden kehren aus Babylon zurück, um den Tempel aufzubauen.
516 v.Chr. Zweiter Tempel vollendet
5 v.Chr. Johannes der Täufer und Jesus der Messias werden geboren.
33 n.Chr. Verurteilung, Tod und Auferstehung Jesu Christi
70 n.Chr. Jerusalem und der Tempel werden zerstört.
135 n.Chr. Aufstand unter Bar Kochba und Vertreibung der Juden aus Palästina

Das heutige Israel

1882 Durch eine Judenverfolgung in Russland kommt es zur ersten großen Einwanderung von Juden nach Palästina. Leon Pinsker schreibt das Buch *Autoemanzipation*, in dem es um einen eigenen Staat in Palästina geht.
1896 Theodor Herzl schreibt *Der Judenstaat*.
1897 Erster Zionistenkongress in Basel, Schweiz
1917 Britische Balfour-Erklärung
Großbritannien erobert Palästina
1922 Das Weißbuch Churchills überträgt Transjordanien an den Haschemiten Abdullah.
1924 Adolf Hitler schreibt *Mein Kampf* im Landsberger Gefängnis.

1933 Hitler wird Kanzler von Deutschland, und die jüdische Auswanderung beginnt.
1939 Durch das MacDonald-Weißbuch wird versucht, die Einwanderung der Juden nach Palästina zu unterbinden.
1945 Truman wird Präsident der Vereinigten Staaten; Ende des Zweiten Weltkriegs
1947 Die Vereinten Nationen beschließen die Teilung Palästinas.
1948 Proklamation des Staates Israel unter Ben Gurion; Beginn des Unabhängigkeitskrieges
1952 Sturz des ägyptischen Königs Farouk und Aufstieg Nassers
1956 Sinai-Feldzug »Operation Kadesch«
1961 Adolf Eichmann in Israel verurteilt und hingerichtet
1964 Nasser gründet die PLO.
1967 Arabischer Angriff wird im Sechstagekrieg abgewehrt; Israel besetzt Jerusalem, das Westjordanland, den Gazastreifen und die Golanhöhen; Arabische Khartoum-Resolution der »drei Neins« gegenüber Israel
1968 PLO wird unter der Führung von Arafat neu organisiert.
1973 Jom-Kippur-Krieg
1977 Menachem Begin wird Premierminister, als die Likud-Partei gewinnt.
1978 Auf dem Gipfeltreffen von Camp David kommt es zu einem Friedensvertrag zwischen Israel und Ägypten.
1979 Sinai wird an Ägypten zurückgegeben.
1982 Israel vernichtet in einem Libanon-Feldzug PLO-Terroristen.
1987 Beginn der *Intifada* (Aufstand) in den besetzten Gebieten
1991 Irak greift Israel mit Skud-Raketen an, als Antwort auf die »Operation Wüstensturm« der Alliierten.
1993 Israel und die PLO unterzeichnen das Oslo-Abkommen.
1994 Gaza und Jericho werden unter die Kontrolle der palästinensischen Autonomiebehörde gestellt; Friedensvertrag zwischen Israel und Jordanien unterzeichnet
1998 Wye-River-Memorandum unterzeichnet; es beinhaltet die Planungen über einen weiteren Rückzug Israels aus den

palästinensischen Gebieten in drei Phasen, wenn im Gegenzug umfangreiche palästinensische Sicherheitsgarantien gegeben werden.

1999 Sharm-el-Sheikh-Memorandum unterzeichnet, in dem den Parteien verboten wird, den Status des Westjordanlands vor einer endgültigen Vereinbarung zu ändern

2000 Gipfeltreffen in Camp David endet im Juli ohne ein Übereinkommen in Bezug auf den Endstatus; die Al-Aqsa-*Intifada* beginnt im September.

2003 Mahmoud Abbas (Abu Mazen) wird palästinensischer Premierminister, Jassir Arafats Autorität ist somit begrenzt, und Präsident Bush kann seinen Nahost-Friedensplan »Roadmap for Peace« im Nahen Osten bekannt geben.

2004 Tod Jassir Arafats

Anhang B: Internationale Dokumente zu den Landansprüchen in Palästina

Die biblischen Bünde
A. Der Bund mit Abraham
1. Mose 12,7; 13,14-15; 17,7-8; 26,2-3; 28,13. »Und der HERR erschien Abram und sprach: ›Deinen Nachkommen will ich dieses Land geben‹« (12,7). »Und der HERR sprach zu Abram…: ›Erheb doch deine Augen und schaue von dem Ort, wo du bist, nach Norden und nach Süden, nach Osten und nach Westen! Denn das ganze Land, das du siehst, dir will ich es geben und deinen Nachkommen für ewig‹« (13,14-15). »Und ich werde meinen Bund aufrichten zwischen mir und dir und deinen Nachkommen nach dir durch alle ihre Generationen zu einem ewigen Bund, um dir Gott zu sein und deinen Nachkommen nach dir. Und ich werde dir und deinen Nachkommen nach dir das Land deiner Fremdlingschaft geben, das ganze Land Kanaan, zum ewigen Besitz, und ich werde ihnen Gott sein« (17,7-8).

1. *Nochmalige Bestätigung gegenüber Isaak (26,2-3):* »Und der HERR erschien ihm und sprach: ›Zieh nicht hinab nach Ägypten; bleibe in dem Land, das ich dir sage! Halte dich als Fremder auf in diesem Land! Und ich werde mit dir sein und dich segnen, denn dir und deinen Nachkommen werde ich alle diese Länder geben, und ich werde den Schwur aufrechterhalten, den ich deinem Vater Abraham geschworen habe.‹«
2. *Nochmalige Bestätigung gegenüber Jakob (28,13):* »Und siehe, der HERR stand über ihr und sprach: ›Ich bin der HERR, der Gott deines Vaters Abraham und der Gott Isaaks; das Land, auf dem du liegst, dir will ich es geben und deiner Nachkommenschaft.‹«

B. Palästinischer Bund mit Mose
3. Mose 25-26; 5. Mose 28-30. Gegründet auf dem Bund mit Abraham, wird in zwei verschiedenen Gesprächen mit Mose ausführlich Israels Recht, Palästina zu besetzen, beschrieben.

1. *Bedingungen, um das Land einzunehmen (3. Mose 25-26).* »Und der HERR redete auf dem Berg Sinai zu Mose: ›Rede zu den Söhnen Israel und sage zu ihnen: Wenn ihr in das Land kommt, das ich euch geben werde, dann soll das Land dem Herrn einen Sabbat feiern‹« (25,1-2). »Und das Land soll nicht endgültig verkauft werden, denn mir gehört das Land; denn Fremde und Beisassen seid ihr bei mir« (25,23). »Wenn ihr in meinen Ordnungen lebt und meine Gebote haltet und sie tut, dann ... werde ich Frieden im Land geben, dass ihr euch niederlegt und es niemand gibt, der euch aufschreckt. ... Wenn ihr mir aber nicht gehorcht und nicht all diese Gebote tut und wenn ihr meine Ordnungen verwerft und eure Seele meine Rechtsbestimmungen verabscheut, so dass ihr nicht alle meine Gebote tut und dass ihr meinen Bund brecht, dann werde ich meinerseits euch dieses tun« (26,3.6.14-16). [Sieben Stufen der Züchtigung werden dann aufgezählt, die in der weltweiten Zerstreuung enden.] »Euch aber werde ich unter die Nationen zerstreuen, und ich werde das Schwert hinter euch herziehen. Euer Land wird eine Öde und eure Städte werden eine Trümmerstätte sein. Dann endlich wird das Land seine Sabbate ersetzt bekommen, all die Tage seiner Verödung, während ihr im Land eurer Feinde seid. Dann endlich wird das Land ruhen und seine Sabbate ersetzt bekommen« (26,33-34).

2. *Zusicherung der Wiederherstellung (5. Mose 28-30).* In Moses letzter Rede werden der kommende Abfall vom Glauben angekündigt und die Bedingungen des Herrn beschrieben, die zur vollständigen Wiederherstellung des Volkes in dem Land führen (5. Mose 30,1-5):

»Und es wird geschehen, wenn all diese Worte über dich kommen, der Segen und der Fluch, die ich dir vorgelegt habe, und du es dir zu Herzen nimmst unter all den Nationen, wohin der Herr, dein Gott, dich verstoßen hat, und du umkehrst zum HERRN, deinem Gott, und seiner Stimme gehorchst nach allem, was ich dir heute befehle, du und deine Kinder, mit deinem ganzen Herzen und mit deiner ganzen Seele, dann wird der HERR, dein Gott, dein Geschick wenden und sich über dich erbarmen. Und er wird dich wieder sammeln aus all den Völkern, wohin der Herr, dein Gott, dich zerstreut hat. Wenn deine Verstoßenen am Ende des Himmels wären, selbst von dort wird der HERR, dein Gott, dich sammeln, und von dort wird er dich holen. Und der HERR, dein Gott, wird dich in das Land bringen, das deine Väter in Besitz genommen haben, und du wirst es in Besitz nehmen. Und er wird dir Gutes tun und dich zahlreicher werden lassen als deine Väter.«

Die Umdeutung der Bünde durch den Koran

Obwohl der Koran Palästina oder Jerusalem nicht direkt erwähnt, behauptet er, dass der Bund des Herrn mit Abraham und Ismael die Grundlage des Islam bildet (Sure 2,124-129). Bei der Wiedergabe der biblischen Erzählung durch Mohammed wird bei der Opferung Abrahams nicht Isaak, sondern Ismael geopfert, und danach wird das Versprechen gegeben, dass Isaak kommen würde (37,101-112).[395] Abraham und Ismael waren die ersten »Muslime«, die sich beide Allah »unterworfen« haben (3,67; 22,78). Zu jener Zeit haben sie in Mekka »das Haus gebaut« (Kaaba), wo Allah seinen Bund mit Abraham und Ismael machte (2,120-128; 140). Ismael wird in Sure 19,3 in einer Aufzählung einiger auserwählter Glaubenshelden genannt – wie Sacharja, Maria, Abraham, Mose und Esra – und wird beschrieben als »einer, an dem der Herr Gefallen hat« (19,55).

Der Koran spricht oft von dem »Volk des Buches«, den Juden und den Christen, die zu den Ungläubigen gezählt werden, es sei denn, sie reagieren auf die Anordnungen des Buches Mohammeds (5,18-24; 44-48). Mohammed wird als der »letzte Bote«, der »bestätigte Prophet« bezeichnet. Obwohl Mose und Jesus »Überbringer« waren, wird von Jesus gesagt, dass er diesen letzten Boten angekündigt hatte, indem er gesagt haben soll: »Der nach mir kommt, dessen Name soll Ahmad [Mohammed] sein« (61,5-8; 33,40). Er wird der »Apostel« einer »wahren Religion« sein (21,92; 61,9). Wenn Juden und Christen auf die »Thora und das Evangelium und auf das, was der Herr von oben gegeben hat« [Koran] geantwortet hätten, dann wären sie nicht unter »den Ungläubigen« und »Insassen der Hölle« (5,44-48; 65; 86).

Mit dieser Umdeutung des Bundes mit Abraham wird stark betont, dass die Juden nicht mehr länger Erben des Bundes sind, denn sie sind dem Götzendienst verfallen. Sie sind sogar wegen ihres Unglaubens »verflucht«, und die Strafe des Herrn ist ein Beweis dafür (5,60; 62,5-8). Die Verheißungen an Abraham wurden den Kindern Ismaels (Abrahams ersten Sohn) gegeben, denen die Botschaft Mohammeds, des letzten »Boten«, gegeben wurde. Daraus folgt, dass das Land ihnen gehört (5,120), und sie haben die Pflicht, dafür zu kämpfen (9,29; 22,39).

Jüdisch-Arabische Abkommen[396]
A. Das Feisal-Weizmann-Abkommen
3. Januar 1919

Im Namen Seiner königlichen Hoheit, Emir Feisal, der das Königreich Hedjaz vertritt; im Namen von Dr. Chaim Weizmann, der die zionistische Körperschaft vertritt, mit Hinsicht auf die Rassenverwandtschaft und die Bindungen zwischen den Arabern und dem jüdischen Volk; unter Verständnis dessen, dass es das sicherste Mittel zur Verwirklichung ihrer gemeinsamen nationalen Ziele ist, in enger Zusammenarbeit zu der Entwicklung des Arabischen Staates und Palästinas beizutragen, außerdem wünschend, das gute Einverständnis zu festigen, das zwischen ihnen herrscht, haben daher folgende Artikel beschlossen:

Artikel 1

Hinsichtlich ihrer gegenseitigen Beziehungen und anlässlich der Verhandlungen, die stattfinden könnten, gehen der Arabische Staat und Palästina von dem Wunsch nach Einvernehmen und gegenseitigem guten Willen aus, der sie bewegt. Zu diesem Zweck sollen ordnungsgemäß beglaubigte arabische und jüdische Vertreter in beiden Ländern eingesetzt werden.

Artikel 2

Sobald die Besprechungen der Friedenskonferenz ein Ende genommen haben, werden die endgültigen Grenzen zwischen dem arabischen Staat und Palästina von einer Kommission festgelegt werden, die von beiden Parteien in Übereinstimmung ernannt wurde.

Artikel 3

Bei der Schaffung der Verfassung und der Administration Palästinas werden alle Maßnahmen getroffen, um die Ausführung der Erklärung der britischen Regierung vom 2. November 1917 in vollem Umfang zu gewährleisten.

Artikel 4

Es werden alle Maßnahmen getroffen, um die Einwanderung der Juden in Palästina in größerem Ausmaß zu fördern und anzuregen und die jüdischen Einwanderer so bald wie möglich durch eine dichte Kolonisation und eine intensivere Bebauung des Bodens fest anzusiedeln. Bei der Ausführung dieser Maßnahmen werden die Rechte der arabischen Bauern und Landbesitzer selbstverständlich geschützt werden, und ihnen wird alle zu ihrer wirtschaftlichen Entwicklung notwendige Hilfe zugestanden werden.

Artikel 5

Kein Gesetz und keine Regelung dürfen die Religionsfreiheit in irgendeiner Weise einschränken. Außerdem wird gegenüber den Würdenträgern der Religionen oder der Ausübung der verschiedenen Glaubensformen niemals eine nachteilige Maßnahme getroffen werden. Bei der freien Ausübung der zivilen und politischen Rechte der Menschen wird nicht nach der religiösen Herkunft gefragt werden.

Artikel 6

Die heiligen Stätten der Muslime werden der Aufsicht der Muslime unterstehen.

Artikel 7

Die zionistische Körperschaft beabsichtigt, eine Expertenkommission nach Palästina zu entsenden, die alle wirtschaftlichen Möglichkeiten des Landes erfassen und einen Bericht über die besten Methoden abfassen soll, wie man dessen Entwicklung sichern kann. Die zionistische Körperschaft wird oben erwähnte Kommission dem Arabischen Staat zur Verfügung stellen, damit auch dieser tief schürfende Nachforschungen über die wirtschaftlichen Möglichkeiten des Arabischen Staates durchführen und einen Bericht verfassen kann, der die Voraussetzungen für seine bestmögliche Entwicklung festlegt. Außerdem wird die zionistische Körperschaft all ihre Kraft einsetzen, um dem Arabischen Staat zu helfen, die zur Entwicklung seiner natürlichen Schätze und wirtschaftlichen Möglichkeiten unerlässlichen Mittel zu erhalten.

Artikel 8

Die unterzeichnenden Parteien bezeugen, in völliger Übereinstimmung und vollkommener Einigkeit über all diese oben erwähnten Fragen zu handeln, die bei der Friedenskonferenz zur Sprache kommen sollen.

Artikel 9
Jede Streitigkeit, die zwischen den kontrahierenden Parteien aufkommen könnte, wird dem Schiedsspruch der britischen Regierung unterstellt werden.

Von uns verfasst und geschrieben in London, Großbritannien, am 3. Januar 1919

Chaim Weizmann
Feisal ibn-Hussein

Zusätzliche Erklärung durch Emir Feisal

Ich werde für die Umsetzung der Klauseln dieses Vertrags sorgen, sobald die Araber ihre Unabhängigkeit unter den Bedingungen erlangt haben, welche in meinem Memorandum verzeichnet sind, das ich am 4. Januar 1919 an den britischen Außenminister sandte. Wenn jedoch die Bedingungen meines Memorandums auch nur der leichtesten Veränderung unterzogen würden, wäre ich mit keinem Wort mehr an diesen Vertrag gebunden und zu seiner Einhaltung nicht mehr verpflichtet.

Feisal ibn-Hussein

B. Die Feisal-Frankfurter-Korrespondenz
Brief von Emir Feisal ibn-Hussein an den amerikanischen Juristen Felix Frankfurter (Paris, 3. März 1919)

Lieber Herr Frankfurter,
anlässlich meines ersten Kontaktes mit amerikanischen Zionisten liegt mir daran, Sie von dem in Kenntnis zu setzen, was ich Dr. Weizmann in Arabien und Europa schon oft sagen konnte. Wir glauben, dass Juden und Araber, vom rassischen Standpunkt aus gesehen, Vettern sind, dass sie vonseiten mächtiger Nationen ähnliche Verfolgungen zu erleiden hatten und durch ein glückliches Zusammentreffen in der Lage waren, den ersten Schritt zur Verwirklichung ihrer nationalen Ideale zu unternehmen.

Wir Araber, insbesondere die kultivierten unter uns, betrachten die zionistische Bewegung mit der allergrößten Sympathie. Unsere Pariser Delegation hat sich eingehend über die gestern bei der Friedenskonferenz vorgelegten Vorschläge informiert, die wir als moderat und gerechtfertigt ansehen. Was uns betrifft, so werden wir unser Bestes tun, damit sie verabschiedet werden können. Wir heißen die heimkehrenden Juden von ganzem Herzen willkommen.

Wir haben uns mit den Anführern Ihrer Bewegung, insbesondere mit Dr. Weizmann, unterhalten und werden auch weiterhin die engsten Beziehungen pflegen. Er hat unsere Sache sehr unterstützt, und ich hoffe, dass die Araber bald in der Lage sein werden, den Juden ihre Freundlichkeit wenigstens teilweise zu vergelten. Wir arbeiten zusammen, um den Nahen Osten zu reformieren und neu erstehen zu lassen, und unsere beiden Bewegungen ergänzen einander. Die jüdische Bewegung ist nationalistisch und nicht imperialistisch. Für uns beide gibt es in Syrien genug Platz. In Wahrheit glaube ich nicht, dass einer von uns sich ohne den anderen durchsetzen könnte.

Weniger informierte und unverantwortlichere Menschen, als es unsere und Ihre Staatsmänner sind – Menschen, die nicht wissen, dass Araber und Zionisten auf Zusammenarbeit angewiesen sind –, haben versucht, die lokalen Schwierigkeiten, die in den Anfangszeiten unserer Bewegungen notwendigerweise in Palästina aufkommen mussten, auszunutzen. Einige haben den arabischen Bauern ihre Absichten wohl falsch dargestellt, wie auch unsere den jüdischen Bauern, und daraus hat sich ergeben, dass gewisse Gruppierungen aus dem, was sie als unsere Differenzen bezeichnen, Profit schlagen konnten.

Ich möchte Ihnen meine feste Überzeugung mitteilen, dass diese Differenzen durchaus nicht etwa grundlegende Prinzipien, sondern nur Einzelheiten betreffen, wie sie übrigens in den Beziehungen benachbarter Völker niemals ganz zu vermeiden sind, aber bei beiderseitigem gutem Willen leicht geregelt werden können. Die meisten dieser Schwierigkeiten werden, wenn man sie einmal besser erkannt hat, faktisch von selbst verschwinden.

Mein Volk und ich erwarten mit Freude den Tag, wo wir Ihnen und Sie uns helfen werden, damit die Länder, die uns am Herzen liegen, wieder ihren Platz in der Gemeinschaft der zivilisierten Nationen einnehmen können.

Feisal

Antwort von Felix Frankfurter (März 1919)

Königliche Hoheit,
erlauben Sie mir, im Namen der zionistischen Bewegung, Ihnen meinen tiefen Dank für Ihren Brief auszudrücken.

Diejenigen von uns, die aus den Vereinigten Staaten kamen, sind über die freundlichen Beziehungen und die aktive Zusammenarbeit zwischen Ihnen und den zionistischen Anführern, allen voran Dr. Weizmann, sehr erfreut. Wir wussten, dass es nicht anders sein kann; wir wussten, dass das arabische und das jüdische Volk die gleichen Ziele verfolgen, dass beide im eigenen Heimatland ihre eigene Nation errichten möchten und jeder seinen Beitrag zur Zivilisation leisten und in Frieden leben möchte.

Die zionistischen Anführer, die für das jüdische Volk eintreten, haben mit Freude die geistliche Kraft der arabischen Bewegung zur Kenntnis genommen. Da sie selbst nur Gerechtigkeit suchen, sind sie eifrig darum bemüht, dafür zu sorgen, dass die nationalen Ziele des arabischen Volkes bestätigt und von der Friedenskonferenz geschützt werden.

Ihre Handlungen und Äußerungen in der Vergangenheit haben uns gezeigt, dass die zionistische Bewegung – mit anderen Worten, die nationalen Ziele des jüdischen Volkes – von Ihnen und dem arabischen Volk, für das Sie eintreten, unterstützt werden. Diese Ziele liegen jetzt – als von der zionistischen Organisation eindeutig formulierte Vorschläge – der Friedenskonferenz vor. Wir freuen uns, dass sie diese Vorschläge als »moderat und gerechtfertigt« ansehen, und dass sie uns so standhaft unterstützen, diese Vorschläge umzusetzen. Für das arabische und das jüdische Volk wird es noch Schwierigkeiten geben – Schwierigkeiten, die die Staatskünste der arabischen und jüdischen Anführer herausfordern. Es wird nicht einfach sein, zwei große Zivilisationen, die jahrhundertelang unterdrückt und schlecht regiert wurden, wieder aufzubauen. Jede Seite hat seine Schwierigkeiten, die wir als Freunde bewältigen können, Freunde, die die gleichen Ziele haben und danach trachten, dass zwei benachbarte Völker sich frei und vollständig entwickeln können. Die Araber und Juden leben in enger Nachbarschaft; wir können nur als Freunde Seite an Seite leben.

Hochachtungsvoll,
Felix Frankfurter

Britische Dokumente während des Ersten Weltkriegs und später

A. Der Brief von McMahon an Sherif Hussein

Sir Henry McMahon, britischer Hochkommissar in Kairo, an Hussein ibn Ali, Sherif von Mekka, am 24. Oktober 1915, betreffend die Errichtung eines arabischen Staates

Die beiden Bezirke von Mersina und Alexandretta [Südtürkei] und Teile Syriens westlich der Bezirke von Damaskus, Homs, Hama und Aleppo, welche nicht als rein arabisch zu bezeichnen sind, sollten von den gewünschten Gebieten ausgeschlossen werden.

Mit obiger Einschränkung erkennen wir diese Grenzen an, ohne die bereits zwischen uns und arabischen Staatsmännern geschlossenen Verträge anzutasten. Was die Gebiete im Inneren der gewünschten Grenzen betrifft, wo Großbritannien frei entscheiden kann, ohne die Interessen seines Verbündeten Frankreich anzutasten, bin ich im Namen Großbritanniens befugt, in Beantwortung Ihres Schreibens folgende Zusicherung zu geben:

1. Von oben erwähnten Einschränkungen abgesehen, ist Großbritannien bereit, die Unabhängigkeit der Araber innerhalb der vom Sherif von Mekka vorgeschlagenen Grenzen anzuerkennen und zu unterstützen.
2. Großbritannien wird die heiligen Stätten gegen äußere Aggressionen schützen und ihre Unverletzlichkeit anerkennen.
3. Wenn es die Situation erfordert, wird Großbritannien das arabische Volk beraten und dabei unterstützen, in diesen Gebieten geeignete Regierungsformen zu errichten.

Ein weiterer Brief der Briten, der 1937 in der *London Times* abgedruckt wurde, wies die arabischen Behauptungen zurück, dass Palästina in diesen Grenzen mit eingeschlossen war.[397]

B. Die Balfour-Erklärung

Brief von Lord Arthur James Balfour, dem britischen Außenminister, an Baron de Rothschild, 2. November 1917, später »Balfour-Erklärung« genannt

Die Regierung Seiner Majestät betrachtet mit Wohlwollen die Errichtung einer nationalen Heimstätte für das jüdische Volk in Palästina und wird ihr Bestes tun, die Erreichung dieses Zieles zu

erleichtern, wobei, wohlverstanden, nichts geschehen soll, was die bürgerlichen und religiösen Rechte der bestehenden nicht-jüdischen Gemeinschaften in Palästina oder die Rechte und den politischen Status der Juden in anderen Ländern in Frage stellen könnte.

C. Das Churchill-Weißbuch
vom britischen Minister Winston Churchill;
Erläuterung zur Balfour-Erklärung, Juni 1922

Der Kolonialminister hat die aktuelle politische Situation in Palästina erneut geprüft und den ernsthaften Wunsch, die offenen Fragen beizulegen, die unter gewissen Bevölkerungsgruppen zu Ungewissheit und Unsicherheit geführt haben. Nach Absprache mit dem Hochkommissar von Palästina wird folgende Erklärung abgegeben. Sie erklärt die wesentlichen Aussagen, die sich aus der Korrespondenz zwischen dem Minister und einer Delegation der islamisch-christlichen Gesellschaft Palästinas ergaben, die sich schon seit einiger Zeit in England befindet, und sie bestätigt weitere Ergebnisse, die seitdem zustande gekommen sind.

Die Spannung, welche von Zeit zu Zeit in Palästina die Oberhand gewinnt, beruht hauptsächlich auf Befürchtungen, welche sowohl von Teilen der arabischen als auch von Teilen der jüdischen Bevölkerung gehegt werden. Diese Befürchtungen, soweit sie die Araber betreffen, gründen sich auf übertriebene Interpretationen der Bedeutung der Balfour-Erklärung, die am 2. November 1917 im Namen der Regierung Seiner Majestät gemacht wurde und die Errichtung einer jüdischen nationalen Heimstätte in Palästina unterstützte.

Es wurden nicht autorisierte Stellungnahmen abgegeben, dahingehend, dass es das angestrebte Ziel sei, ein völlig jüdisches Palästina zu schaffen. Es wurden Formulierungen gebraucht, Palästina solle »so jüdisch werden, wie England englisch.« Die Regierung Seiner Majestät betrachtet jegliche solche Erwartung als undurchführbar und hat kein solches Ziel vor Augen. Genauso wenig hat sie jemals, wie es offenbar von der arabischen Seite befürchtet wird, das Verschwinden oder die Unterwerfung der arabischen Bevölkerung, Sprache oder Kultur in Palästina erwogen.

In Bezug auf die Verfassung, die jetzt in Palästina entwickelt werden soll und deren Entwurf bereits veröffentlicht wurde, ist es wünschenswert, einige Punkte klarzustellen. Zunächst trifft es nicht zu – wie von der arabischen Delegation dargestellt –, dass während des Krieges die Regierung Seiner Majestät eine Zusicherung machte, dass sofort eine unabhängige Nationalregierung in Palästina errichtet werden sollte. Diese Darstellung beruht hauptsächlich auf einem Brief vom 24. Oktober 1915 von Sir Henry McMahon, damals Hochkommissar Seiner Majestät in Ägypten, an den Sherifen von Mekka, jetzt König Hussein des Königreichs Hedjaz. Er wird zitiert, als sei in ihm ein Versprechen an den Sherifen von Mekka enthalten, die Unabhängigkeit der Araber innerhalb des Territoriums, das von ihm vorgeschlagen wurde, anzuerkennen und zu unterstützen. Doch dieses Versprechen wurde unter einem Vorbehalt gemacht, der in demselben Brief genannt wird, nämlich unter dem Vorbehalt des Ausschlusses einiger Gebiete aus dessen Umfang, darunter jene Teile Syriens, die westlich des Distrikts von Damaskus liegen. Dieser Vorbehalt umfasste in den Augen Seiner Majestät immer das Vilayet Beirut und das unabhängige Sanjak Jerusalem. Ganz Palästina westlich des Jordan war damit von Sir Henry McMahons Versprechen ausgeschlossen.

D. Das MacDonald-Weißbuch von 1939
Überarbeitung der Einwanderungspolitik der Balfour-Erklärung durch die britische Chamberlain-Regierung, 17. Mai 1939

Nach dem Scheitern des Teilungsplans und dem darauf folgenden Versuch, auf einer Konferenz in London (Februar bis März 1939) eine gemeinsame Lösung zu finden, verkündete die britische Regierung ihre neue Politik in einem Weißbuch, das am 17. Mai 1939 veröffentlicht wurde. Die arabischen Forderungen wurden damit größtenteils erfüllt; jüdische Einwanderung sollte in den nächsten fünf Jahren bei einer maximalen Quote von 15.000 Juden zugelassen werden. Danach sollte sie ganz aufhören, es sei denn, die Araber würden einer weiteren Einwanderung zustimmen.

Artikel 14 erklärt die überarbeitete Einwanderungspolitik:

Artikel 14: Es wurde vorgeschlagen, die jüdische Einwanderung in Palästina künftig ganz einzustellen. Einen solchen Vorschlag kann die Regierung Seiner Majestät nicht akzeptieren. Er würde Palästinas Wirtschaft und Finanzen stark schädigen und folglich die Interessen der Araber wie auch der Juden negativ beeinflussen. Abgesehen von der

Meinung der Regierung Seiner Majestät, wäre ein brüsker Abbruch der Einwanderung auch ein ungerechtes Vorgehen in Bezug auf die nationale jüdische Heimstätte. Vor allem ist sich die Regierung Seiner Majestät der unglücklichen Lage bewusst, in der sich zur Zeit viele Juden befinden, die, weit von den europäischen Ländern entfernt, eine Zuflucht suchen, und sie ist davon überzeugt, dass Palästina zur Lösung dieses wichtigen Problems einen neuen Beitrag leisten muss. Unter diesen Umständen glaubt sie, ihren Mandatsverpflichtungen den Arabern wie auch den Juden gegenüber konform zu handeln und die Interessen des gesamten palästinensischen Volkes am besten zu wahren, wenn sie hinsichtlich der Einwanderung folgenden Vorschlägen folgt:

1. In den kommenden fünf Jahren wird die jüdische Einwanderung in einem solchen Rhythmus fortgesetzt, dass der Anteil der jüdischen Bevölkerung, wenn die wirtschaftliche Aufnahmefähigkeit es erlaubt, fast ein Drittel der Gesamtbevölkerung betragen wird. Unter Berücksichtigung des vorauszusehenden natürlichen Bevölkerungszuwachses bei Arabern und Juden und auch der Anzahl der bereits dort anwesenden illegalen jüdischen Einwanderer, würde dies ab April dieses Jahres in den fünf darauf folgenden Jahren die Zulassung von etwa 75.000 Einwanderern bedeuten. Diese Einwanderer wären unter Berücksichtigung der wirtschaftlichen Aufnahmefähigkeit wie folgt zuzulassen:

    a) Für jedes der kommenden fünf Jahre wird eine Anzahl von 10.000 jüdischen Einwanderern zugelassen, wobei eine niedrigere Zahl an Zulassungen in den nachfolgenden Jahren innerhalb dieses Fünf-Jahres-Zeitraums ausgeglichen werden könnte, wenn die wirtschaftliche Aufnahmefähigkeit dies erlaubt.

    b) Außerdem werden, um zur Lösung der jüdischen Flüchtlingsfrage beizutragen, 25.000 Flüchtlinge zugelassen werden, sobald der Hochkommissar sich versichern konnte, dass für sie ausreichende Existenzmittel vorhanden sind. Kinder und weitere von den Flüchtlingen abhängige Personen werden besonders aufmerksam bedacht werden.

2. Die heutigen Methoden zur Feststellung der wirtschaftlichen Aufnahmefähigkeit des Landes werden auch weiterhin angewandt werden. Dem Hochkommissar wird die Verantwortung zufallen, in letzter Instanz über die Grenzen der wirtschaftlichen Aufnahmefähigkeit zu entscheiden. Vor der Verfügung zeitweiliger Maßnahmen werden Vertreter der Juden und der Araber befragt werden.

3. Nach einem Zeitraum von fünf Jahren wird keine jüdische Einwanderung mehr geduldet werden, es sei denn, die Araber Palästinas stimmen dieser zu.
4. Die Regierung Seiner Majestät hat beschlossen, der illegalen Einwanderung ein Ende zu setzen, und entsprechende neue Verhinderungsmaßnahmen ausgearbeitet. Die illegalen jüdischen Einwanderer, denen es trotz dieser Maßnahmen gelingt, in das Land einzudringen und die dann daraus nicht mehr vertrieben werden können, sollen von den jährlichen Einwandererzahlen abgezogen werden.

Die Unabhängigkeitserklärung des Staates Israel
Ausrufung des Staates durch David Ben Gurion in Tel Aviv am 14. Mai 1948

Im Lande Israel entstand das jüdische Volk. Hier prägte sich sein geistiges, religiöses und politisches Wesen. Hier lebte es frei und unabhängig, Hier schuf es eine nationale und universelle Kultur und schenkte der Welt das Ewige Buch der Bücher.

Durch Gewalt vertrieben, blieb das jüdische Volk auch in der Verbannung seiner Heimat in Treue verbunden. Nie wich seine Hoffnung. Nie verstummte sein Gebet um Heimkehr und Freiheit.

Beseelt von der Kraft der Geschichte und Überlieferung, suchten Juden aller Generationen in ihrem alten Lande wieder Fuß zu fassen. Im Laufe der letzten Jahrzehnte kamen sie in großen Scharen. Pioniere, Verteidiger und Einwanderer, die trotz der Blockade den Weg in das Land unternahmen, erweckten Einöden zur Blüte, belebten aufs Neue die hebräische Sprache, bauten Dörfer und Städte und errichteten eine stets wachsende Gemeinschaft mit eigener Wirtschaft und Kultur, die nach Frieden strebte, aber sich auch zu schützen wusste, die allen im Lande die Segnungen des Fortschritts brachte und sich vollkommene Unabhängigkeit zum Ziel setzte.

Im Jahre 1897 trat der erste Zionistenkongress zusammen. Er folgte dem Rufe Dr. Theodor Herzls, dem Seher des jüdischen Staates, und verkündete das Recht des jüdischen Volkes auf nationale Erneuerung in seinem Lande. Dieses Recht wurde am 2. November 1917 in der Balfour-Deklaration anerkannt und auch durch das Völkerbundsmandat bestätigt, das der historischen Verbindung des jüdischen Volkes mit dem

Lande Israel und seinem Anspruch auf die Wiedererrichtung seiner nationalen Heimstätte internationale Geltung verschaffte.

Die Katastrophe, die in unserer Zeit über das jüdische Volk hereinbrach und in Europa Millionen von Juden vernichtete, bewies unwiderleglich aufs Neue, dass das Problem der jüdischen Heimatlosigkeit durch die Wiederherstellung des jüdischen Staates im Lande Israel gelöst werden muss, in einem Staat, dessen Pforten jedem Juden offen stehen, und der dem jüdischen Volk den Rang einer gleichberechtigten Nation in der Völkerfamilie sichert.

Die Überlebenden des schrecklichen Nazigemetzels in Europa sowie Juden anderer Länder scheuten weder Mühsal noch Gefahren, um nach dem Lande Israel aufzubrechen und ihr Recht auf ein Dasein in Würde und Freiheit und ein Leben redlicher Arbeit in der Heimat durchzusetzen.

Im Zweiten Weltkrieg leistete die jüdische Gemeinschaft im Lande Israel ihren vollen Beitrag zum Kampfe der frieden- und freiheitsliebenden Nationen gegen die Nazimächte der Finsternis. Mit dem Blute ihrer Soldaten und ihrem Einsatz für den Sieg erwarb sie das Recht auf Mitwirkung bei der Gründung der Vereinten Nationen.

Am 29. November 1947 fasste die Vollversammlung der Vereinten Nationen einen Beschluss, der die Errichtung eines jüdischen Staates im Lande Israel forderte. Sie rief die Bewohner des Landes auf, ihrerseits zur Durchführung dieses Beschlusses alle nötigen Maßnahmen zu ergreifen. Die damalige Anerkennung der staatlichen Existenzberechtigung des jüdischen Volkes durch die Vereinten Nationen ist unwiderruflich.

Gleich allen anderen Völkern, ist es das natürliche Recht des jüdischen Volkes, seine Geschichte unter eigener Hoheit selbst zu bestimmen.

Demzufolge haben wir, die Mitglieder des Nationalrates, als Vertreter der jüdischen Bevölkerung und der zionistischen Organisation, heute, am letzten Tage des britischen Mandats über Palästina, uns hier eingefunden und verkünden hiermit kraft unseres natürlichen und historischen Rechtes und aufgrund des Beschlusses der Vollversammlung der Vereinten Nationen die Errichtung eines jüdischen Staates im Lande Israel – des Staates Israel.

Wir beschließen, dass vom Augenblick der Beendigung des Mandates, heute um Mitternacht, dem sechsten Tage des Monats Ijar des Jahres

5708, dem 15. Mai 1948, bis zur Amtsübernahme durch verfassungsgemäß zu bestimmende Staatsbehörden, doch nicht später als bis zum 1. Oktober 1948, der Nationalrat als vorläufiger Staatsrat und dessen ausführendes Organ, die Volksverwaltung, als zeitweilige Regierung des jüdischen Staates wirken sollen. Der Name des Staates lautet Israel. Der Staat Israel wird der jüdischen Einwanderung und der Sammlung der Juden im Exil offen stehen. Er wird sich der Entwicklung des Landes zum Wohle aller seiner Bewohner widmen. Er wird auf Freiheit, Gerechtigkeit und Frieden im Sinne der Visionen der Propheten Israels gestützt sein. Er wird all seinen Bürgern ohne Unterschied von Religion, Rasse und Geschlecht, soziale und politische Gleichberechtigung verbürgen. Er wird Glaubens- und Gewissensfreiheit, Freiheit der Sprache, Erziehung und Kultur gewährleisten, die Heiligen Stätten unter seinen Schutz nehmen und den Grundsätzen der Charta der Vereinten Nationen treu bleiben.

Der Staat Israel wird bereit sein, mit den Organen und Vertretern der Vereinten Nationen bei der Durchführung des Beschlusses vom 29. November 1947 zusammenzuwirken und sich um die Herstellung der gesamtpalästinensischen Wirtschaftseinheit bemühen.

Wir wenden uns an die Vereinten Nationen mit der Bitte, dem jüdischen Volk beim Aufbau seines Staates Hilfe zu leisten und den Staat Israel in die Völkerfamilie aufzunehmen.

Wir wenden uns – selbst inmitten mörderischer Angriffe, denen wir seit Monaten ausgesetzt sind – an die in Israel lebenden Araber mit dem Aufrufe, den Frieden zu wahren und sich aufgrund voller bürgerlicher Gleichberechtigung und entsprechender Vertretung in allen provisorischen und permanenten Organen des Staates an seinem Aufbau zu beteiligen.

Wir bieten allen unseren Nachbarstaaten und ihren Völkern die Hand zum Frieden und zu guter Nachbarschaft und rufen zur Zusammenarbeit und gegenseitigen Hilfe mit dem selbstständigen jüdischen Volk in seiner Heimat auf. Der Staat Israel ist bereit, seinen Beitrag bei gemeinsamen Bemühungen um den Fortschritt des gesamten Nahen Ostens zu leisten.

Unser Ruf ergeht an das jüdische Volk in allen Ländern der Diaspora, uns auf dem Gebiete der Einwanderung und des Aufbaues zu helfen und uns im Streben nach der Erfüllung des Traumes von Generationen – der Erlösung Israels – beizustehen.

Mit Zuversicht auf den Fels Israels setzen wir unsere Namen zum Zeugnis unter diese Erklärung, gegeben in der Sitzung des zeitweiligen Staatsrates auf dem Boden unserer Heimat in der Stadt Tel Aviv. Heute am Vorabend des Sabbat, dem 5. Ijar 5708, 14. Mai 1948.

UN-Resolutionen 242 und 338

A. Resolution 242
Sicherheitsrat der Vereinten Nationen, 22. November 1967

Der Sicherheitsrat,
mit dem Ausdruck seiner anhaltenden Besorgnis über die ernste Situation im Nahen Osten,

unter Betonung der Unzulässigkeit des Gebietserwerbs durch Krieg und der Notwendigkeit, auf einen gerechten und dauerhaften Frieden hinzuarbeiten, in dem jeder Staat der Region in Sicherheit leben kann,

ferner unter Betonung dessen, dass alle Mitgliedstaaten mit der Annahme der Charta der Vereinten Nationen die Verpflichtung eingegangen sind, in Übereinstimmung mit Artikel 2 der Charta zu handeln,

1. erklärt, dass die Verwirklichung der Grundsätze der Charta die Schaffung eines gerechten und dauerhaften Friedens im Nahen Osten verlangt, der die Anwendung der beiden folgenden Grundsätze einschließen sollte:
    i) Rückzug der israelischen Streitkräfte aus Gebieten, die während des jüngsten Konflikts besetzt wurden;
    ii) Beendigung jeder Geltendmachung des Kriegszustands beziehungsweise jedes Kriegszustands sowie Achtung und Anerkennung der Souveränität, territorialen Unversehrtheit und politischen Unabhängigkeit eines jeden Staates in der Region und seines Rechts, innerhalb sicherer und anerkannter Grenzen frei von Androhungen oder Akten der Gewalt in Frieden zu leben;
2. erklärt ferner, dass es notwendig ist,
    a) die Freiheit der Schifffahrt auf den internationalen Wasserwegen in der Region zu garantieren;
    b) eine gerechte Regelung des Flüchtlingsproblems herbeizuführen;
    c) die territoriale Unverletzlichkeit und politische Unabhängigkeit eines jeden Staates der Region durch Maßnahmen zu garantieren, die auch die Schaffung entmilitarisierter Zonen einschließen;

3. ersucht den Generalsekretär, einen Sonderbeauftragten zu ernennen, der sich in den Nahen Osten begeben soll, um mit den beteiligten Staaten Verbindung aufzunehmen und zu unterhalten, mit dem Ziel, eine Einigung zu fördern und die Bemühungen zur Herbeiführung einer friedlichen und akzeptierten Regelung im Einklang mit den Bestimmungen und Grundsätzen dieser Resolution zu unterstützen;
4. ersucht den Generalsekretär, dem Sicherheitsrat baldmöglichst über den Stand der Bemühungen des Sonderbeauftragten Bericht zu erstatten.

B. Resolution 338
Sicherheitsrat der Vereinten Nationen, 21. Oktober 1973

Der Sicherheitsrat,
1. fordert alle an den gegenwärtigen Kampfhandlungen Beteiligten auf, sofort, spätestens 12 Stunden nach dem Zeitpunkt der Verabschiedung dieses Beschlusses, in den von ihnen jetzt besetzten Stellungen jedes Feuer einzustellen und jede militärische Aktivität zu beenden;
2. fordert die beteiligten Parteien auf, sofort nach Einstellung des Feuers damit zu beginnen, die Resolution 242 (1967) des Sicherheitsrats in allen ihren Teilen durchzuführen;
3. beschließt, dass sofort und gleichzeitig mit der Feuereinstellung Verhandlungen zwischen den beteiligten Parteien unter geeigneter Schirmherrschaft mit dem Ziel aufgenommen werden, einen gerechten und dauerhaften Frieden im Nahen Osten herzustellen.

Abkommen zwischen Israel und den Palästinensern

A. Briefwechsel zwischen Arafat, Rabin und dem norwegischen Außenminister

9. September 1993
Yitzhak Rabin
Premierminister des Staates Israel

Herr Ministerpräsident,
die Unterzeichnung der Grundsatzerklärung markiert den Beginn einer neuen Ära in der Geschichte des Nahen Ostens. In fester Überzeugung dessen möchte ich die folgenden Zusicherungen vonseiten der PLO bestätigen:

Die PLO erkennt das Recht des Staates Israel auf Existenz in Frieden und Sicherheit an.

Die PLO erkennt die UN-Sicherheitsrats-Resolutionen 242 und 338 an.

Die PLO sichert ihre Beteiligung im Nahost-Friedensprozess und bei der Suche nach friedlichen Lösungen zwischen beiden Seiten zu und erklärt, dass alle offen stehenden Konfliktpunkte bezüglich des permanenten Status durch Verhandlungen gelöst werden.

Die PLO sieht in der Unterzeichnung der Grundsatzerklärung einen historischen Akt, der eine neue Epoche friedlicher Koexistenz einleitet, frei von Gewalt und anderen Vorfällen, die den Frieden und die Stabilität gefährden. Demzufolge verzichtet die PLO auf den Einsatz von Terrorismus und anderen Gewaltakten und wird die Verantwortung für alle PLO-Einheiten und PLO-Angehörigen übernehmen, um deren Gehorsam zu sichern, Gewalt zu verhindern und Gewalttäter zur Rechenschaft zu ziehen.

Angesichts dieser neuen Ära, der Unterzeichnung der Grundsatzerklärung und basierend auf der Anerkennung der Sicherheitsrats-Resolutionen 242 und 338, sichert die PLO zu, dass die Artikel aus der Palästinensischen Nationalcharta, die das Existenzrecht Israels abstreiten, und die Inhalte der Charta, die im Widerspruch zu den Zusicherungen dieses Briefes stehen, nun außer Kraft gesetzt und nicht mehr gültig sind. Folglich wird die PLO dem Palästinensischen Nationalrat die notwendigen Änderungsanträge zur Charta zur Verabschiedung vorlegen.

Hochachtungsvoll,
Jassir Arafat
Vorsitzender
Palästinensische Befreiungsorganisation

9. September 1993

An Seine Exzellenz
Johan Jorgen Holst
Außenminister von Norwegen

Sehr geehrter Herr Außenminister,
ich möchte Ihnen gegenüber bestätigen, dass die PLO nach Unterzeichnung der Grundsatzerklärung die Palästinenser im Westjordanland und

im Gaza-Streifen dazu aufruft, sich an den Schritten zu einer Normalisierung des Lebens zu beteiligen, auf Terror und Gewalt zu verzichten, am Aufbau von Frieden und Stabilität mitzuwirken sowie sich aktiv am Aufbau, an wirtschaftlicher Entwicklung und Kooperation zu beteiligen.

Hochachtungsvoll
Jassir Arafat
Vorsitzender
Palästinensische Befreiungsorganisation

9. September 1993

Jassir Arafat
Vorsitzender
Palästinensische Befreiungsorganisation

Herr Vorsitzender,
in Beantwortung Ihres Schreibens vom 9. September 1993 möchte ich hiermit bestätigen, dass die israelische Regierung angesichts der in Ihrem Schreiben bestätigten PLO-Verpflichtungen beschlossen hat, die PLO als die Vertretung des palästinensischen Volkes anzuerkennen und Verhandlungen mit der PLO im Rahmen des Nahost-Friedensprozesses aufzunehmen.

Hochachtungsvoll
Yitzhak Rabin
Ministerpräsident des Staates Israel

B. Grundsatzerklärung über vorübergehende Selbstverwaltung
13. September 1993

Die Regierung des Staates Israel und die PLO (innerhalb der jordanisch-palästinensischen Delegation bei der Nahost-Friedenskonferenz) (die »Palästinensische Delegation«), die das palästinensische Volk vertritt, stimmen darin überein, dass es an der Zeit ist, Jahrzehnte der Konfrontation und des Konflikts zu beenden; sie erkennen gegenseitig ihre legitimen und politischen Rechte an und streben nach einem Leben in friedlicher Koexistenz und in gegenseitiger Würde und Sicherheit, und danach, eine gerechte, dauerhafte und umfassende Friedensregelung sowie eine historische Aussöhnung auf dem Weg des vereinbarten politischen Prozesses zu erreichen. Demgemäß stimmen beide Seiten folgenden Grundsätzen zu:

Artikel I: Ziel der Verhandlungen

Das Ziel der israelisch-palästinensischen Verhandlungen im Rahmen des laufenden Nahost-Friedensprozesses ist unter anderem, für das palästinensische Volk im Westjordanland und im Gazastreifen eine Palästinensische Interimsbehörde für die Selbstverwaltung, den gewählten Rat (den sog. »Rat«), für einen Zeitraum von nicht mehr als fünf Jahren einzurichten, was zu einer dauerhaften Übereinkunft auf der Grundlage der Resolutionen 242 und 338 des UN-Sicherheitsrates führt.

Es besteht Einverständnis darüber, dass die Übergangsregelungen ein integraler Bestandteil des gesamten Friedensprozesses sind und dass die Verhandlungen über den dauerhaften Status zur Inkraftsetzung der Resolutionen 242 und 338 des UN-Sicherheitsrates führen werden.

Artikel II: Rahmenbedingungen für die Übergangsperiode

Die vereinbarten Rahmenbedingungen für die Übergangsperiode werden in dieser Grundsatzerklärung niedergelegt.

Artikel III: Wahlen

1. Damit sich das palästinensische Volk im Westjordanland und im Gazastreifen nach demokratischen Grundsätzen selbst regieren kann, werden direkte, freie und allgemeine politische Wahlen zum Rat unter vereinbarter Beaufsichtigung und internationaler Überwachung abgehalten werden, während die palästinensische Polizei die öffentliche Ordnung gewährleisten wird.
2. In Übereinstimmung mit dem Protokoll, das dieser Erklärung als Anhang I beigefügt ist, wird ein Abkommen über die genaue Art und Weise sowie die Bedingungen der Wahlen mit dem Ziel geschlossen, die Wahlen nicht später als neun Monate nach dem Inkrafttreten dieser Grundsatzerklärung durchzuführen.
3. Diese Wahlen werden einen wichtigen vorbereitenden Übergangsschritt auf dem Weg zur Verwirklichung der legitimen Rechte des palästinensischen Volkes und seiner gerechtfertigten Bedürfnisse darstellen.

Artikel IV: Jurisdiktion

Die Jurisdiktion des Rates wird sich auf die Gebiete des Westjordanlands und des Gazastreifens erstrecken, mit Ausnahme der Angelegenheiten, über die in den Verhandlungen über den dauerhaften Status verhandelt werden wird. Beide Seiten betrachten das Westjordanland und den Gazastreifen als eine einzige territoriale Einheit, deren Integrität während der Übergangsperiode aufrechterhalten werden wird.

Artikel V: Übergangsperiode und Verhandlungen über den dauerhaften Status

1. Die fünf Jahre dauernde Übergangsperiode wird mit dem Abzug aus dem Gazastreifen und aus Jericho beginnen.
2. Die Verhandlungen über den dauerhaften Status zwischen der Regierung Israels und den Vertretern des palästinensischen Volkes werden so bald wie möglich beginnen, jedoch nicht später als zu Beginn des dritten Jahres der Übergangsperiode.
3. Es besteht Einverständnis darüber, dass diese Verhandlungen die verbleibenden Themen abdecken sollten, darunter: Jerusalem, Flüchtlinge, Siedlungen, Sicherheitsregelungen, Grenzen, Beziehungen und Zusammenarbeit mit anderen Nachbarn sowie andere Themen von gemeinsamem Interesse.
4. Die beiden Parteien stimmen darin überein, dass das Ergebnis der Verhandlungen über einen dauerhaften Status nicht durch Vereinbarungen, die für die Übergangsperiode geschlossen werden, vorweggenommen oder beeinflusst werden darf.

Artikel VI: Vorbereitende Übertragung von Befugnissen und Verantwortlichkeiten

1. Mit dem Inkrafttreten dieser Grundsatzerklärung und dem Rückzug aus dem Gazastreifen und aus Jericho wird die Übertragung von Befugnissen, die hier im Einzelnen beschrieben werden, von der israelischen Militär- und Zivilverwaltung an die dafür autorisierten Palästinenser beginnen. Diese Übertragung von Befugnissen wird bis zur Einsetzung des Rates vorbereitender Natur sein.
2. Unmittelbar nach Inkrafttreten dieser Grundsatzerklärung und dem Rückzug aus dem Gazastreifen und aus Jericho wird die Zuständig-

keit mit dem Ziel der Förderung der wirtschaftlichen Entwicklung des Westjordanlands und des Gazastreifens in folgenden Bereichen an die Palästinenser übertragen: Bildungswesen und Kultur, Gesundheitswesen, Sozialfürsorge, direkte Besteuerung und Tourismus. Die palästinensische Seite wird, wie vereinbart, mit dem Aufbau der palästinensischen Polizei beginnen. Bis zur Einsetzung des Rates dürfen beide Seiten wie vereinbart über die Übertragung weiterer Befugnisse und Verantwortlichkeiten verhandeln.

Artikel VII: Interimsabkommen

1. Die israelische und die palästinensische Delegation werden ein Abkommen über die Übergangszeit (das »Interimsabkommen«) aushandeln.
2. Das Interimsabkommen wird unter anderem die Struktur des Rates, die Zahl seiner Mitglieder sowie die Übertragung von Befugnissen und Zuständigkeiten von der israelischen Militär- und Zivilverwaltung an den Rat genau bestimmen. Das Interimsabkommen wird ferner die exekutiven Befugnisse des Rates, seine legislativen Befugnisse in Übereinstimmung mit dem nachstehend genannten Artikel IX sowie die unabhängigen palästinensischen Justizorgane bestimmen.
3. Das Interimsabkommen wird Regelungen über die Übernahme aller Befugnisse und Verantwortlichkeiten durch den Rat beinhalten, die zuvor in Übereinstimmung mit dem oben stehenden Artikel VI an den Rat übertragen worden sind und die mit der Einsetzung des Rates in Kraft treten sollen.
4. Um den Rat in die Lage zu versetzen, das Wirtschaftswachstum zu fördern, wird der Rat unter anderem eine palästinensische Elektrizitätsbehörde, eine Gaza-Hafenbehörde, eine palästinensische Entwicklungsbank, eine palästinensische Export-Förderungs-Behörde, eine palästinensische Umweltbehörde, eine palästinensische Landbehörde und eine palästinensische Behörde für Wasserbewirtschaftung sowie jegliche andere vereinbarte Behörde in Übereinstimmung mit dem Interimsabkommen, in dem deren Befugnisse und Verantwortlichkeiten genau bezeichnet werden, einrichten.
5. Nach der Einsetzung des Rates wird die Zivilverwaltung aufgelöst und die israelische Militärverwaltung abgezogen.

Artikel VIII: Öffentliche Ordnung und Sicherheit

Um die öffentliche Ordnung und die innere Sicherheit der Palästinenser im Westjordanland und im Gazastreifen sicherzustellen, wird der Rat eine starke Polizeitruppe aufstellen, während Israel weiterhin sowohl die Verantwortung für die Verteidigung gegen äußere Bedrohung als auch die Verantwortung für die allumfassende Sicherheit der Israelis tragen wird, um die Sicherstellung ihrer inneren Sicherheit und öffentlichen Ordnung zu gewährleisten.

Artikel IX: Gesetze und Militärverordnungen

1. Der Rat wird ermächtigt werden, in Übereinstimmung mit dem Interimsabkommen in allen ihm übertragenen Verantwortungsbereichen Gesetze zu erlassen.
2. Beide Parteien werden gemeinsam die in den übrigen Bereichen gegenwärtig gültigen Gesetze und militärischen Verordnungen überprüfen.

Artikel X: Gemeinsamer israelisch-palästinensischer Verbindungsausschuss

Um eine reibungslose Inkraftsetzung dieser Grundsatzerklärung und aller weiteren auf die Übergangszeit bezogenen Vereinbarungen zu gewährleisten, wird mit dem Inkrafttreten dieser Grundsatzerklärung ein gemeinsamer israelisch-palästinensischer Verbindungsausschuss eingerichtet, der sich mit Themen, die der Koordinierung bedürfen, mit anderen Belangen gemeinsamen Interesses sowie mit Meinungsverschiedenheiten befassen wird.

Artikel XI: Israelisch-palästinensische Zusammenarbeit auf wirtschaftlichem Gebiet

In Anerkennung des wechselseitigen Nutzens der Zusammenarbeit bei der Förderung der Entwicklung des Westjordanlands, des Gazastreifens und Israels wird mit dem Inkrafttreten dieser Grundsatzerklärung ein Israelisch-Palästinensischer Ausschuss für wirtschaftliche Zusammenarbeit eingerichtet, um in kooperativer Art die in den Protokollen, die als Anhang III und IV beigefügt sind, erwähnten Programme zu entwickeln und auszuführen.

Artikel XII: Beziehungen und Zusammenarbeit mit Jordanien und Ägypten

Die beiden Parteien werden die Regierungen Jordaniens und Ägyptens einladen, am Abschluss weiterer Vereinbarungen über Beziehungen und Zusammenarbeit zwischen der Regierung Israels und den palästinensischen Vertretern einerseits sowie den Regierungen von Jordanien und Ägypten andererseits teilzunehmen, um die Zusammenarbeit zwischen ihnen zu fördern. Diese Vereinbarungen werden die Einrichtung eines ständigen Ausschusses beinhalten, der einvernehmlich über die Modalitäten der Aufnahme von Personen entscheiden wird, die 1967 aus dem Westjordanland und dem Gazasteifen vertrieben worden sind, sowie über notwendige Maßnahmen zur Verhinderung von Störungen und Unruhen. Andere Angelegenheiten gemeinsamen Interesses werden von diesem Ausschuss behandelt werden.

Artikel XIII: Verlegung israelischer Streitkräfte

1. Nach dem Inkrafttreten dieser Grundsatzerklärung und nicht später als direkt vor den Wahlen zum Rat erfolgt – zusätzlich zum Rückzug israelischer Streitkräfte gemäß Artikel XIV – eine Umverteilung der israelischen Streitkräfte im Westjordanland und im Gazastreifen.
2. Bei der Umverteilung seiner Streitkräfte wird sich Israel von dem Grundsatz leiten lassen, dass seine Streitkräfte nicht in bewohnte Gebiete verlegt werden sollten.
3. Weitere Verlegungen an näher bezeichnete Standorte werden entsprechend der Übernahme der Verantwortlichkeit für öffentliche Ordnung und innere Sicherheit durch die palästinensische Polizei gemäß dem oben genannten Artikel VIII allmählich erfolgen.

Artikel XIV: Israelischer Rückzug aus dem Gazastreifen und aus Jericho

Israel wird sich aus dem Gazastreifen und aus Jericho, wie in dem als Anhang II beigefügten Protokoll näher beschrieben, zurückziehen.

Artikel XV: Lösung von Streitfällen

1. Meinungsverschiedenheiten, die sich aus der Anwendung oder Interpretation dieser Grundsatzerklärung oder jeglicher weiterer Abkommen in Bezug auf die Übergangszeit ergeben, werden durch Verhand-

lungen im gemeinsamen Verbindungsausschuss, der gemäß dem entsprechenden Artikel X eingerichtet wird, gelöst.
2. Streitfälle, die nicht durch Verhandlungen beizulegen sind, können durch einen zwischen den Parteien zu vereinbarenden Schlichtungsmechanismus gelöst werden.
3. Die Parteien können übereinkommen, Streitfälle, die sich auf die Übergangszeit beziehen und nicht einvernehmlich gelöst werden können, einem Schiedsverfahren zu unterwerfen. Zu diesem Zweck werden die Parteien – mit Einverständnis beider Parteien – einen Schlichtungsausschuss einrichten.

Artikel XVI: Israelisch-palästinensische Zusammenarbeit bei regionalen Programmen

Beide Parteien betrachten die multilateralen Arbeitsgruppen als geeignete Instrumente zur Förderung eines »Marshall-Plans«, regionaler und anderer Programme einschließlich besonderer Programme für das Westjordanland und den Gazastreifen, die in dem als Anhang IV beigefügten Protokoll näher beschrieben sind.

Artikel XVII: Verschiedene Bestimmungen

1. Diese Grundsatzerklärung wird einen Monat nach ihrer Unterzeichnung in Kraft treten.
2. Alle Protokolle, die dieser Grundsatzerklärung und den dazu gehörenden vereinbarten Niederschriften beigefügt sind, werden als integrale Bestandteile derselben angesehen.

Geschehen zu Washington D.C. am 13. September 1993.
Für die Regierung des Staates Israel
Für die PLO
Bezeugt durch:
Die Vereinigten Staaten von Amerika
Die Russische Föderation

C. Wye-River-Memorandum
23. Oktober 1998

Im Folgenden werden Schritte genannt, die die Umsetzung des Interimsabkommens zum Westjordanland und zum Gazastreifen vom 28. September 1995 sowie anderer Abkommen einschließlich der Protokollnotiz vom 17. Januar 1997 (nachfolgend als »frühere Abkommen« bezeichnet), erleichtern sollen, so dass sowohl die israelische als auch die palästinensische Seite ihrer jeweiligen Verantwortung gerecht werden können, d.h. auch ihre Verpflichtungen zum weiteren Truppenrückzug bzw. zur Gewährleistung von Sicherheit einhalten können. Diese Schritte werden in Übereinstimmung mit dem Abkommen und dem beigefügten Zeitplan gleichzeitig von beiden Seiten umgesetzt. Sie unterliegen den geltenden Bestimmungen der früheren Abkommen. Die anderen, in den früheren Abkommen dargelegten Verpflichtungen werden nicht aufgehoben.

I. Weiterer Truppenrückzug

A. Phase 1 und 2 des weiteren Truppenrückzugs

1. Gemäß dem Interimsabkommen sowie den Folgeabkommen werden nach dem ersten und zweiten Teilrückzug der israelischen Armee 13% der Zone C der palästinensischen Autonomiebehörde übergeben, und zwar

1% an Zone A
und 12 % an Zone B.

Die palästinensische Seite hat mitgeteilt, dass sie bis zu 3% der Zone B zu Umweltschutzgebieten und/oder Naturreservaten erklären wird. Die palästinensische Seite teilt weiterhin mit, dass sie in Übereinstimmung mit geltenden wissenschaftlichen Richtlinien handeln wird, und dass es daher keine Änderung des Status jener Gebiete geben wird. Das bedeutet, dass die Rechte der Bewohner jener Zonen, einschließlich der Beduinen, vorurteilsfrei akzeptiert werden. Die geltenden Richtlinien verbieten allgemein die Errichtung von Neubauten in jenen Zonen. Bereits vorhandene Straßen und Gebäude können erhalten werden.

Die israelische Seite wird in diesen Umweltschutzgebieten/Naturreservaten die Verantwortung für die Sicherheit übernehmen, um die israelische Bevölkerung zu schützen und der Gefahr des Terrorismus zu begegnen. Bewegungen und Aktivitäten der palästinensischen Polizei können nach Absprache und Bestätigung durchgeführt werden; die israelische Seite wird diese Anfragen umgehend beantworten.

2. Im Zuge der Umsetzung des ersten und zweiten Teilrückzugs werden 14,2% von Zone B an Zone A angegliedert.

B. Dritte Phase des Teilrückzugs
Im Hinblick auf die Bestimmungen des Interimsabkommens und den Inhalt der Briefe von Außenminister Christopher an beide Seiten vom 17. Januar 1997 bezüglich des weiteren Truppenrückzugs wird eine besondere Verhandlungskommission zur Entscheidung über dieses Thema eingesetzt. Die USA werden regelmäßig über den Stand der Verhandlungen informiert.

II. Sicherheit

In den Sicherheitsbestimmungen des Interimsabkommens erklärte sich die palästinensische Seite bereit, alle notwendigen Maßnahmen zu treffen, um terroristische Gewaltakte, Verbrechen und feindselige Akte gegen die israelische Seite, gegen Personen, die den israelischen Behörden unterstehen, und gegen deren Eigentum zu verhindern. Im Gegenzug verpflichtet sich die israelische Seite dazu, alle notwendigen Maßnahmen zu treffen, um terroristische Gewaltakte, Verbrechen und feindselige Akte gegen die palästinensische Seite, gegen Personen, die den palästinensischen Behörden unterstehen, und gegen deren Eigentum zu verhindern. Beide Seiten stimmten darin überein, innerhalb ihres Zuständigkeitsbereichs rechtliche Schritte gegen Gewalttäter einzuleiten sowie innerhalb ihres Zuständigkeitsbereichs Anstiftung zu Gewalttaten durch Organisationen, Gruppen oder Einzelpersonen zu verhindern.

Beide Seiten stimmen darin überein, dass es in Übereinstimmung mit Anhang 1 des Interimsabkommens sowie der Protokollnotiz in ihrem ureigensten Interesse ist, Gewalt und Terrorismus zu bekämpfen. Beide Seiten erkennen ferner an, dass der Kampf gegen Gewalt und Terrorismus umfassend sein muss, d.h. dass Terroristen, Menschen, die Terroristen unterstützen, und die Umstände, die zur Unterstützung von Terrorakten führen, in diesen Kampf einbezogen werden müssen. Der Kampf gegen den Terrorismus muss langfristig, kontinuierlich und konstant geführt werden, d.h. der Kampf gegen die Terroristen und ihre Strukturen darf nicht unterbrochen werden. Der Kampf muss kooperativ sein, d.h. die Anstrengungen können nur dann zum Erfolg führen, wenn eine Zusammenarbeit zwischen Israelis und Palästinensern stattfindet und Informationen, Konzepte und geplante Aktionen kontinuierlich ausgetauscht werden.

Gemäß den früheren Abkommen müssen die palästinensischen Verpflichtungen in Bezug auf die Sicherheit, die Zusammenarbeit im Bereich der Sicherheit sowie weitere Themen innerhalb des beigefügten Zeitplans umgesetzt werden:

A. Sicherheitsmaßnahmen

1. Verbot und Bekämpfung terroristischer Organisationen
   a) Die palästinensische Seite wird ihre Politik der Nichttolerierung von Terror und Gewalt gegen beide Seiten offen legen.
   b) Den Vereinigten Staaten wird ein von palästinensischer Seite ausgearbeiteter Arbeitsplan vorgelegt. Unmittelbar danach wird mit der Umsetzung des Plans begonnen, um die systematische und effektive Bekämpfung terroristischer Organisationen und ihrer Strukturen zu gewährleisten.
   c) Zusätzlich zur israelisch-palästinensischen Zusammenarbeit im Bereich der Sicherheit wird alle zwei Wochen eine amerikanisch-palästinensische Kommission zusammentreffen, um die unternommenen Schritte zur Bekämpfung terroristischer Zellen sowie zur Bekämpfung der Strukturen zur Planung, Finanzierung, Unterstützung und Anstiftung zu terroristischen Gewaltakten zu diskutieren. Auf diesen Treffen wird die palästinensische Seite die USA umfassend darüber in Kenntnis setzen, welche Schritte sie zur Ächtung aller Organisationen (oder Flügelgruppen von Organisationen) mit militärischem, terroristischem oder gewalttätigem Charakter und ihrer Strukturen unternommen hat, und welche Schritte sie ferner unternommen hat, um die Verübung von Gewaltakten in palästinensischen Gebieten zu verhindern.
   d) Die palästinensische Seite wird einzelne Personen, die der Verübung von Terror- und Gewaltakten verdächtigt werden, verhaften, um die Durchführung weiterer Ermittlungen gegen diese Personen sowie die Anklage und Verurteilung aller an terroristischen Gewaltakten beteiligten Personen sicherzustellen.
   e) Eine amerikanisch-palästinensische Kommission wird Entscheidungen diskutieren und einschätzen, die hinsichtlich der Anklage, der Verurteilung oder anderer rechtlicher Maßnahmen getroffen werden, die den Status von Personen ändern, die im Verdacht stehen, Terror- oder Gewaltakte verübt oder unterstützt zu haben.

2. Verbot illegaler Waffen
   a) Die palästinensische Seite wird wirksame rechtliche Rahmenbe-

dingungen schaffen, unter denen – in Übereinstimmung mit den früheren Abkommen – Einfuhr, Herstellung oder unerlaubter Verkauf, Erwerb oder Besitz von Feuerwaffen, Munition oder Waffen in den palästinensischen Gebieten strafrechtlich verfolgt werden kann.

b) Daneben wird die palästinensische Seite in Übereinstimmung mit den früheren Abkommen ein systematisches Programm zur Beschlagnahmung und zum verantwortungsvollen Umgang mit illegalen Waffen aufstellen und dieses energisch und kontinuierlich umsetzen. Die USA haben bereits ihre Unterstützung für die Durchführung eines solchen Programms zugesichert.

c) Eine amerikanisch-palästinensisch-israelische Kommission wird zur Unterstützung und Verbesserung der Zusammenarbeit beim Kampf gegen den Schmuggel oder die unerlaubte Einfuhr von Waffen oder explosiven Materialien in die palästinensischen Gebiete eingesetzt werden.

3. Verhinderung des Aufrufs zu Gewalt

a) Im Hinblick auf die gängige internationale Praxis, und gemäß Artikel XXII (1) des Interimsabkommens und der Protokollnotiz wird die palästinensische Seite ein Dekret verabschieden, das alle Formen des Aufrufs zu Gewalt oder Terror verbietet und Mechanismen zur systematischen Bekämpfung jeglicher Form des Ausdrucks oder der Androhung von Gewalt und Terror bereitstellt. Dieses Dekret ist vergleichbar mit der existierenden israelischen Gesetzgebung, in der dieselbe Frage geregelt wird.

b) Eine amerikanisch-palästinensische Kommission wird bei regelmäßigen Treffen Einzelfälle von Aufrufen zu Gewalt- oder Terrorakten untersuchen sowie Empfehlungen und Berichte herausgeben, um dem Aufruf zu Gewalt Einhalt zu gebieten. Israelis, Palästinenser und US-Amerikaner werden jeweils einen Medienexperten, einen Rechtsvertreter, einen Bildungsexperten sowie einen neuen oder bereits früher gewählten Vertreter zur Mitarbeit in diese Kommission berufen.

B. Zusammenarbeit im Bereich der Sicherheit

Beide Seiten stimmen darin überein, dass ihre Zusammenarbeit im Bereich der Sicherheit auf dem Grundsatz der Partnerschaftlichkeit beruht und dass sie u.a. die folgenden Schritte beinhaltet:

1. Bilaterale Zusammenarbeit
   Beide Seiten werden bilateral, kontinuierlich, intensiv und umfassend zusammenarbeiten.
2. Zusammenarbeit auf dem Gebiet der Forensik
   Es wird ein umfangreicher Austausch von Fachwissen, Ausbildungsinhalten und anderem auf dem Gebiet der Forensik vereinbart.
3. Trilaterale Kommission
   Zusätzlich zur vereinbarten israelisch-palästinensischen Zusammenarbeit im Bereich der Sicherheit wird erforderlichenfalls eine hochrangige Kommission aus US-Amerikanern, Palästinensern und Israelis zusammentreten. Die Kommission trifft mindestens alle zwei Wochen zusammen, um aktuelle Gefahren einzuschätzen, Hindernisse für eine effektive Zusammenarbeit und Koordination im Bereich der Sicherheit aus dem Weg zu räumen und Schritte zur Bekämpfung des Terrors und terroristischer Organisationen zu erörtern. Die Kommission dient ferner als Forum zur Diskussion von Fragen der Unterstützung des Terrors von außen. Auf den Sitzungen der Kommission wird die palästinensische Seite die Mitglieder der Kommission über die Ergebnisse ihrer Ermittlungen im Hinblick auf verdächtige und bereits verhaftete Terroristen informieren. Die Teilnehmer werden darüber hinaus weitere zusätzliche Informationen austauschen. Die Kommission wird die Führer beider Seiten regelmäßig über den Stand der Zusammenarbeit, die Ergebnisse der jeweiligen Sitzungen und die Empfehlungen informieren.

C. Weitere Fragen
1. Palästinensische Polizei
   a) Die palästinensische Seite wird der israelischen Seite in Übereinstimmung mit den früheren Abkommen eine Liste mit den Namen der palästinensischen Polizeibeamten überreichen.
   b) Für den Fall, dass die palästinensische Seite technische Unterstützung benötigt, haben die USA ihren Willen bekräftigt, die notwendige Unterstützung in Zusammenarbeit mit anderen Helfern zu gewährleisten.
   c) Die Kommission zur Überwachung und Steuerung wird, als Teil ihrer Aufgaben, die Umsetzung dieser Bestimmungen überwachen und die USA darüber informieren.

2. PLO-Charta

Das Exekutivkomitee der PLO und der Palästinensische Zentralrat bekräftigen den Inhalt des Briefs von PLO-Führer Jassir Arafat an US-Präsident Bill Clinton vom 22. Januar 1998 im Hinblick auf die Aufhebung derjenigen Artikel der PLO-Charta, die im Widerspruch zum Briefwechsel zwischen PLO-Führer Arafat und der israelischen Regierung vom 9./10. September 1993 stehen. Der Vorsitzende der PLO, Arafat, der Sprecher des Palästinensischen Nationalrats und der Sprecher des Palästinensischen Legislativrats werden die Mitglieder des Palästinensischen Nationalrats sowie die Mitglieder des Zentralrats und des Legislativrats sowie die Vorsitzenden der palästinensischen Ministerien zu einer Sitzung einladen, auf der sie von Präsident Clinton aufgefordert werden, ihre Unterstützung für den Friedensprozess und die bereits genannten Entscheidungen des Exekutivkomitees und des Zentralrats zu bekräftigen.

3. Rechtliche Unterstützung in strafrechtlichen Angelegenheiten

Die Anträge auf Verhaftung und Überstellung von Verdächtigen und Angeklagten als eine Form der rechtlichen Unterstützung in strafrechtlichen Angelegenheiten werden gemäß Artikel II (7) von Anhang IV des Interimsabkommens von der gemeinsamen israelisch-palästinensischen Rechtskommission gestellt (oder erneut gestellt). Diese Anträge werden gemäß Artikel II (7) (f) von Anhang IV des Interimsabkommens innerhalb der folgenden zwölf Wochen beantwortet. Anträge, die nach der achten Woche gestellt werden, werden gemäß Artikel II (7) (f) binnen vier Wochen nach Antragstellung beantwortet. Die USA sind von beiden Seiten gebeten worden, regelmäßig über die unternommenen Schritte zur Beantwortung der oben genannten Anträge zu berichten.

4. Menschenrechte und Rechtsstaatlichkeit

Gemäß Artikel XI (1) von Anhang I des Interimsabkommens und ohne Aufhebung der oben genannten Bestimmungen wird die palästinensische Polizei ihre Verantwortung wahrnehmen, um dieses Abkommen unter Einhaltung der international anerkannten Menschenrechtsnormen und des Grundsatzes der Rechtsstaatlichkeit durchzusetzen, geleitet von der Notwendigkeit, die Öffentlichkeit zu schützen, die Menschenwürde zu achten und Störungen zu vermeiden.

III. Interimskommissionen und Wirtschaftsfragen

1. Die israelische und die palästinensische Seite bekräftigen ihre Verpflichtung, ihr gegenseitiges Verhältnis zu verbessern. Beide Seiten stimmen darin überein, dass es notwendig ist, die wirtschaftliche Entwicklung im Westjordanland und im Gazastreifen zu fördern. Die Parteien stimmen daher auch darin überein, die Arbeit in den im Interimsabkommen vereinbarten Kommissionen, u.a. der Überwachungskommission, der gemeinsamen Wirtschaftskommission (*Joint Economic Committee – JEC*), der Zivilkommission (*Civil Affairs Committee – CAC*), der Rechtskommission und der Kommission für Zusammenarbeit, fortzusetzen bzw. wieder aufzunehmen.
2. Die israelische und die palästinensische Seite haben sich auf Bestimmungen geeinigt, nach denen das Industriegebiet im Gazastreifen pünktlich eröffnet werden kam. Beide Seiten haben ferner ein Protokoll zum Bau und Betrieb des internationalen Flughafens im Gazastreifen während der Übergangszeit verabschiedet.
3. Beide Seiten werden unverzüglich die Verhandlungen über den sicheren Transit wieder aufnehmen. Im Hinblick auf die südliche Route werden beide Seiten alle Anstrengungen unternehmen, um binnen einer Woche nach Inkrafttreten dieses Abkommens eine Übereinkunft zu erzielen. Die südliche Route wird zum schnellstmöglichen Zeitpunkt nach der Übereinkunft in Betrieb genommen. Im Hinblick auf die nördliche Route werden die Verhandlungen weitergeführt mit dem Ziel, schnellstmöglich eine Einigung zu erzielen, die unmittelbar danach umgesetzt werden soll.
4. Die israelische und die palästinensische Seite erkennen die Bedeutung des Hafens von Gaza für die Entwicklung der Wirtschaft Palästinas und die Ausweitung des palästinensischen Handels an. Beide Seiten verpflichten sich, ohne weitere Verzögerung zu einer Einigung im Hinblick auf Bau und Betrieb des Hafens in Übereinstimmung mit den früheren Abkommen zu kommen. Die israelisch-palästinensische Kommission wird ihre Arbeit sofort wieder aufnehmen mit dem Ziel, innerhalb von 60 Tagen ein Protokoll zu verabschieden, so dass mit den Bauarbeiten für den Hafen begonnen werden kann.
5. Beide Seiten erkennen an, dass ungeklärte rechtliche Fragen die Beziehungen zwischen beiden Völkern schwer belasten. Daher werden

sie ihre Anstrengungen verstärken, um in der Rechtskommission noch ungeklärte rechtliche Fragen anzusprechen und in kürzester Zeit Lösungen für diese Fragen umzusetzen. Die palästinensische Seite wird der israelischen Seite Kopien all ihrer geltenden Gesetze zur Verfügung stellen.
6. Die israelische und die palästinensische Seite werden ferner in einen strategischen Dialog zu Wirtschaftsfragen treten, um ihre wirtschaftlichen Beziehungen zueinander zu verbessern. Beide Seiten werden zu diesem Zweck innerhalb der gemeinsamen Wirtschaftskommission eine Ad-hoc-Kommission einrichten. Die Kommission wird dabei die folgenden vier Fragen erörtern: (1) die israelische Erwerbsteuer, (2) Zusammenarbeit bei der Bekämpfung von Autodiebstahl, (3) unbezahlte Schulden der palästinensischen Seite, und (4) die Auswirkung israelischer Regelungen als Handelsbarrieren und die Ausweitung der A1- und A2-Listen. Die Kommission wird binnen drei Wochen nach Inkrafttreten dieses Abkommens einen Interimsbericht verabschieden, sowie binnen sechs Wochen einen Abschlussbericht und Empfehlungen für die Umsetzung vorlegen.
7. Beide Seiten stimmen darin überein, dass fortgesetzte internationale Geberhilfe für die Umsetzung der erzielten Abkommen durch beide Seiten äußerst wichtig ist. Darüber hinaus stimmen sie darin überein, dass für die wirtschaftliche Entwicklung im Westjordanland und im Gazastreifen weitere Unterstützung seitens der Geberländer notwendig ist. Die israelische und die palästinensische Seite sind darin übereingekommen, sich gemeinsam an die Gebergemeinschaft zu wenden, um noch vor Ende 1998 eine Ministerialkonferenz zu organisieren, auf der die Erhöhung der Wirtschaftshilfe erörtert werden soll.

IV. Verhandlungen über den endgültigen Status

Beide Seiten werden unverzüglich Verhandlungen über den endgültigen Status aufnehmen. Sie werden alle Anstrengungen unternehmen, um das gemeinsame Ziel eines Abkommens bis zum 4. Mai 1999 zu erreichen. Die Verhandlungen werden kontinuierlich und ohne Unterbrechung durchgeführt. Die USA haben ihren Willen bekräftigt, diese Verhandlungen zu unterstützen.

V. Unilaterale Schritte

In Anerkennung der Notwendigkeit, positive Bedingungen für die Verhandlungen zu schaffen, verpflichten sich beide Seiten in Übereinstimmung mit dem Interimsabkommen, keine Schritte zu unternehmen oder vorzubereiten, die den Status des Westjordanlands und des Gazastreifens ändern.

Dieses Memorandum wird zehn Tage nach Unterzeichnung in Kraft treten.

Washington D.C., 23. Oktober 1998
Für die Regierung des Staates Israel
Benjamin Netanjahu
Für die PLO
Jassir Arafat
Als Zeuge: Die Vereinigten Staaten von Amerika
William J. Clinton

D. Trilaterale Erklärung auf dem Gipfeltreffen von Camp David zum Friedensprozess im Nahen Osten am 25. Juli 2000

Präsident William J. Clinton,
Premierminister Ehud Barak
Der Vorsitzende der Palästinensischen Autonomiebehörde Jassir Arafat

Zwischen dem 11. und dem 24. Juli trafen sich unter der Schirmherrschaft von Präsident Clinton der israelische Premierminister Barak und der PLO-Vorsitzende Arafat in Camp David mit dem Ziel, ein Abkommen über den permanenten Status zu erzielen. Obwohl es ihnen nicht möglich war, die Differenzen zu überbrücken und zu einem Einverständnis zu gelangen, waren ihre Verhandlungen beispiellos – sowohl im Umfang als auch in ihren Einzelheiten. Aufbauend auf den Fortschritten von Camp David, waren beide Führer mit folgenden Grundsätzen einverstanden, die Grundlage für ihre Verhandlungen sind:

1. Beide Seiten stimmten darin überein, dass es Ziel ihrer Verhandlungen ist, den jahrzehntelangen Konflikt zu beenden und einen gerechten und dauerhaften Frieden zu erreichen.
2. Beide Seiten verpflichten sich, ihre Bemühungen um ein Abkommen baldmöglichst fortzuführen.
3. Beide Seiten stimmen darin überein, dass Verhandlungen aufgrund der Resolutionen 242 und 338 des UN-Sicherheitsrates die einzige Möglichkeit bieten, um zu solch einem Übereinkommen zu gelangen. Sie verpflichten sich weiterhin, ein Verhandlungsklima zu schaffen, das frei von Druck, Einschüchterung und Androhung von Gewalt ist.
4. Beide Seiten verstehen, wie wichtig es ist, unilaterale Aktionen zu vermeiden, die das Ergebnis von Verhandlungen schon im Voraus beeinflussen, und dass ihre Differenzen nur durch Verhandlungen in einer Atmosphäre des gegenseitigen Vertrauens beigelegt werden können.
5. Beide Seiten stimmen darin überein, dass die USA ein notwendiger Partner auf der Suche nach Frieden sind, und werden weiterhin eng mit Präsident Clinton und Außenministerin Albright zusammenarbeiten.

Fußnoten

Kapitel 1: Umrisse eines Konflikts

1. Harold S. Kushner, *When Bad Things Happen to Good People*, S. 56.

Kapitel 2: Ein Familienstreit entflammt erneut

2. Charles Singer, »Science and Judaism«, in *The Jews, Their History, Culture, and Religion*, Hrsg. Louis Finkelstein, Bd.1, S.1427; vgl. Max Dimont, *Jews, God, and History*, S. 18 u. 252.
3. Ebd., Bd.1, S. 1415-1427.
4. Manche sehen diesen Bund nicht als einen weiteren Bund an, sondern mehr als die Bedingungen des Bundes mit Mose (3. Mose 26). In beiden Fällen jedoch steht in diesem Kapitel der Segen und der Fluch Gottes für Israel im Mittelpunkt – beides hängt von Israels Gehorsam oder Ungehorsam gegenüber Gottes Bund ab. Der endgültige Fluch des Bundes war der Verlust ihres Rechts, im Land zu leben (1. Mose 26,27-43; 5. Mose 28,58-68). Gott verheißt ihnen jedoch auch, dass dieser letzte Fluch sein Versprechen nicht aufhebt (3. Mose 26,44-45). Wenn sich die Juden in ihrer Gefangenschaft bekehren, um Gott zu suchen, dann verspricht er die Wiederherstellung des Landes (5. Mose 30,1-5).

Kapitel 3: Die Juden in weltweiter Zerstreuung

5. Max Dimont, *Jews, God, and History*, S. 105.
6. Flavius Josephus, *The Wars of the Jews*, 5.3.1; 6.9.3. Josephus schrieb seine Werke zwischen 70 und 80 n.Chr.
7. Heinrich Graetz, *History of the Jews*, Bd. 2, S. 308.
8. Josephus, *The Wars of the Jews*, 6.9.4.
9. Ebd., 7.1.1. Die einzige Ausnahme bei dieser Zerstörung bildete die westliche Mauer.
10. Heinrich Graetz, *History of the Jews*, Bd. 2, S. 312.
11. Ebd., Bd. 2, S. 312-313.
12. Josephus, *The Wars of the Jews*, 7.8.1.
13. Dimont, *Jews, God, and History*, S. 105.

[14] Richard E. Gade, *A Historical Survey of Anti-Semitism*, S. 16.
[15] Abba Hillel Silver, *Messianic Speculation in Israel*, S. 20.
[16] F. J. Foakes Jackson, *Josephus and the Jews*, S. 86; Cecil Roth, *A History of the Jews*, S. 114.
[17] Dimont, *Jews, God, and History*, S. 110-111.
[18] Eli Sanders, »Two Peoples, One Land: Understanding the Israeli-Palestinian Conflict«, *The Seattle Times*, 12. Mai 2002. In der *Encyclopedia Britannica* wird behauptet, dass nach dem Bar-Kochba-Aufstand die Provinz Judäa in *Syria Palaestina* umbenannt wurde (später einfach *Palaestina* genannt), und laut Eusebius (*Historia Ecclesiastica* iv. 6), wurde keinem Juden von diesem Zeitpunkt an erlaubt, Jerusalem oder seine nähere Umgebung zu betreten.
[19] Gade, *Historical Survey*, S. 17.
[20] Roth, *History of the Jews*, S. 115.
[21] Silver, *Messianic Speculation*, S. 28.
[22] Gade, *Historical Survey*, S. 19.
[23] Graetz, *History of the Jews*, Bd. 2, S. 562 ff.
[24] Dimont, *Jews, God, and History*, S. 168.
[25] Roth, *History of the Jews*, S. 126.
[26] Dimont, *Jews, God, and History*, S. 75-83.
[27] Max Dimont, *The Jews in America*, S. 153.
[28] William L. Hull, *The Fall and Rise of Israel*, S. 41.
[29] Dimont, *Jews in America*, S. 152; vgl. *The Jews, Their History*, Hrsg. Louis Finkelstein, S. 1796; (vgl. S. 1355, wo auf den menschlichen Körper Bezug genommen wird).
[30] Dimont, *Jews in America*, S. 152.
[31] Dimont, *Jews, God, and History*, S. 171.
[32] Roth, *History of the Jews*, S. 153; vgl. Finkelstein, *The Jews, Their History*, S. 191-194.
[33] Cecil Roth, Hrsg., *The Concise Jewish Encyclopedia*, S. 303.
[34] Ebd., S. 303; Dimont, *Jews, God, and History*, S. 204-208.
[35] Dimont, *Jews, God, and History*, S. 182-183.

Kapitel 4: Migration und Vertreibung der Juden
[36] Wm. H. Harris und Judith S. Levy, Hrsg., *The New Columbia Encyclopedia*, S. 1854.
[37] Kenneth Cragg, *The House of Islam*, S. 20.

38 Gade, *Historical Survey*, S. 22.
39 *Koran*, Sure 3,67.
40 Dimont, *Jews, God, and History*, S. 193; vgl. Roth, *History of the Jews*, S. 151.
41 *Koran*, Sure 19,15-35.
42 Ebd., Sure 4,157.
43 John Elder, *The Biblical Approach to Muslims*, S. 26. Arabische Ausleger deuten diesen Vers unterschiedlich.
44 Arthur Jeffery, *Islam, Muhammad and His Religion*, S. 39.
45 Elizabeth and Robert Fernea, *The Arab World*, S. 83; vgl. Wesley G. Pippert, *Land of Promise, Land of Strife*, S. 191.
46 Cragg, *House of Islam*, S. 64.
47 S. D. Goiten, *Jews and Arabs*, S. 21-23; Diskussion über die fragliche Abstammung der Araber von Ismael – obwohl Mohammed dies zum »Grundpfeiler seines neuen Glaubens« machte; vgl. Helmet Gatje, *The Qur'an and Its Exegesis*, S. 127-128. Eine vollständige geschichtliche Darstellung über das arabische Volk findet sich in: Tony Maalouf, *Arabs in the Shadow of Israel*, S. 8-9, 106-111.
48 *Koran*, Sure 2,135.
49 Manche glauben, dass die Archäologie bewiesen hätte, dass der »Felsen« (oder Platz des inneren Altars des Tempels) in Wirklichkeit 104,5 m nordwestlich des Doms liegt (vgl. Asher S. Kaufman, »Where the Ancient Temple of Jerusalem Stood«, *Biblical Archaeological Review*, März/April 1983). Andere behaupten jedoch, dass der innere Altar und die Bundeslade dort standen, wo jetzt der Felsendom steht (vgl. Leen Ritmeyer, »The Ark of the Covenant: Where It Stood in Solomon's Temple«, *Biblical Archaeological Review*, January/Februar 1996). Leen und Kathleen Ritmeyer haben ihre erst kürzlich gemachten Funde in *Secrets of Jerusalem's Temple Mount* veröffentlicht (Washington: Biblical Archaeology Society, 1998).
50 *Koran*, Sure 2,172 ff.
51 Dimont, *Jews, God, and History*, S. 193; vgl. Roth, *History of the Jews*, S. 151.
52 Philip K. Hitti, *Islam: A Way of Life*, S. 106-20.
53 Dimont, *Jews, God, and History*, S. 95.
54 Jack Finegan, *Discovering Israel*, S. 73.

[55] William L. Hull, *The Fall and Rise of Israel*, S. 51.
[56] Ebd., S. 92.
[57] Finkelstein, *The Jews, Their History*, Bd. 1, S. 224.
[58] Hull, *Fall and Rise*, S. 52.
[59] Ebd., S. 53.
[60] Ebd., S. 52.
[61] Dimont, *Jews, God, and History*, S. 221.
[62] Ebd., S. 222.
[63] Roth, *History of the Jews*, S. 180.
[64] Hull, *Fall and Rise*, S. 94.
[65] Roth, *History of the Jews*, S. 213.
[66] Harris and Levy, *New Columbia Encyclopedia*, S. 2161.
[67] Hull, *Fall and Rise*, S. 55.
[68] Graetz, *History of the Jews*, Bd. 4, S. 101.
[69] Ebd., Bd. 4, S. 101.
[70] Finkelstein, *The Jews, Their History*, Bd. 1, S. 233.
[71] Gade, *Historical Survey*, S. 36.
[72] Dimont, *Jews, God, and History*, S. 226.
[73] Hull, *Fall and Rise*, S. 61.
[74] Ebd., S. 61.
[75] Dimont, *Jews, God, and History*, S. 230.
[76] Max L. Margolis und Alexander Marx, *History of the Jewish People*, S. 485.
[77] Graetz, *History of the Jews*, Bd. 4, S. 550-52.
[78] Ebd., Bd. 4, S. 552.
[79] Finkelstein, *The Jews, Their History*, S. 291.
[80] Margolis und Marx, *History of Jewish People*, S. 525-526.
[81] Ebd., S. 526ff.; Dimont, *Jews, God, and History*, S. 202.
[82] D. M. Dunlop hat sich in seinem Buch *History of the Jewish Khazars* mit vielen Quellen über die uralten Chasaren beschäftigt und schreibt auf sehr zuverlässige Art über das Königreich der Chasaren, wobei er aufzeigt, warum der Islam im Norden so lange siegte.
[83] Dimont, *Jews, God, and History*, S. 230.
[84] Ebd., S. 244; Finkelstein, *The Jews, Their History*, S. 250-51.
[85] Ebd., S. 244-45.
[86] Arnold White, *World's Great Events*, Bd. VII, S. 343-44.
[87] Dimont, *Jews, God, and History*, S. 254-58.

[88] Ebd., S. 310.
[89] Ebd., S. 313-17.
[90] Ebd., S. 320-24.
[91] Ebd., S. 322-23.
[92] Dennis Prager und Joseph Telushkin, *Why the Jews?*, S. 202.
[93] Ebd., S. 8; vgl. Prager und Telushkin, *Why the Jews?*, S. 202; Roth, *Jewish Encyclopedia*, S. 160.
[94] Ebd., S. 202.
[95] »Saudi Hand Behind Egypt's Anti-Jewish TV Serial«, *DEBKAfile*, 4. November 2002.
[96] Ford Sr., *The International Jew*, S. 163.202.
[97] Gade, *Historical Survey*, S. 34.
[98] Ebd., S. 54.
[99] Dimont, *Jews, God, and History*, S. 17.
[100] Ebd., S. 264-65.
[101] Ebd., S. 264.
[102] Ebd., S. 20.
[103] Ebd., S. 124.

Kapitel 5: Träume werden zum Drama

[104] Dimont, *Jews, God, and History*, S. 393.
[105] Ebd.
[106] Harris und Levy, *New Columbia Encyclopedia*, S. 1014.
[107] James A. Rudin, *Israel for Christians*, S. 24.
[108] Abram Leon Sachar, *A History of the Jews*, S. 353.
[109] Ebd., S. 354.
[110] Ebd., S. 451.
[111] Dimont, *Jews, God, and History*, S. 399; Hull, *Fall and Rise*, S. 122 (vgl. Fußnote 113).
[112] Alan R. Taylor, *Prelude to Israel*, S. 15.
[113] Hull, *Fall and Rise*, S. 129.
[114] Finkelstein, *The Jews, Their History*, S. 691.
[115] Taylor, *Prelude*, S. 34-35; Howard M. Sachar, *A History of Israel*, S. 128-29.
[116] Rudin, *Israel for Christians*, S. 7.
[117] Ebd., 8; Abba Eban, *My Country: The Story of Modern Israel*, S. 33; Sachar, *History of the Jews*, S. 413.

[118] Hagop A. Chakmakjian, *In Quest of Justice and Peace in the Middle East*, S. 28-29.
[119] Sachar, *History of the Jews*, S. 412-14.
[120] Ebd., S. 413.
[121] Ebd., S. 414.
[122] Hull, *Fall and Rise*, S. 149.
[123] Michael Cohen, *Palestine and the Great Powers*, S. 184.
[124] Peter Mansfield, *The Arab World*, S. 48; Hull, *Fall and Rise*, S. 142.
[125] Cohen, *Great Powers*, S. 7; Hull, *Fall and Rise*, S. 204.
[126] Hull, *Fall and Rise*, S. 205.
[127] Ebd.

Kapitel 6: Der Zweite Weltkrieg und der Holocaust

[128] James Korting, *An Outline of German History from 1890 to 1945*, S. 67.
[129] Sachar, *History of the Jews*, S. 373.
[130] Adolf Hitler, *Mein Kampf*, S. 906.
[131] Ebd., S. 441-42.
[132] Ebd., S. 83.
[133] Ebd., S. 84.
[134] Ebd., S. 84.118.
[135] Die Schriften des Franzosen Count de Gobineau, des Deutschen Friedrich Nietzsche, und des Engländers Houston S. Chamberlain, der in Deutschland lebte, trugen zum Antisemitismus des frühen neunzehnten Jahrhunderts bei. Durch die etwa 250.000 Exemplare des zweibändigen Werks *Foundations of the Nineteenth Century* von Chamberlain (nicht zu verwechseln mit Neville Chamberlain) wurde Europa mit der Philosophie einer arischen Überrasse erfüllt. Siehe kurzer Auszug in Dimont, *Jews, God, and History*, S. 313-28.
[136] Hitler, Mein Kampf, S. 14.17.
[137] Ebd., S. 160-61.
[138] Ebd., S. 137.
[139] Harris und Levy, *New Columbia Encyclopedia*, S. 757.
[140] Hitler, *Mein Kampf*, S. 99-103.
[141] Ebd., S. 80-81.
[142] Ebd., S. 81.
[143] Ebd., S. 406.412 ff.994.

144 Marc Hillel und Clarissa Henry haben in *Of Pure Blood* die »Mütterheime oder Zuchtfarmen« beschrieben, die Hitler und Himmler entwickelten, in denen sie ausgewählte Mädchen gefangen hielten, um sie dann mit ausgewählten Männern zu paaren, damit »für den Führer Kinder geboren werden konnten.«
145 Korting, *German History*, S. 99.
146 Friedrich Meinecke, *The German Catastrophe*, S. 81 ff.
147 Ebd., S. 86.
148 Korting, *German History*, S. 142.
149 Ebd., S. 144.
150 Ebd., S. 148.
151 Meinecke, *German Catastrophe*, S. 82.
152 Prager und Telushkin, *Why the Jews?*, S. 160; Hitler, *Mein Kampf*, S. 117.
153 Dimont, *Jews, God, and History*, S. 377-379.
154 Ebd., S. 373.
155 Martha Dodd, *Through Embassy Eyes*, S. 228.
156 Dimont, *Jews, God, and History*, S. 378-79.
157 Sachar, *History of the Jews*, S. 376; Roth, *History of the Jews*, S. 392.
158 Korting, *German History*, S. 148.
159 Sachar, *History of the Jews*, S. 379.
160 Yehuda Bauer, *The Holocaust in Historical Perspective*, S. 103 ff.
161 Ebd., S. 109.126.
162 Dimont, *Jews, God, and History*, S. 380.
163 Korting, *German History*, S. 174.
164 Martin Gilbert, *Jewish History Atlas*, S. 96; Rudin, *Israel for Christians*, S. 45.
165 Gade, *Historical Survey*, S. 108.
166 Prager und Telushkin, Why the Jews?, S. 155.
167 Finkelstein, *The Jews, Their History*, S. 1532.
168 Dimont, *Jews, God, and History*, S. 373,387.
169 In den letzten Jahren wurde sehr viel über den Holocaust geschrieben, darunter auch die hervorragende Untersuchung von David M. Rausch, *Legacy of Hatred*. Er identifiziert in Europa und Amerika auch heute noch viele antisemitische Gruppen, die sich für weiße Übermenschen halten (S. 185ff.).

[170] Korting, *German History*, S. 169.
[171] Ebd., S. 171-72.
[172] Das bedeutet nicht, dass der antisemitische Virus ausgerottet war, denn er lebte in den letzten Jahren im Neonazismus und auf andere Weise immer wieder auf; vgl. Rausch, *Legacy*, S. 211ff.

Kapitel 7: Der zerschlagene Rest und der neu gegründete Staat Israel

[173] Hull, *Fall and Rise*, S. 234.
[174] Michael Pragai, *Faith and Fulfillment*, S. 175.
[175] Ebd., S. 232.
[176] Ebd.
[177] Finkelstein, *The Jews, Their History*, S. 1575-78.
[178] Taylor, *Prelude*, S. 56-57.
[179] Cohen, *Great Powers*, S. 20.
[180] Hull, *Fall and Rise*, S. 235.
[181] Taylor, *Prelude*, S. 94-95.
[182] Pragai, *Faith and Fulfillment*, S. 135.
[183] Richard Ward, Don Peretz und Evan M. Wilson, *The Palestine State*, S. 9.
[184] Cohen, *Great Powers*, S. 186; Hull, *Fall and Rise*, S. 213.217.
[185] Cohen, *Great Powers*, S. 45.
[186] Sachar, *History of Israel*, S. 255.
[187] Pragai, *Faith and Fulfillment*, S. 223-224.
[188] Cohen, *Great Powers*, S. 43-46.
[189] Ebd., S. 55.
[190] Pragai, *Faith and Fulfillment*, S. 137.
[191] Taylor, *Prelude*, S. 87-90.
[192] Sachar, *History of Israel*, S. 264.
[193] Ebd., S. 257.
[194] Ebd., S. 268.
[195] Hull, *Fall and Rise*, S. 263.
[196] Taylor, *Prelude*, S. 98.
[197] Sachar, *History of Israel*, S. 267.
[198] Ebd., S. 278.
[199] Cohen, *Great Powers*, S. 274.
[200] Taylor, *Prelude*, S. 102.
[201] Sachar, *History of Israel*, S. 289.

[202] Ebd., S. 291.
[203] Ebd., S. 292.
[204] Ebd., S. 297.
[205] Cohen, *Great Powers*, S. 20.305-306.
[206] Sachar, *History of Israel*, S. 306.
[207] Ebd., S. 317.
[208] Cohen, *Great Powers*, S. 322.
[209] Ebd., S. 331.
[210] Ebd., S. 331-334.
[211] Golda Meir, zitiert in *Life*, 3.Oktober 1969, S. 32.
[212] Finegan, *Discovering Israel*, S. 70.
[213] Francis L. Lowenheim, »Israel's Recognition Didn't Come Easy«, *The Oregonian*, 8. Dezember 1989.
[214] Pragai, *Faith and Fulfillment*, S. 224.
[215] Hull, *Fall and Rise*, S. 333; Sachar, *History of the Jews*, S. 444.
[216] Hull, *Fall and Rise*, S. 333.340.
[217] Sachar, *History of the Jews*, S. 444.
[218] Hull, *Fall and Rise*, S. 336.
[219] Sachar, *History of the Jews*, S. 318.
[220] Ebd., S. 330.
[221] Hull, *Fall and Rise*, S. 342.
[222] Sachar, *History of the Jews*, S. 345.
[223] Hull, *Fall and Rise*, S. 342.
[224] Ebd.
[225] Sachar, *History of the Jews*, S. 353.

Kapitel 8: Israels Verteidigung und Expansion

[226] Dimont, *Jews, God, and History*, S. 409.
[227] Roth, *History of the Jews*, S. 432.
[228] Sachar, *History of Israel*, S. 620.
[229] Ebd., S. 633.
[230] Ebd., S. 640.
[231] Ebd.
[232] Sachar, *History of Israel*, S. 656.
[233] Roth, *History of the Jews*, S. 436.
[234] Roth, *Jewish Encyclopedia*, S. 493.
[235] Sachar, *History of Israel*, S. 667.

[236] Ebd., S. 666.
[237] Ebd., S. 747.
[238] Ebd., S. 676.
[239] Ebd., S. 689.
[240] Ebd., S. 695.
[241] Ebd., S. 750.
[242] Ebd., S. 759.
[243] Ebd.
[244] Ebd., S. 758.
[245] Ebd., S. 768-70. Laut Seymour Hersh war ein weiterer Grund, warum die Vereinigten Staaten Israel erneut versorgten, die Tatsache, dass die Israelis, die eine katastrophale militärische Niederlage befürchteten, dazu bereit waren, ihre erst kürzlich entwickelten Nuklearwaffen einzusetzen (Seymour Hersh, *The Samson Option*, S. 225-40).
[246] Gilbert, *Jewish History Atlas*, S. 120.
[247] Sachar, *History of Israel*, S. 766.
[248] Ebd., S. 781.
[249] Ebd., S. 787.
[250] Ebd., S. 786.
[251] Ebd., S. 812.
[252] Ebd., S. 791.

Kapitel 9: Unruhen: Die Intifada

[253] Amos Perlmutter, *Israel: The Partitioned State: A Political History Since 1900*, S. 22.
[254] Sachar, *History of Israel*, S. 3.
[255] Ebd., S. 25.
[256] Ebd., S. 26.
[257] Perlmutter, *Partitioned State*, S. 262.
[258] Sachar, *History of Israel*, S. 137.
[259] Perlmutter, *Partitioned State*, S. 298.
[260] Ebd., S. 281.
[261] Sachar, *History of Israel*, S. 52.67.128.
[262] Yehoshafat Harkabi, *Israel's Fateful Hour*, S. 92.
[263] Sachar, *History of Israel*, S. 210.
[264] Harkabi, *Fateful Hour*, S. 13.

[265] Thomas Kiernan, *Arafat: The Man and the Myth*, S. 114.
[266] Ebd., S. 114; Walter Reich, *Stranger in My House: Jews and Arabs in the West Bank*, S. 2-3.
[267] Perlmutter, *Partitioned State*, S. 34.
[268] Kiernan, *Man and Myth*, S. 114, 116.
[269] Ebd., S. 14.
[270] Alan Hart, *Arafat: Terrorist or Peacemaker?*, S. 68.
[271] Kiernan, *Man and Myth*, S. 99.
[272] Ebd., S. 113.
[273] Ebd., S. 160-161, 235.
[274] Hart, *Terrorist or Peacemaker?*, S. 162.
[275] Sachar, *History of Israel*, S. 519-522.
[276] Hart, *Terrorist or Peacemaker?*, S. 163.
[277] Ebd., S. 118.
[278] Ebd., S. 127.
[279] Ebd., S. 25.
[280] Ebd., S. 202.
[281] Ebd., S. 235.
[282] Hart, *Terrorist or Peacemaker?*, S. 321.
[283] Kiernan, *Man and Myth*, S. 231.
[284] Hart, *Terrorist or Peacemaker?*, S. 29.
[285] Kiernan, *Man and Myth*, S. 264.
[286] Hart, *Terrorist or Peacemaker?*, S. 203.
[287] Harkabi, *Fateful Hour*, S. 14-22.
[288] David K. Shipler, *Arab and Jew*, S. 84.
[289] Kiernan, *Man and Myth*, S. 70.
[290] Ebd., S. 33, 51.
[291] Shipler, *Arab and Jew*, S. 169.
[292] Hart, *Terrorist or Peacemaker?*, S. 170.
[293] Ward, Peretz und Wilson, *Palestine State*, S. 53ff.
[294] Hart, *Terrorist or Peacemaker?*, S. 325.
[295] Mona Charen, »Films on Palestinians Mug History«, *The Oregonian*, 11. September 1989.
[296] Allyn Fisher, »Sharon to form hard-line faction in Likud bloc«, *The Oregonian*, 15. Februar 1990.
[297] Hussein Agha und Robert Malley, »Camp David: The Tragedy of Errors«, *The New York Review of Books*, 9. August 2001.

[298] »Arafat says he is ready, but stops short of committing to ceasefire«, *Jerusalem Post Internet Edition*, 1. Januar 2003.
[299] Shipler, *Arab and Jew*, S. 79-137.
[300] George Will, »White House Ready to Dance with PLO«, *The Oregonian*, 17. September 1989.
[301] Shipler, *Arab and Jew*, S. 117.
[302] David Grossman, *The Yellow Wind*, S. 83-84.
[303] Ebd., S. 151.
[304] Shipler, *Arab and Jew*, S. 144 ff.
[305] Ebd., S. 110.
[306] Charen, »Films«.
[307] Grossman, *Yellow Wind*, S. 151.
[308] Ebd., S. 63.
[309] Ebd., S. 194.
[310] Ebd., S. 74.
[311] Shipler, *Arab and Jew*, S. 292-297.
[312] Ebd., S. 503.
[313] Ebd., S. 64.
[314] Ebd., S. 502.
[315] *Encyclopedia Britannica*, 2003 Deluxe Edition CD-ROM, unter dem Stichwort »Israel«: »Die Israelis überließen den Tempelberg in Jerusalem, die lokalen arabischen Institutionen und die jordanischen Gesetze im ganzen Westjordanland den Palästinensern, so wie sie die ägyptischen Gesetze in Gaza bestehen ließen.«

Kapitel 10: Wen gehört das Land wirklich?

[316] Avi Shlaim, *Collusion Across the Jordan*, S. 23; Colin Chapman, *Whose Promised Land?*, S. 55ff.
[317] Reich, *Stranger in House*, S. 48.
[318] Grossman, *Yellow Wind*, S. 8.
[319] Hart, *Terrorist or Peacemaker?*, S. 98; Shlaim, *Collusion*, S. 476.
[320] Shipler, *Arab and Jew*, S. 55.
[321] Goiten, *Jews and Arabs*, S. 121-22; Shipler, *Arab and Jew*, S. 152.
[322] *Koran*, Sure 3,60.
[323] Ebd., Sure 2,110.
[324] Ebd., Sure 6,85.
[325] Shipler, *Arab and Jew*, S. 258; Cragg, *House of Islam*, S. 46.

[326] Cragg, *House of Islam*, S. 46.
[327] Ward, Peretz und Wilson, *Palestine State*, S. 63-64.
[328] Ebd., S. 62ff.
[329] Albert Memmi, *Jews and Arabs*, S. 21.
[330] Ward, Peretz und Wilson, *Palestine State*, S. 7.
[331] Harkabi, *Fateful Hour*, S. 146.
[332] Eban, *My Country*, S. 33.
[333] Shlaim, *Collusion*, S. 3.
[334] Sachar, *History of Israel*, S. 436.
[335] Ebd., S. 437.
[336] Ebd., S. 438.
[337] Shipler, *Arab and Jew*, S. 32-36.
[338] Ebd., S. 439.
[339] Ebd.
[340] Shlaim, *Collusion*, S. 3.
[341] Sachar, *History of Israel*, S. 438.
[342] Eban, *My Country*, S. 97.
[343] Shipler, *Arab and Jew*, S. 140-176.
[344] Vgl. Kapitel 4, Fußnote 49.
[345] Samuel Naaman, »The Future of Islamic Fundamentalism«, in *Prophecy in Light of Today*, Charles Dyer, Hrsg., S. 56.
[346] Harold Fisch, *The Zionist Revolution: A New Perspective*, S. 10; Charles Gulston, *Jerusalem: The Tragedy and the Triumph*, S. 59.
[347] Shipler, *Arab and Jew*, S. 174-175.
[348] Chapman, *Whose Promised Land?*, S. 30.
[349] Manfred Waldemar Kohl, »Towards a Theology of Land: A Christian Answer to the Hebrew-Arab Conflict«, *International Congregational Journal* 2 (August 2002), S. 165-178.
[350] Fernea und Fernea, *The Arab World*, S. 83.
[351] Sachar, *History of the Jews*, S. 157; *Koran,* Sure 19,28.
[352] Khaled Abu Toameh, »PA Population to Double in 19 Years«, *Jerusalem Post Internet Edition*, 9. Januar 2003.
[353] Harkabi, *Fateful Hour*.
[354] Grossman, *Yellow Wind*, S. 22-23.
[355] Reich, *Stranger in House*, S. 29.
[356] Grossman, *Yellow Wind*, S. 103.

[357] Yosef Tekoah, *In the Face of the Nations: Israel's Struggle for Peace*, S. 89.
[358] Für weitere Informationen zur jüngsten Geschichte der Vereinigten Staaten hinsichtlich ihrer Position zum Thema Eigenstaatlichkeit der Palästinenser siehe Clyde Mark, *Palestinians and Middle East Peace: Issues for the United States*, Congressional Research Service Issue (Kurzfassung für den Kongress), 25. Januar 2002.

Kapitel 11: Göttliche Beurteilung und verheißene Wiederherstellung

[359] Goiten, *Jews and Arabs*, S. 217.
[360] Jerome Murphy-O'Connor, *The Holy Land*, S. 86; vgl. Marius Baar, *The Unholy War*, S. 146-47.
[361] *Koran*, Sure 4,171.
[362] *Koran*, Sure 2,125-35.
[363] Goiten, *Jews and Arabs*, S. 66.
[364] Shipler, *Arab and Jew*, S. 181-222.
[365] Vgl. Kapitel 2, Fußnote 4.
[366] Seth N. Klayman, »Who Was a Jew, Who Is a Jew?« (The Ohio State University, Juni 1998), S. 106.
[367] Ebd., S. 105.
[368] Rabbi Yechiel Eckstein, *What Christians Should Know About Jews and Judaism*, S. 276.
[369] Pragai, *Faith and Fulfillment*, S. 154-55.
[370] Eckstein, *What Christians Should Know*, S. 306.
[371] Samuel Sandmel, *A Jewish Understanding of the New Testament*, S. 279.
[372] Donald A. Hagner, *The Jewish Reclamation of Jesus*, S. 46ff.
[373] Herbert Danby, *The Jew and Christianity*, S. 3.
[374] Ebd., S. 25-28; Eckstein, *What Christians Should Know*, S. 263.
[375] Pichas Lapide und Ulrich Luz, *Jesus in Two Perspectives*, S. 114.
[376] Samuel Sandmel, *Anti-Semitism in the New Testament*, S. 134.
[377] Eckstein, *What Christians Should Know*, S. 267; Hagner, *Jewish Reclamation*, S. 214.
[378] Samuel Sandmel, *We Jews and Jesus*, S. vii.
[379] Kaufmann Kohler, *Jewish Theology*, S. 88.
[380] Kac, *Spiritual Dilemma*, S. 35.

[381] Dean McBride, »The Yoke of the Kingdom«, *Interpretation* (Juli 1973), S. 273-306.
[382] Kohler, *Jewish Theology*, S. 86.
[383] Ebd., S. 428-29.
[384] Ebd., S. 89-90.
[385] Francis Brown, S. R. Driver, und Charles A. Briggs, *Hebrew and English Lexicon of the Old Testament*, S. 25.
[386] Kohler, *Jewish Theology*, S. 91; vgl. Kushner, *When Bad Things Happen*, S. 72-73.
[387] Kohler, *Jewish Theology*, S. 336, 413; Eugene Kaellis und Rhoda Kaellis, *Toward a Jewish America*, verfolgen das Ziel einer massenweisen Hinwendung zum Judentum.
[388] Ebd., S. 417.
[389] Eckstein, *What Christians Should Know*, S. 321.
[390] Ebd.; vgl. auch Sandmel, *Anti-Semitism*, S. 138ff.
[391] Eckstein, *What Christians Should Know*, S. 317.
[392] Ebd., S. 321.
[393] Sandmel, *Anti-Semitism*, S. 165.
[394] Arthur W. Kac, *The Rebirth of the State of Israel*, S. 52.

Anhang B

[395] Charles C. Torrey, *Jewish Foundations of Islam*, S. 89-90.
[396] Walter Laqueur, *The Israel-Arab Reader*.
[397] Ebd., S. 16.

Ausgewählte Literatur

Bücher

Anderson, Sir Norman, Hrsg. *The World's Religions*. Grand Rapids: Wm. B. Eerdmans Publishing Co., 1980.

Applebaum, Morton M. *What Everyone Should Know About Judaism*. New York: Philosophical Library, 1959.

Arberry, Arthur J., Übers. *The Koran Interpreted*. New York: Collier Books, 1955.

Atherton, Alfred L., u.a. *Toward Arab-Israeli Peace: Report of a Study Group*. Washington: The Brookings Inst., 1988.

Avishai, Bernard. *The Tragedy of Zionism: Revolution and Democracy in the Land of Israel*. New York: Farrar, Straus, and Giroux, 1985.

Avnery, Uri. *My Friend the Enemy*. Westport: Lawrence Hill Co., 1984.

Baar, Marius. *The Unholy War: Oil, Islam, and Armageddon*. Nashville: Thomas Nelson Publishers, 1980.

Bauer, Yehuda. *The Holocaust in Historical Perspective*. Seattle: Univ. of Washington Press, 1978.

Beatty, Ilene. *Arab and Jew in the Land of Palestine*. Chicago: Henry Regnery Co., 1957.

Beaty, John. *The Iron Curtain over America*. New York: Gordon Press, 1980, 1951.

Begin, Menachem. *The Revolt: Story of the Irgun*. New York: Dell Publishing Co., 1977.

Bein, Alex. *Theodore Herzl*. Philadelphia: Jewish Pub. Soc. of America, 1956.

Ben Gurion, David. *Israel: A Personal History*. New York: Funk & Wagnalls, Inc., 1971.

Brandeis, Louis D. *Brandeis on Zionism*. Washington: Zionist Organization of America, 1942.

Brown, Francis, S. R. Driver u. Charles A. Briggs. *Hebrew and English Lexicon of the Old Testament*. Oxford: Ciarendon Press, 1907.

Bruno, Leon. *Why Is the Middle East a Conflict Area?* (Opposing Viewpoints Pamphlet). St. Paul: Greenhaven Press, Inc., 1982.

Buber, Martin. *A Land of Two Peoples*. New York: Oxford Univ. Press, 1983.

Burrows, Millar. *Palestine Is Our Business*. Philadelphia: Westminster Press, 1949.

Chakmakjian, Hagop A. *In Quest of Justice and Peace in the Middle East*. New York: Vantage Press, 1976.

Chapman, Colin. *Whose Promised Land?* Ann Arbor: Lion Publishing Company, 1983.

Chase, James, Hrsg. *Conflicts in the Middle East*. New York: H. W. Wilson Co., 1969.

Cohen, Aharon. *Israel and the Arab World*. New York: Funk & Wagnalls, 1970.

Cohen, Avner. *Israel and the Bomb*. New York: Columbia University Press, 1998.

Cohen, Jeremy. *The Friars and the Jews*. London: Cornell University Press, 1982.

Cohen, Michael J. *Palestine and the Great Powers, 1945-1948*. Princeton: Princeton Univ. Press, 1982.

Colbi, Saul P. *A History of the Christian Presence in the Holy Land*. Lanham: University Press of America, 1988.

Cooper, Anne. *Ishmael My Brother*. London: MARC Europe STL Books, 1985.

Cragg, Kenneth. *The House of Islam*. Belmont: Wadsworth Pub. Co., 1975.

Dall, Col. Curtis. *Israelis' Five Million Dollar Secret*. Reedy: Liberty Bell Publications, 1977.

Danby, Herbert. *The Jew and Christianity*. London: Sheldon, 1927.

Dawidowicz, Lucy. *A Holocaust Reader*. New York: Behrman House, 1976.

Dimont, Max I. *Jews, God, and History*. New York: Simon and Schuster, 1962.

Dimont, Max I. *The Jews in America*. New York: Simon and Schuster, 1980, 1978.

Dodd, Martha. *Through Embassy Eyes*. New York: Harcourt, Brace and Co., 1939.

Dunlop, D. *The History of the Jewish Khazars*. New York: Schocken Books, 1967.

Dyer, Charles H., Hrsg. *Prophecy in Light of Today*. Chicago: Moody Press, 2002.

Dyer, Charles H., Hrsg. *Storm Clouds on the Horizon.* Chicago: Moody Press, 2001.

Eban, Abba. *My Country: The Story of Modern Israel.* New York: Random House, 1972.

Eckstein, Rabbi Yechiel. *What Christians Should Know About Jews and Judaism.* Waco: Word Book Publishers, 1984.

Edersheim, Alfred. *The History of the Jewish Nation.* Grand Rapids: Baker Book House, 1956.

Eidelberg, Shlomo. *The Jews and the Crusaders.* Madison: Univ. of Wisconsin Press, 1977.

Elder, John. *The Biblical Approach to the Muslim.* Toronto: Fellowship of Faith for the Muslims, 1965.

Elon, Amos. *The Israelis: Founders and Sons.* New York: Penguin Books, 1971.

Epp, Frank H. *The Israelis: Portrait of a People in Conflict.* Scottsdale: Herald Press, 1980.

Femea, Elizabeth and Robert. *The Arab World.* Garden City: Doubleday, 1986.

Finegan, Jack. *Discovering Israel.* Grand Rapids: Wm. B. Eerdmans Publishing Co., 1981.

Finkelstein, Louis, Hrsg. *The Jews, Their History, Culture, and Religion.* 2 Bde. New York: Harper and Bros., 1949.

Finkelstein, Louis, Hrsg. *The Pharisees.* Philadelphia: The Jewish Publication Society of America, 1938, 1962.

Fisch, Harold. *The Zionist Revolution: A New Perspective.* New York: St. Martin's Press, 1978.

Fishman, Hertzel. *American Protestantism and the Jewish State.* Detroit: Wayne State University Press, 1973.

Ford, Henry, Sr. *The International Jew.* (gekürzte Fassung von ursprünglich [1919] 4 Bänden) London: G. F. Green, 1948.

Forrest, A. C. *The Unholy Land.* Toronto: McClelland and Stewart Limited, 1971.

Friedman, Thomas L. *From Beirut to Jerusalem.* New York: Anchor Books, Doubleday, 1995, 1989.

Fromkin, David. *A Peace to End All Peace: The Fall of the Ostoman Empire and the Creation of the Modern Middle East.* New York: Avon Books, 1989.

Frydland, Rachmiel. *When Being Jewish Was a Crime.* Nashville: Thomas Nelson, 1978.

Gabrieli, Francesco. *Muhammad and the Conquests of Islam.* New York: World University Library, 1968.

Gade, Richard E. *A Historical Survey of Anti-Semitism.* Grand Rapids: Baker Book House, 1981.

Gallagher, Wes. *Lightning Out of Israel (The Six-Day War).* New York: The Associated Press, 1967.

Gatje, Helmut. *The Qur'an and Its Exegesis.* Berkeley: University of California Press, 1976.

Gilbert, Martin. *Atlas of Russian History.* New York: Dorset Press, 1972.

Gilbert, Martin. *Jewish History Atlas.* New York: Macmillan Publishing Co., 1969, 1976.

Gilbert, Martin. *The Arab-Israeli Conflict: Its History in Mops.* 4. Auflage. Jerusalem: Steimatzky, 1984.

Goiten, S. D. *Jews and Arabs: Their Contacts through the Ages.* New York: Schocken Books, 1964.

Goldberg, Louis. *Turbulence over the Middle East.* Neptune: Loizeaux Brothers, 1982.

Graetz, Heinrich. *History of the Jews.* Neuauflage. Philadelphia: The Jewish Publication Society of America, 1967.

Grossman, David. *The Yellow Wind.* New York: Farrar, Straus, and Giroux, 1988.

Gulston, Charles. *Jerusalem: The Tragedy and the Triumph.* Grand Rapids: Zondervan Publishing House, 1978.

Hagner, Donald A. *The Jewish Reclamation of Jesus.* Grand Rapids: Zondervan Publishing House, 1984.

Halabi, Rafik. *The Westbank Story.* New York: Harcourt Brace Javanovich, 1982.

Harkabi, Yehoshafat. *Israel's Fateful Hour.* New York: Harper and Row, 1988.

Harns, Wm. H., und Judith S. Levy, Hrsg. *The New Columbia Encyclopedia*, New York: Columbia Univ. Press, 1975.

Hart, Alan. *Arafat: Terrorist or Peacemaker?* London: Sidgwick & Jackson, 1984.

Hazleton, Lesley. *Jerusalem, Jerusalem.* Boston: Atlantic Monthly Press, 1986.

Hersh, Seymour M. *The Samson Option: Israel's Nuclear Arsenal and American Foreign Policy.* New York: Random House, 1991.

Hertzberg, Arthur. *The Jews in America.* New York: Simon and Schuster, 1978.

Hertzberg, Arthur. *The Zionist Idea: A Historical Analysis and Reader.* New York: Meridian Books, Inc., 1960.

Herzl, Theodor. *The Jewish State (Der Judenstaat).* New York: Herzel Press, 1970.

Herzl, Theodor. *The Jewish State: An Attempt at a Modern Solution of the Jewish Question.* London: H. Pordes, 1967 (Original 1895).

Herzog, Chaim. *The Arab-Israeli Wars: War and Peace in the Middle East – From the War of Independence through Lebanon.* New York: Random House, 1982.

Hilberg, Raul. *The Destruction of the European Jews.* Chicago: Quadrangle Books, 1961.

Hillel, Marc, und Clarissa Henry. *Of Pure Blood.* New York: McGraw-Hill, 1976.

Hillel, Shlomo. *Operation Babylon.* New York: Doubleday, 1987.

Hirschmann, Ira. *Red Star over Bethlehem.* New York: Simon and Schuster, 1971.

Hitler, Adolf. *Mein Kampf.* New York: Reynal and Hitchcock, 1939.

Hitti, Philip K. *History of the Arabs.* New York: St. Martin's Press, 1970 (Original 1937).

Hitti, Philip K. *Islam: A Way of Life.* Chicago: Regnery Gateway, 1970.

Hull, William L. *The Fall and Rise of Israel.* Grand Rapids: Zondervan Publishing Co., 1954.

Hussein, König von Jordanien. *My »War« wich Israel.* New York: William Morrow and Co., 1969.

Jackson, F. J. Foakes. *Josephus and the Jews.* Grand Rapids: Baker Book House, Nachdruck 1974.

Jeffery, Arthur. *Islam, Muhammad and His Religion.* New York: Bobbs-Merrill Co., 1958.

Josephus, Flavius. *The Wars of the Jews.* London: J.M. Dent & Sons, Ltd.; New York: E.P Dutton & Co., 1928.

Kac, Arthur W. *The Rebirth of the State of Israel.* Chicago: Moody Press, 1958.

Kac, Arthur W. *The Spiritual Dilemma of the Jewish People – Its Cause and Curse.* Grand Rapids: Baker Book House, 1963, 1983.

Kaellis, Eugene. *Toward a Jewish America.* Hrsg. Rhoda Kaellis. Lewiston: E. Mellen Press, 1987.

Kateregga, Badru D., und David W. Shenk. *Islam and Christianity.* Grand Rapids: Wm. B. Eerdmans Publishing Co., 1980.

Keil, C. F., und F. Delitzsch. *The Pentateuch.* Grand Rapids: Wm. B. Eerdmans Publishing Co.

Kessler, Martha N. *Syria: Fragile Mosaic of Power.* Washington: National Defense University Press, 1987.

Kiernan, Thomas. *Arafat: the Man and the Myth.* New York: W. W. Norton and Co., 1976.

Klausner, Joseph. *Jesus of Nazareth.* New York: MacMillan, 1943.

Klausner, Joseph. *The Messianic Idea in Israel.* New York: MacMillan, 1955.

Kohler, Kaufmann. *Jewish Theology, Systematically and Historically Considered.* New York: The MacMillan Co., 1918.

Korting, James. *An Outline of German History from 1890 to 1945.* Toronto: Forum House, 1969.

Kushner, Harold S. *When Bad Things Happen to Good People.* New York: Schocken Books, 1981.

Lambert, Lance. *Israel: A Secret Documentary.* Wheaton: Tyndale House Publishers, 1975.

Lapide, Pinchas, und Luz Lurich. J*esus in Two Perspectives: A Jewish-Christian Dialog.* Minneapolis: Augsburg Publishing House, 1985.

Lapp, John A. *The View from East Jerusalem.* Scottdale: Herald Press, 1980.

Laqueur, Walter, Hrsg. *The Israel-Arab Reader: A Documentary History of the Middle East Conflict.* New York: Bantam Books, 1969.

Leone, Bruno. *The Middle East.* St. Paul: Greenhaven Press, 1982.

Lewis, Bernard. The Arabs in *History.* Überarbeitete Auflage. New York: Harper and Row, 1967.

Limburg, James, Hrsg. *Judaism: An Introduction for Christians.* Minneapolis: Augsburg Publishing House, 1987.

Lorch, Netanel. *The Edge of the Sword (Israel's War of Independence, 1947-49).* New York: Putnam's Sons, 1961.

Maalouf, Tony. *Arabs in the Shadow of Israel: God's Plan for Ishmael's Line in Prophecy.* Grand Rapids: Kregel, 2003.

Magnus, Lady. *Outlines of Jewish History.* Philadelphia: The Jewish Society of America, 1890.

Mansfield, Peter. *The Arab World.* New York: Thomas Crowell Company, 1976.

Margolis, Max L., und Alexander Marx. *History of the Jewish People.* Philadelphia: The Jewish Publication Society of America, 1927.

Meinecke, Friedrich. *The German Catastrophe.* Boston: Beacon Press, 1950.

Meir, Golda. *A Land of Our Own.* Hrsg. Marie Syrkin. New York: Putnam's Sons, 1973.

Memmi, Albert. *Jews and Arabs.* Chicago: J. Philip O'Hara, Inc., 1975.

Menuhim, Moshe. *The Decadence of Judaism in Our Time.* New York: Exposition Press, 1965.

Ministry of Foreign Affairs, Information Division (Informationsabteilung des US-Außenministeriums). *Facts About Israel.* Baltimore: Art Litho Co., 1985.

Morse, Arthur D. *White Six Million Died.* New York: Hart Publishing Co., 1968.

Murphy-O'Connor, Jerome, *The Holy Land: An Oxford Archaeological Guide from Earliest Times to 1700.* 4. Auflage. New York: Oxford Univ. Press, 1998.

Neusner, Jacob. *The Incarnation of God.* Philadelphia: Fortress Press, 1988.

Neusner, Jacob. *The Oral Torah: The Sacred Books of Judaism.* San Francisco: Harper & Row, 1986.

O'Brien, Conor Cruise. *The Siege: The Saga of Israel and Zionism.* New York: Simon and Schuster, 1986.

Parkes, James. *A History of Palestine from 135 A.D. to Modern Times.* London: V. Gollancz, 1949.

Parkes, James. *The Conflict of the Church and the Synagogue (A Study in the Origins of Anti-Semitism).* Philadelphia: The Jewish Publication Society of America, 1961.

Parkes, James. *Whose Land? A History of the Peoples of Palestine.* Baltimore: Penguin Books, 1970.

Peretz, Don. *Israel and the Palestine Arabs*. Washington: Middle East Institute, 1958.

Perlmutter, Amos. *Israel: The Partitioned State: A Political History Since 1900*. New York: Charles Scribner's Sons, 1985.

Pippert, Wesley G. *Land of Promise, Land of Strife*. Waco: Word Books, 1988.

Pragai, Michael J. *Faith and Fulfillment*. London: Vallentine, Mitchell and Co., 1985.

Prager, Dennis, und Joseph Telushkin. *Why the Jews?* New York: Simon and Schuster. Inc., 1983.

Rausch, David A. *Legacy of Hatred*. Chicago: Moody Press, 1984.

Reich, Walter. *Stranger in My House: Jews and Arabs in the West Bank*. New York: Holt Rinehart and Winston, 1984.

Rejwan, Nissim. *The Jews of Iraq: 3000 Years of History and Culture*. Boulder: Westview Press, 1985.

Roth, Cecil. *A History of the Jews*. New York: Schocken Books, 1961, 1970.

Roth, Cecil, Hrsg. *Encyclopaedia Judaica*. Jerusalem: Keter Publishing House, 1972.

Roth, Cecil, Hrsg. *The Concise Jewish Encyclopedia*. New York: New American Library, 1980.

Rudin, James A. *Israel for Christians*. Philadelphia: Fortress Press, 1983.

Runes, Dagobert D. *Concise Dictionary of Judaism*. New York: Greenwood Press, 1966.

Ryan, Michael D., Hrsg. *Human Responses to the Holocaust*. New York: Edwin Mellen Press, 1981.

Sachar, Abram Leon. *A History of the Jews*. New York: Alfred A. Knopf, Inc., 1964.

Sachar, Abram Leon. *Redemption of the Unwanted*. New York: St. Martins/Marek, 1983.

Sachar, Howard M. *A History of Israel: From the Rise of Zionism to Our Time*. New York: Alfred A. Knopf, 1976.

Sachar, Howard M. *A History of Israel: From the Aftermath of the Yom Kippur War*. New York: Oxford University Press, 1987.

Sandmel, Samuel. *A Jewish Understanding of the New Testament*. New York: University Publishers, Inc., 1956.

Sandmel, Samuel. *We Jews and Jesus*. Neuauflage. New York: Oxford University Press, 1973.

Sandmel, Samuel. *Anti-Semitism in the New Testament*. Philadelphia: Fortress Press, 1978.

Sandmel, Samuel. *The Several Israels*. New York: KTAV Pub. House, 1971.

Schonfield, Hugh J. *The Passover Plot*. New York: Bantam Books, 1966.

Segev, Toni. *One Palestine, Complete: Jews and Arabs wider the British Mandate*. New York: Metropolitan Books, Henry Holt and Company, 2000.

Shakir, M. H., Übers. *The Qur'an*. Elmhurst, New York: Tahrike Tarsile Qur'an, Inc., 1985.

Shapiro, Delilah. *Israel: Triumph of the Spirit*. New York: MetroBooks, Friedman/ Fairfax Publishers, 1997.

Shipler, David K. *Arab and Jew*. New York: Times Books (Random House), 1986.

Shlaim, Avi. *Collusion across the Jordan*. New York: Columbia University Press, 1988.

Silver, Abba Hiilel. *Messianic Speculation in Israel*. Boston: Beacon Press, 1959.

Singer, Isador, leitender Hrsg. *The Jewish Encyclopedia*. New York: Funk and Wagnalls, 1901.

Smith, Huston. *The Religions of Man*. New York: Harper and Row, 1958.

Speight, R. Marston. *God Is One: The Way of Islam*. New York: Friendship Press, 1989.

Taylor, Alan R. *Prelude to Israel*. New York: Philosophical Library, 1959.

Tekoah, Yosef. *In the Face of the Nations: Israe's Struggle for Peace*. New York: Simon and Schuster, 1976.

Ten Boom, Corrie. *The Hiding Peace*. Grand Rapids: Zondervan, 1971.

Torrey, Charles C. *The Jewish Foundation of Islam*. New York: KTAV Publishing House, Inc., 1967.

Uris, Leon. *The Haj*. Garden City: Doubleday and Co., 1984.

Vital, David. *The Origins of Zionism*. London: Oxford University Press, 1975.

Von Rad, Gerhard. *Gottes Wirken in Israel*. Neukirchen-Vluyn: Neukirchener Verlag des Erziehungsvereins, 1974
Walvoord, John F., und John E. Walvoord. *Armageddon: Oil and the Middle East Crisis*. Grand Rapids: Zondervan Publishing House, 1974.
Ward, Richard, Don Peretz, und Evan M. Wilson. *The Palestine State: A Rational Approach*. New York: Kennikat Press, 1977.
Watt, W. Montgomery. *Companion to the Qur'an*. London: George Allen and Unwin Ltd., 1967.
Weizmann, Chaim. *Trial and Error: The Autobiography of Chaim Weizmann*. New York: Schocken Books, 1966.
Whiston, William, Übers. *The Works of Flavius Josephus*. Grand Rapids: Baker Book House, Nachdruck, 1974.
Wilkins, Ronald J. *Religions of the World*. Dubuque: Wm. C. Brown Co., 1979.
Wilson, Marvin R. *Our Father Abraham: Jewish Roots of the Christian Faith*. Grand Rapids: Wm. B. Eerdmans Publishing Co., 1989.
Yadin, Yigael. *Masada*. London: Wiedenfeld and Nicolson, 1967.
Yadin, Yigael. *Bar-Kochba*. London: Wiedenfeld and Nicolson, 1971.
Yaseen, Leonard C. *The Jesus Connection: To Triumph over Anti-Semitism*. New York: Crossroad Publishing Co., 1986.

Periodika

Agha, Hussein, und Robert Malley. »Camp David: The Tragedy of Errors«, *The New York Review of Books*, 9. August 2001.
Anderson, Jack, und Dale Van Atta. »Intefadeh Leaders Dismiss Killings of Arab Informers«, *The Oregonian,* 7. Juni 1989.
Anderson, Jack, und Dale Van Atta. »Rival Foresees Assassination of Arafat«, *The Oregonian*, 8. Juni 1989.
Bar-Illan, David. »Simplistically Blaming Israel«, *New York Times*, 31. Dezember 1987.
Chafets, Ze'ev. »Fear and Loathing in Israel«, *US News & World Report* (10 Juli 1989).
Charen, Mona. »Films on Palestinians Mug History«, *The Oregonian*, 11.September 1989.
Chesnoff, Richard, mit David Kuttab und David Makousky. »Distrust and Dissension in the West Bank and Gaza Strip«, *U.S. News & World Report* (10. Juli 1989).

Chesnoff, Richard, mit David Kuttab und David Makousky. »Peace in the Middle East«, *U.S. News & World* Report (10. Juli 1989).

Coad, Thomas. »Converging Sides May Find Mix for Mid-Fast Peace«, *The Oregonian*, 7. Juni 1989.

Collins, Frank. »Why Palestinians Kill Palestinians in Israeli-Occupied Territories«, *Washington Report on Middle East Affairs* (November 1989).

Eban, Abba. »Shared Interests May Form Peace Basis«, *The Oregonian*, 30. Mai 1989.

Fisher, Allyn. »Sharon to Form Hard-Line Faction in Likud Bloc«, *The Oregonian*, 15. Februar 1990.

Geyer, Georgie Anne. »Intefadeh Has Settled into Routine«, *The Oregonian*, 12. Dezember 1989.

Hamilton, Canon Michael. »American Churches Are Speaking out on Palestine and Israel«, *The Washington Report* (Januar 1990).

Ibrahim, Youssef M. »Abu Nidal Followers Kill One Another«, *The Oregonian*, 12. November 1989.

Kaidy, Mitchell. »Rising Discrepancy Between Intifada Events and U.S. Media Reports«, *Washington Report on Middle East Affairs* (November 1989).

Kaufman, Asher S. »Where the Ancient Temple of Jerusalem Stood«, *Biblical Archaeology Review* (März/April 1983).

Kennedy, Charlotte T. »Israelis Can Follow Lead of S. Africa«, *The Oregonian*, 15. März 1990.

Klayman, Seth N. »Who Was a Jew, Who Is a Jew?«, The Ohio State University, Juni 1998.

Kohl, Manfred Waldemar. »Towards a Theology of Land: A Christian Answer to the Hebrew-Arab Conflict«, *International Congregational Journal 2* (August 2002), S. 165-178.

Krauthammer, Charles. »Palestine's Misery«, *San Francisco Examiner*, 11. Januar 1988.

Levin, Jerry. »Creeping Transfer – Israel's Newest Weapon Against the Intifada«, *Washington Report on Middle East Affairs* (November 1989).

Lewis, Anthony. »Time Is Right for Palestinians to Accept Peace Bid«, *The Oregonian*, 7. Juni 1989.

Lowenheim, Francis L. »Israel's Recognition Didn't Come Easily«, *The Oregonian*, 8. Dezember 1989.

Mark, Clyde. *»Palestinians and Middle East Peace: Issues for the United States«,* Congressional Research Service Issue (Kurzfassung für den Kongress), 25. Januar 2002.
McBride, Dean. »The Yoke of the Kingdom«, *Interpretation* (Juli 1973), S. 273-306.
Meir, Golda. *Life* (3 October 1969), S. 32.
Morrow, Lance. »An Intifadeh of the Soul«, *Time* (23 July 1990).
Piper, John. »Land Divine?«, *World* (11. Mai 2002).
Ritmeyer, Kathleen, und Leen Ritmeyer. »Reconstructing Herod's Temple Mount in Jerusalem«, *Biblical Archaeology Review* (November/Dezember 1989).
Rose, Emanuel. »As Supporters of Israel, We Must Decry Brutality«, *The Oregonian*, 23. Februar 1988.
Sanders, Eli, und Bobbi Nodell. »Two Peoples, One Land: Understanding the Israeli-Palestinian Conflict«, *The Seattle Times*, 12. Mai 2002.
Sella, Yaacov. »The Palestinian Tragedy«, *Consulate General of Israel* (Januar 1988).
Shasheen, Jack. »Lawrence of Arabia: Memorable for What It Is, Regrettable for What It Might Have Been«, *Washington Report on Middle East Affairs* (November 1989).
Spring, Beth. »Palestinian Christians: Caught in a War of Two Rights«, *Christianity Today* (18. April 1986).
Toameh, Khaled Abu. »PA Population to Double in 19 Years«, *Jerusalem Post Internet Edition*, 9. Januar 2003.
Toynbee, Arnold, und Solomon Zeitlin. »Jewish Rights in Palestine«, *Jewish Quarterly Review* 152 (1961-62).
Walz, L. Humphrey. »Evangelical Church Issues Statement an Israeli-Palestinian Conflict«, *Washington Report an Middle East Affairs* (November 1989).
Will, George F. »White House Ready to Dance with PLO«, *The Oregonian*, 17. September 1989.

clv

Roger Liebi
Der Messias im Tempel

Bildband

704 Seiten (plus CD)
ISBN 3-89397-641-8

Im Neuen Testament spielt der Zweite Tempel – das Jerusalemer Heiligtum zur Zeit Jesu Christi – eine sehr große Rolle. In dieser Publikation leben viele Bauwerke des Tempelbezirks in plastischer Weise auf. Sie werden mit dem Messias Jesus in Verbindung gebracht, so dass dadurch das Glaubensleben erfrischt und bereichert wird. Alle Thesen, die irgendwie in Bezug zum Tempel stehen, wurden in diesem Buch in einer Synthese zusammengeführt. Es ist all denen gewidmet, die von dem gleichen Wunsch beseelt sind wie damals jene Griechen, die zum Heiligtum in Jerusalem kamen, um dort dem historischen Jesus zu begegnen. Sie baten Philippus (Joh 12,21): »Herr, wir möchten Jesus sehen.«

Dave Hunt
Jerusalem - Spielball der Völker

Paperback

448 Seiten
ISBN 3-89397-250-1

Dave Hunt schildert die 3000 Jahre Ruhm und Schande Jerusalems sowie das aktuelle Ringen um die Stadt der drei Weltreligionen. Er stellt eine schier unglaubliche Fülle an brisanten politischen und religiösen Hintergrundinformationen in biblisches Licht und zeigt eingetroffene wie bevorstehende Prophezeiungen aus dem Wort Gottes auf. Ein beträchtlicher Teil des Buches beschäftigt sich ferner mit dem Islam. Ist Allah Jahwe, sind Koran und Bibel gleichbedeutend? Welche Mächte und Motive stecken hinter dem weltweiten Terrorismus islamischer Fundamentalisten? Besteht für das jüdische Volk die Gefahr eines erneuten Holocausts? Ein spannendes, informatives und aufrüttelndes Sachbuch.

clv

Willem J. Glashouwer
So entstand Israel

Bildband

180 Seiten
ISBN 3-89397-331-1

Dieses reich bebilderte Werk nimmt den Leser mit in die Welt des AT und besonders des auserwählten Volkes. Es ist ein Lesebuch zur Geschichte Israels, weckt Freude am Lesen des Alten Testaments und lässt es zu einem faszinierenden Abenteuer werden. »So entstand Israel« vervollständigt die Reihe der wertvollen Bildbände »So entstand die Welt« und »So entstand die Bibel«.

Malcolm Steer
Mit Muslimen über Christus

64 Seiten
ISBN 3-89397-537-3

Wenn Christen mit Muslimen über ihren Glauben ins Gespräch kommen, kann das zu frustrierenden Ergebnissen führen. Unser Verständnis von islamischen Glaubensgrundsätzen ist sehr begrenzt, und ihre Kritik am christlichen Glauben ist oft völlig anders als die herkömmliche Art. Trotzdem sind wir aufgefordert, zum Zeugnisgeben bereit zu sein. Und da der Islam die weltweit am stärksten wachsende Religion ist, müssen Christen lernen, wie Muslime erreicht werden können und wie man ihrer Kritik begegnen kann.

M. Steer lebte neun Jahre im Iran und konnte Erfahrungen darin sammeln, mit Muslimen über den Glauben zu reden. Er zeigt auf, wie Christen ihren Glauben effektiv bezeugen können.

Taschenbuch